U0550176

天下文化

BELIEVE IN READING

天下文化 遠見

投資的底層邏輯

高人氣EMBA財富管理課，帶你精準抓對全球趨勢

INVESTMENT THINKING

清華大學五道口金融學院
業界導師
陳超——著

目錄

第2部 多元化的思維模式

第3部 投資世界的總體典範轉移

第4部　投資管理的多元架構

名家推薦

主權基金是真正的長期投資人，致力於為未來幾代人增加財富、保有財富。陳超博士結合他在主權基金的工作與自己的思考，分享一套適用於長期投資人的投資哲學與經驗。這本書既有可讀性又發人深省。

——喬許・勒納（*Josh Lerner*，哈佛大學商學院投資銀行學講座教授）

陳超博士所著的《投資的底層邏輯》不只包含他對投資策略與方法論的系統思考，更包含他對投資哲學與思維的深入洞見。

——黃奇輔（麻省理工學院講座教授）

《投資的底層邏輯》這部著作視野開闊，論證扎實，深入探討現代金融和投資領域的核心思想與最新發展。作者結合扎實的理論基礎和豐富的實務經驗，既闡述成功的個人投資策略，又討論經濟發展和社會進步的總體經濟問題。無論是對於從事經濟研究的學者、學生與經驗豐富的投資人，還是對於初入市場的新手，這本書都會帶來新的啟示和見解。

——馬松（耶魯大學管理學院金融學教授）

經濟學家在解釋諸多經濟現象時尚能自圓其說，但在預測經濟金融時，結果往往與事實大相徑庭，這是因為投資系統的複雜性與不確定性。陳超博士嘗試揭開投資世界的諸多「奇特現象」，以跨學科的多元化思維模式破解這些投資的「奇特現象」，以全球化的宏觀角度，系統、全面的提煉出當前投資世界面臨的八大總體典範轉移，以多元化的資產配置架構應對典範轉移。《投資的底層邏輯》是一本既有理論灼見又有實踐真知的投資領域佳作。

——陳志武（香港大學香港人文社會研究所所長）

我不做投資，也不懂投資，但是我對資本在這個世界上的運行和生長方式還是非常好奇。陳超博士的這本《投資的底層邏輯》滿足我的好奇心，也讓我知道一個非線性、不確定的世界為什麼會有那麼大的魅力。

——羅振宇（得到App創辦人）

在這個變幻莫測的世界中，掌握正確的投資思維模式就如同擁有一盞指路明燈。《投資的底層邏輯》是一本關於財富管理的指南。從歷史到未來，從個體到群體，陳超博士帶領我們穿梭於知識的海洋，讓我們學會在複雜多變的市場中尋找方向。這本書既是初入金融市場新手的啟蒙書，也是專業投資人的認知進階寶典。

——秦朔（《第一財經日報》創刊總編輯）

陳超博士在《投資的底層邏輯》中從理論到實務，從戰術到戰略，完整闡述投資的原理以及投資人在投資決策時所需關注的各種問題。這本書既適合普通讀者了解投資原理，也適合專業投資人參考。

——吳軍（矽谷投資人、電腦科學家、文津圖書獎得主）

陳超博士有深厚的學術造詣與豐富的資產配置研究和投資實務經驗，本書記錄其多年在金融領域從業的感悟和心得，在嚴謹的邏輯架構之下，集總體視野、產業洞察與個體分析於一體，對專業投資人與青年學子均有指導意義。

——彭文生（中國國際金融股份有限公司首席經濟學家）

投資管理的成功需要建構跨學科的知識體系，涵蓋金融學、心理學、歷史學、地緣政治、數學、物理學等社會科學和自然科學知識。陳超博士在金融投資領域的二十多年實務中，逐步學習、內化並建構跨學科的投資體系。在《投資的底層邏輯》書中，他揭示投資世界的諸多「奇特現象」，提出多元化的思維模式，並引出對當前重要典範轉移與投資架構的思考。《投資的底層邏輯》運用歷史故事、學術研究成果以及投資實務案例，深刻闡明投資管理中的諸多挑戰，並為我們描繪出投資世界的複雜多變與無窮魅力。

——泰德・賽德斯（美國避險基金 Protégé Partners 共同創辦人與共同投資長）

推薦序

中投前董事長　樓繼偉

二〇〇七年初，我奉命建立中國主權基金：中國投資有限責任公司（簡稱「中投公司」）。陳超博士是公司籌備工作團隊的一員。陳超博士勤思敏學，參與公司從組織架構設計到資產配置工作。工作之餘，他持續對主權基金的理論問題深入思考，並和謝平合著《誰在管理國家財富？》，推動主權基金的研究與實務，讓我留下深刻印象。

二〇〇八年九月十五日，美國雷曼兄弟宣布破產，觸發一場驚心動魄的全球金融海嘯。公司進入緊急狀態，可說是「生死攸關時刻」。金融危機期間的十一假期，我們完全沒有休息，都住在辦公室。我帶領工作團隊，幾乎每天二十四小時輪班追蹤國際金融形勢，和美國政府部門、金融機構等召開電話會議，向有關部門彙報美國政策動向與市場走勢。那一段時間，我經常在晚上十二點左右召集大家來我辦公室開會，一起探討研判美國財政部的問題資產救助計畫（TARP）、美國「兩房」問題、金融市場走勢以及對公司投資業務的影響。當時我們有許多前瞻性的判斷，為國家決策提供非常好的建議。為了引導輿論，幫助社會各界準確理解並應對全球金融危機，我帶領包括陳超在內的資產配置與戰略研究團隊，在《中國日報網》以「一家言」的名義連載一部紀實小說：《華爾街危機：一個並非不真實的故事》，在業內廣為流傳。更重要的是，我提出美國經濟可能呈「L」形走勢，金融市場走勢不樂觀。因此，當時我們做出大膽的決策：大幅放慢投資節奏，長期保持較高比重的現金配置。今天來看，這個決策讓中投公司安然度過危機，為中投的優秀業績奠定重要基礎。這段時光至今讓我記憶猶新，在公司成立十五週年的座談會上，我不由得又提起這段塵封已久的崢嶸歲月。

近日，聽聞陳超博士寫成《投資的底層邏輯》一書，甚感欣慰。過去幾年，陳超博士一直在初級市場、次級市場的投資研究部門歷練，從投資產業的新手逐步成長為具有深度、廣度的專業投資人。本書凝聚他多年的實務總結與所思所想，他以深邃的洞察和生動的筆觸，剖析投資世界的複雜性與多變性，探究總體典範的重大變革，並創造性提出多元化的思維模式與投資管理架構。

他提出投資世界的六大「奇特現象」，即非線性成長、非常態分布、非連續成長、非獨立存在、非有序發展和非理性行為。透過一系列引人入勝的案例和深入淺出的分析，向我們展示這些「奇特現象」在現實世界中的普遍存在。其中，我尤其被

「非線性成長」和「非常態分布」這兩個觀點吸引。在傳統思維中，我們往往習慣以線性角度看待事物發展，然而在現實世界中，無論是新興產業的顛覆式創新，還是公司業務的爆發性成長，都呈現出非線性的特徵。這個觀點詮釋在投資中堅守長期主義哲學、長期投資陪伴企業成長，具有重要意義。在大眾的普遍認知中，常態分布是自然與社會的普遍現象。但事實上，無論是太陽黑子的強度、人口的區域分布，還是網路連結點閱數、全球財富分布，都呈現指數分布特徵。在金融市場中，從時間來看，有資產泡沫的急劇膨脹與加速崩潰，從空間來看，少數公司主導市場財富成長，大多數公司財務表現平庸。這就代表投資管理時，需要持續深入研究，聚焦關鍵產業裡的少數公司，尋找具有長期價值的優秀公司。

如何應對投資世界的林林總總「奇特現象」呢？陳超博士給出的答案是建構多元化的投資思維模式，包括歷史思維、週期思維、長期主義思維、網路思維、心理學思維、價值思維和需求思維。這些思維模式不僅有助於我們理解投資世界的複雜性，而且能夠指導我們在實際投資中做出更加明智的決策。其中，我特別欣賞價值思維與需求思維的應用。價值投資理念是我一直積極宣導的機構投資核心理念。在投資過程中，我們必須深入挖掘企業的內在價值，理解其商業模式、競爭優勢以及未來發展潛力，把資金配置到效率更高、前景更好的企業。同時，我們還必須關注消費者的需求變化。從總體經濟層面看，消費者需求的轉變決定產業的升級變遷及其對經濟週期的主導作用；從個體經濟層面看，能夠持續滿足消費者需求、創造消費者需求的企業，才是具有廣闊前景的偉大企業。

當前，世界進入新的動盪變革期，正在經歷大調整、大分化、大重組。陳超博士系統性的揭開八大總體典範的變革如何深刻的改變固有的投資邏輯。這些總體典範的變革包括大國興衰週期、全球財富分配週期、貨幣金融週期、人口週期、能源週期、技術創新週期等。這些總體典範的變革不僅影響全球政治經濟格局的未來走向，也為我們提供投資的新機會與新挑戰。在投資過程中，我們需要深入前瞻的研判總體典範的變化趨勢，靈活調整投資策略，以適應不斷變化的市場環境。

面對投資環境的不確定性、波動性與複雜性，陳超博士提出投資管理的多元化框架。他強調資產配置在投資管理中的重要性，並以資產功能的角度，提出資產配置方法論：透過股權投資讓投資組合達到保值、增值的功能，透過實物資產保護資產免受通膨的影響，透過債券資產減少通縮的影響，透過避險基金達到分散風險的功能。這些觀點也和我一貫宣導的「研究推動配置、配置推動投資」的理念相一致。中投公司從設立之初，就借鑒國際大型機構投資人的投資理念，堅持研究以資產配置的方式投資，建立起包括公開市場股票、固定收益產品、絕對收益產品、長期資產投資等多元產品和投資方式在內、平衡配置的多元化投資組合。相對於以流動性和安全性為主導的傳統外匯準備管理模式，中投公司更注重提高長期投資報酬，嘗試使國家外匯資金進行多元化投資。應該說，以股權投資為主、多元且分散的資產配置模式，已成為國際機構投資人公認應對金融市場波動、實現穩健增值的最佳實務模式。

值得一提的是，本書對投資心性的修練給予高度重視，提出投資管理的「根」與「魂」是「正心」、「明道」、「取勢」、「優術」、「合眾」和「實踐」六大核心要素。這不僅是對投資人專業技能的要求，更是對其道德品行和心態的考驗，同時也高度契合以誠實守信、以義取利、穩健審慎、守正創新與依法合規為實務要求的中國特色的金融文化。

在這個充滿變化挑戰的時代，我們需要不斷學習、不斷進步，以適應不斷變化的市場環境。《投資的底層邏輯》不僅是一本極具啟發性的投資指南，更是一本關於智慧與成長的書籍。它啟發我們思考如何在複雜的世界中保持清醒的頭腦和堅定的信念，如何在變化中尋找機會並創造價值。我向所有追求卓越、勇於探索的投資朋友推薦此書。願每一位讀者都能從中獲得啟發，不斷提升自己的投資智慧，在未來的投資之路上行穩致遠。

二〇二四年六月十八日

自序

過去五年，我在清華大學五道口金融學院為金融ＥＭＢＡ開設「全球財富管理」課程，每次下課時，同學們都意猶未盡，建議說：「陳老師，什麼時候能把授課內容寫成一本書，讓大家有更多機會研究學習？」在同學們的殷切鼓勵和期望下，從二〇二一年開始，我利用業餘時間整理課程講義，逐步寫作出這部作品。

清華大學五道口金融學院的金融ＥＭＢＡ課程，聚集一批中國最優秀的企業家、創業者和投資人。上千家上市公司的董事長、總經理等高階主管以及不少中國主要資產管理機構的合夥人也是這個課程的學生，他們都是當今社會財富的創造者。正如司馬遷在《史記・貨殖列傳》中提出的「無財作力，少有鬥智，既饒爭時，此其大經也」，當大家財富自由後，更為重要的問題是關注經濟大勢，掌握策略機會，確保財富保值、增值。課堂上，師生之間的問答互動對我來說是最具挑戰的一部分。面對同學們的問題與分享，我不斷深入思考，貼近現實投資世界，探究真正的問題。

在動盪與變革的全球化時代，投資面臨的不確定性與複雜性日漸增加。與此同時，人類知識的世代傳承依舊依循著幾千年來形成的節奏，技術疊代在促進資訊傳播的同時，又造成更多的資訊孤島與資訊同溫層。我們每天都發現自己有太多不知道的東西，而我們已有的知識系統總是很難解釋和預測現實世界。因此，我嘗試建立一套系統化、開放性的投資思維系統，建構多元、分散的資產配置架構。

即便如此，正如一句諺語所言，「人類一思考，上帝就發笑」，當完成這本書時，我不免有些惴惴不安。每個人的認知都來自自身的成長經歷，都受限於過去的經驗、都有局限。我對投資的最初認知來自於我親身經歷的三件事。

在我職業生涯剛起步時，我曾經參與處理一九九〇年代的廣東、海南等地不良資產問題。二〇〇一年的炎炎夏日，在銀行的資產管理部經理陪同下，我和同事在海口的海邊查看不良房地產專案。我們一行人焦急不安的問：「公司的房地產專案在哪裡？」銀行經理不疾不徐的看了一下手錶，說道：「再等等，退潮後，我們的專案就會浮出水面了。」這時候我才見識到，在市場泡沫中，人性有多瘋狂。

二〇〇五年，中國證券公司風險高漲，一大批證券公司面臨破產重組。我有幸參與一些證券公司的重組工作。當我和同事接管某家證券公司時，我們才發現這家公司在負債部分，透過挪用客戶保證金、假回購公債、違規拆借、抵押融資等方式將資本槓桿放大近五十倍；在資產部分則透過控盤操作，持有四家上市公司流通股的比例達到九五%以上。而不幸的是，這四家公司業績持續下滑，也瀕臨破產。這時候我才體會到，面對暴利的誘惑，「火中取栗」等反映人性貪婪的故事原來不是傳說。

二〇〇八年，美國雷曼兄弟倒閉引發全球金融海嘯。危機中，美國股票市場高點下跌幅度達到五〇%左右。美國黑石集團的股價從發行時的三十美元跌至三美元左右。號稱最安全的美國貨幣市場基金被大量贖回，造成幾乎等同於現金的美國貨幣市場基金有史以來第一次出現虧損。無數機構投資人的年度浮動損益（Floating Loss）超過二〇%。這時候我才明白，當市場退潮之際，人性的恐懼有多誇張。

過去幾年，我們都見識到投資世界中無數成功的投資人，例如巴菲特（Warren Buffett）、查理・蒙格（Charles Munger）、大衛・史雲生（David Swensen）、瑞・達利歐（Ray Dalio）等，我也非常好奇為什麼他們能取得如此非凡的長期成功。與此同時，在機構投資人產業，以耶魯大學捐贈基金為代表的大學捐贈基金、以加拿大退休金計畫投資委員會為代表的退休基金、以挪威央行投資管理公司為代表的主權基金等長期資本，持續取得優秀的投資成績。這背後的成功祕密是什麼？我不斷去探究、學習這些成功者的投資經驗、投資哲學，試圖提煉出成功的祕訣。本書就是我關於投資世界零零散散的思想碎片。當完成這部作品時，我也不知道自己略顯拙劣的技藝是否能把這些碎片拼成一幅美麗的圖畫。這有待每一位讀者仔細檢查、批判評估。

人在年輕時，喜歡聽到投資管理的各種技巧，力求系統性的探究投資世界的客觀運行規律，試圖向外尋找傳說中可以預知未來的「水晶球」，獲得投資領域的「屠龍術」，成為投資世界的「獨角獸獵手」。但隨著年齡增長，我們才知道投資是科學和藝術的結合。在探索客觀世界的同時，我們更應該向內探究，了解投資背後的人性，修練自己的心性。修心是修身成事之本，「內外兼修」方能洞悉萬物。那麼優秀投資人的特質有哪些呢？根據我的觀察，以下五點特質至關重要：

一是好奇心。物理學家愛因斯坦曾說：「我沒有特別的才能，我只是極度好奇。」投資世界中，好奇心是探索未知領域、發現投資機會的原動力，它促使我們不斷追問，深入挖掘，直到找到答案。好奇心也能促使投資人保持謙遜，了解自己的知識範疇，是讓我們持續學習新知、強化自我思維的原動力。二〇〇七年，投資大師蒙格在南加大的演講中坦言，生活過得愈好的人，都是對世界充滿好奇的「學習機器」，並說巴菲特醒著的時候有一半時間是在看書，剩下的時間，大部分用來跟一些非常有才華的人進行一對一的交談。

二是熱情。興趣是最好的老師。在投資中，財富是熱情與興趣的副產品。許多優秀投資人的成功都是源自於對投資的極度著迷和極強的求勝欲望；許多科學家、企業家的成功也都是源自於對探索世界、改變世界的夢想與熱情。股神巴菲特從小就對股票投資有強烈欲望。十一歲時，他就買進第一檔股票，並且畢其一生致力於投資。

三是毅力。毅力不僅體現在面對市場劇烈波動或短期挫折時的堅定不移與堅持，更在於對長期價值投資的深刻理解與執著追求。一方面，毅力代表我們在資訊繁雜、投資情緒頻繁波動的市場中保持清醒的頭腦，不被短期的利益所誘惑，也不因一時的失利而氣餒，進而在複雜多變的環境中做出更明智的決策。二〇〇〇年網路泡沫時，即使面對批評，巴菲特也堅持不投身瘋狂的網路熱潮。《巴倫週刊》為此以巴菲特為封面人物，發表〈華倫，你怎麼了？〉（*What's wrong, Warren?*）一文。事實證明，正是堅持長期價值投資理念的毅力，才使得巴菲特避開市場的瘋狂。另一方面，毅力還代表不斷的學習新知，持續深入研究，只有這樣，我們才可能在某個臨界點大幅提升投資知識、突破固有的知識疆界。複雜系統（Complex System）領域中的湧現理論認為，系統的整體行為不是各部分行為的簡單加總，當系統達到某個臨界點時，可能會突然湧現出新的現象或性質。二〇二〇年，人工智慧公司 DeepMind 在人工智慧大型語言模型研究中發現，模型性能隨著模型規模擴大，呈現出乘冪法則（Power Law）*特徵，它提出尺度定律（scaling law），從實務上證實湧現理論。同樣的，人工智慧公司 OpenAI 在訓練 ChatGPT 等熱門的人工智慧產品時，就採用尺度定律模式，透過增加訓練量、延長訓練時間，持續提升模型性能。「大力出奇蹟」這句網路流行語其實背後隱含的就是湧現理論與尺度定律。大力就是持續不斷付出巨大努力或是有巨大投入，也就是毅力。許多時候只有落實大力原則，才可能在某個臨界點達到本質上的大幅躍進或非線性的成長，創造奇蹟。

四是質疑精神。要勇於質疑權威，勇於逆向思考。蒙格常說「反過來想，倒過來活」。在投資時，成功的投資往往是在他人恐慌時果斷買進股票，而在他人盲目樂觀時賣掉股票。逆向投資大師約翰・坦伯頓（John Templeton）有句廣為人知的名言：「行情總是在絕望中誕生，在半信半疑中成長，在樂觀主義彌漫時成熟，在人人陶醉中結束。」在一九五四年到一九九九年的四十多年間，坦伯頓創造出五百五十倍的報酬，這個卓越的成績正是來自於他對逆向投資的知行合一。

五是專注力。美國心理學家丹尼爾・高曼（Daniel Goleman）認為，在資訊大爆炸的時代，專注力已成為稀有資源，很多人常常被各種資訊干擾，無法專注於身邊的人和事。在複雜多變的投資世界裡，投資人面臨如潮水般湧來的資訊與雜訊，往往容易迷失方向。乘冪法則給我最大的啟示是，人生要取得成功，需要加法，更需要減法。我們必須排除一切與自己無關的雜訊、干擾與誘惑，聚焦在正確而重要的事上。首先，我們必須專注內在，傾聽直覺和價值觀的聲音。就像賈伯斯（Steve Jobs）所說「內心的聲音」，這是個人內心深處的一種直覺、信念或靈感，它不受外界干擾，直接指向個人真正的追求和願望。賈伯斯指出，藝術與科學的結合是蘋果產品的靈魂，而這種結合正是源自於他內心深處的追求與靈感。賈伯斯透過禪修、反思與不斷嘗試錯誤來增強自己對直覺的信賴和感知能力，傾聽內心的聲音。其次，我們必須對他人專注。這種專注力能幫助我們更為了解投資標的的細節與微妙訊號，從人性出發，去了解投資標的背後的成長動力與成長前景。最後，我們必須對外在事物專注。這種專注力讓我們能迅速獲取資訊，以第一原理（First principle）**進行深度思考，並能在探

* 指一個變量的頻率與該變量的大小成反比，因此，少數事件或個體會產生大部分的影響或結果。此理論挑戰傳統金融理論中的一些假設，例如，常態分布的收益假設。

** 指從最基本的原則出發，分析問題，找到最佳的解答方法。

索世界的過程中，達到高度專注、忘我和充滿愉悅的心流狀態。

寫作的過程其實也是自我學習與自我發現的過程。我要感謝清華大學五道口金融學院的老師和學生給予我的鼓勵和啟發。與他們一次次的交流使得本書的邏輯系統不斷完善。我要感謝與我一起工作的同事們，他們的研究成果進一步激發我的靈感，進一步豐富本書的內容。我還要感謝我的家人們，他們的理解和寬容，給我足夠的時間和空間完成這本書。

感謝我的資深前輩中投公司首任董事長樓繼偉欣然為本書寫推薦序，感謝清華大學五道口金融學院首任院長、中國人民銀行前副行長吳曉靈，中央匯金投資公司首任總經理謝平老師、哈佛大學商學院教授喬許・勒納，矽谷投資人兼電腦科學家吳軍老師、麻省理工學院講座教授黃奇輔老師、得到App創辦人羅振宇，以及許多關心、支持和信任我的專家學者為本書寫推薦序。

吾生有涯，而知無涯。生命是一場感知的體驗。生命的意義就在於永遠以一顆赤子之心去探索未知，感知世界，收穫成長的喜悅與內心的富足。如果這本書能讓各位讀者增加一分對投資世界的認知，我則足感欣慰。

二〇二四年七月十日

導讀

著名的英國物理學家史蒂芬・霍金（Stephen Hawking）指出，二十一世紀將迎來複雜科學（Complexity Science）的蓬勃發展。投資系統具有典型複雜系統的基本特徵，即非線性、不確定性、自組織性和湧現性*。迄今為止，儘管人類已經取得許多重要突破，但是我們仍然無法成功的預測金融市場，這可以歸因於經濟以及投資科學的發展還不夠完整。許多經濟學原理的內生性假設與實際狀況不符，無法完美的與複雜系統的特徵相契合。因此，儘管經濟學家在解釋諸多經濟現象時有據可依，但在實際預測時結果卻與事實大相徑庭，這是因為現有的框架無法涵蓋、解釋投資與經濟系統，這也正是內生性複雜的特徵。《哈佛商業評論》（*Harvard Business Review*）指出，我們身處的世界變化愈來愈快，不斷突破既有的知識疆界，超飽和的資訊也不斷

*「自組織性」指投資市場在沒有外力刻意干預的情況下，能自發形成有秩序、有規律的運作模式。「湧現性」指個別投資人的行為會透過互動產生出新的市場趨勢。

打破暫時平衡的局勢。VUCA（烏卡）時代早已來到。

VUCA一詞在一九九〇年代曾是美國軍事用語，是Volatility（波動性）、Uncertainty（不確定性）、Complexity（複雜性）、Ambiguity（模糊性）的首字組合，充分說明後網際網路時代商業世界的特徵：一團亂麻。美國麻省理工學院媒體實驗室主任、著名的創投家伊藤穰一（Joi Ito）指出，現在是指數成長時代，我們正面臨不確定性、複雜性和不對稱性。從投資的角度來看，波動性是指全球總體經濟與金融市場波動程度明顯提高；不確定性是指在各種外部意外事件衝擊下，沒有人能夠預測未來；複雜性是指現在投資所需的知識體系異常複雜，屬於跨學科領域；模糊性則是指事態不明確，界線難以劃清；不對稱性是指經濟主體有嚴重的資訊、資源與力量的不對稱情形，由於技術的進步，今天少數人可以顛覆一個大機構，出現「螞蟻戰勝大象」的現象。其實，這五點與複雜系統的特徵也非常吻合。

投資世界的六大「奇特現象」

投資世界其實就是複雜系統。因此，現實世界與投資領域存在「奇特現象」。

「奇特現象」就是反常識、與我們平常潛意識中預設的規則不一致的現象。我把這些現象概括為非線性成長、非常態分布、非連續成長、非獨立存在、非有序發展和非理性行為六大「奇特現象」。

奇特現象一：非線性成長

在人類進化的歷史中，人們習慣沿著前人留下的直線軌跡緩慢發展。因此，人們通常以線性的思考方式去解釋世界。這種思考方式大大的影響我們的判斷。金融市場中，在資產訂價與財務預測方面，人們往往認為今年的情況和去年大致相同，企業未來的成長與過去幾年類似。但是，世界是非線性的。非線性成長包含指數成長和對數成長，這兩種成長形態在生活中無處不在，特別是指數成長深刻的影響著人類社會。人類社會重大典範的轉移、技術創新的變革、金融市場的波動，都呈現出指數成長趨勢。

奇特現象二：非常態分布

人們通常認為世界存在兩個法則，常態分布和冪律分布，而大多數人比較熟悉常態分布。但在現實世界裡，冪律分布實際上才是隱藏在世界背後的宇宙法則。冪律分布*也稱長尾分布，即人們所熟知的八〇／二〇法則。冪律分布強調重要的少數與零碎的多數。金融市場在時間、空間方面具有非常態分布的特徵：從時間來看，金融市場有價格非線性漲跌、泡沫急劇膨脹與加速破滅的現象；從空間角度來看，金融市場有投資報酬分配不均、少數成功的投資貢獻大部分報酬的現象。

奇特現象三：非連續成長

有關認知的現代科學研究發現，人類大腦處理資訊的主要方式是歸納。歸納是以一系列連續出現的經驗事物或知識素材的有限觀察為依據，尋找出這些事物的基本規律。因此，「連續性假設」是人類絕大多數認知的基礎與前提，人類的思維方式天生就有連續性。但事實上，生物演化的道路並非平穩向前，而是經歷長時間停滯期、爆炸性創新期和大規模滅絕期。人類歷史處處呈現非連續性，每一個非連續性事件都對世界的發展產生深刻的影響，甚至重塑世界大局。在金融市場上，金融危機就是非連續性的展現。企業成長也呈現非連續性，大多數企業在成長過程中無法適應或跨越非連續性。

奇特現象四：非獨立存在

世間萬事萬物都處在一個巨大的動態系統之中，即便是兩件看似毫不相關的事物之間也可能存在錯綜複雜的關聯。不同事物只要互相關聯，彼此之間就會互相影響、作用。從生命體到非生命體，從微觀顆粒到宏觀星系，世界上所有事物都相互關聯，形成一個複雜而龐大的動態網路。這個網路由各種關係和回饋機制構成，它們相互作用，體現為物理、化學、生物、社會等方面的相互作用。這個巨大的動態網路不斷變化，事物之間的作用與影響會隨著時間和環境的變化而改變，同時也會反過來影響環境。在經濟金融領域，往往是了解萬事萬物並非獨立存在、且善於發揮組織能力的企業、家族和個人，才能獲得驚人的成就。

奇特現象五：非有序發展

著名物理學家薛丁格（Erwin Schrödinger）曾指出，生命之所以能存在，就在於

* 是一種數學機率分布，用來描述在某些系統或現象中，少數事件占據主要影響，而大量事件只占有很小一部分影響。

從環境中不斷得到「負熵」。熵增定律，又稱為熱力學第二定律，被認為是宇宙中最永恆的定律之一。這個定律認為，在自然過程中，一個封閉系統的總混亂度（即「熵」）不會減少，宇宙最後可能會變得無序和混亂。熵增的條件有兩個，分別為封閉系統和無外力作功，打破這兩個條件的限制就會出現熵減。物質、能量、資訊是人的負熵，而新成員、新知識、有效管理則是組織的負熵。國家和社會都會面臨熵增，王朝的衰亡是歷史的熵增，改革變法是人類歷史的熵減運動。反映在金融市場中，熵增定律就是指金融系統的脆弱性逐漸增加，而金融監理則會帶來熵減。熵增定律同樣存在於企業當中。只有將自身打造成一個開放系統，引導外界能量輸入，形成能夠在內部催生變革力量的耗散結構（Dissipative Structure），找到並驅動促使熵減的因素，企業才能持續生存、健康發展。

奇特現象六：非理性行為

古典經濟學的核心假設是決策主體是完全理性的。但事實上，人類社會的非理性行為無處不在。人類會有從眾心理，個體會由於群體壓力而改變自己的行為或信念。總是有人會相信一些荒謬的資訊，甚至被邪教、極端主義洗腦。人類一旦形成群體，

思維模式四：網路思維

網路思維是指從一個中心點開始，向外擴散思考，將有關的內容連接起來，形成一個網路結構的思維模式。過去幾十年，社會學家和複雜科學專家逐步探索，揭示出網路世界隱藏的五大核心法則：一是六度分隔理論，二是弱連結理論，三是結構洞理論（Structural holes），四是無尺度網路（scale-free network），五是梅特卡夫定律（Matcalfe's Law）。

思維模式五：心理學思維

心理學思維說明在現實世界中，投資人並非完全理性，他們頂多只擁有有限理性，或是根據經驗法則來歸納、做決策。心理學家用系統一與系統二來區分人類的思維模式，而行為金融學則是將投資人的偏誤分為兩種，一種是資訊處理偏誤，另一種是行為偏誤。美國經濟學家羅伯・席勒（Robert Shiller）提出的非理性「動物本能」

＊指在一個複雜系統中，系統內各成員相互作用，並透過學習來協調各自的行為方式，使得系統不斷進化和演變。

（Animal Spirits）分為五個不同層面，包括信心、公平、貪腐與矇蔽、貨幣幻覺以及故事，這些「本能」會對經濟活動產生重要而深遠的影響，進而導致經濟出現「非理性繁榮」。

思維模型六：價值思維

價值思維的核心理念是，價值是價格的基礎，價格圍繞著價值波動。價值思維可分為靜態價值思維和動態價值思維。靜態價值思維側重於分析企業目前的價值，透過比較市場價格與帳面價值尋找投資機會；動態價值思維則關注企業未來的價值創造能力，強調投資人與企業共同成長。

巴菲特的價值投資理念大致可分為四個概念：股權思維、安全邊際、市場先生和能力圈。價值投資的關鍵是判斷企業的競爭優勢與優勢的持久性。競爭優勢是否能持久，主要取決於企業的護城河是否寬廣，而護城河主要來自無形資產、成本優勢、轉換成本、網路效應和有效規模。在價值思維的實踐上，投資並不拘泥於固定形式。在價值思維核心不變的情況下，投資實務又不斷發展出新的內涵，這就是價值思維永保活力的根源。

思維模式七：需求思維

偉大的企業需要建立起需求思維，引導、滿足消費者需求，建立新的消費市場。奧地利經濟學派的理論大師米塞斯（Ludwig von Mises）在《人的行為》（*Human Action*）中指出，想在市場經濟當中獲得並保有財富，除了成功為消費者提供服務之外，別無他法。為消費者提供的服務愈成功，賺的錢就愈多。企業家不能決定必須生產什麼，這是由消費者決定的。米塞斯對「生產與消費」的精闢闡釋把消費者需求放到市場經濟的核心。身為投資人，最重要的工作就是去尋求滿足消費者需求的偉大企業，並長期支持這些企業成長。

投資世界的八大典範轉移

美國科學哲學家湯瑪斯・孔恩（Thomas Kuhn）在研究科學史時提出：「常態科學（Normal science）以一種典範（paradigm）為特徵，典範規定科學家所研究的謎題和問題。一切運轉良好，直到為典範所規定的方法無法再解釋一系列的反常現象，導致危機爆發並不斷持續，最後有一項新的成就誕生，重新指導研究，並被封為新一代的典範。這就是『典範轉移』(paradigm shift)。」

當前，全球面臨百年未有之大變局，世界進入新的動盪變革期，亟待新典範的誕生。如果我們從典範轉移的角度來看當前詭譎的現實世界，就會發現，歷史長河中的八大變革力量正深刻改變固有的投資邏輯，甚至顛覆投資人舊有的認知。

變革一：大國興衰的週期變局

從長期趨勢來看，大國的興衰是主導投資世界總體典範的核心主軸。過去五百年，中國、西班牙、荷蘭、英國、美國先後登上人類歷史的舞台中央。從國力來看，儘管過去一百多年來美國始終站在世界舞台中央，期間卻先後出現蘇聯的強盛與解體、日本的興起與衰落以及中國崛起。回首過去，大國興衰總是經歷萌芽衝突期、崛起壯大期與衰落動盪期。美國橋水基金創辦人瑞・達利歐（Ray Dalio）綜合各家提出的說法，認為決定國家興衰的原因有兩個：一是先天性的因素，二是人力資本因素。他從國家興衰的週期循環中進一步細分出三大週期：一是長期債務與資本市場週期，二是內部秩序與混亂週期，三是外部秩序與混亂週期。大國的興衰對資本以及貨幣市場的影響直接而長期，金融市場的表現與國家整體實力的演變也會趨於一致。

變革二：全球財富分配的週期轉折

人類社會的發展伴隨著財富的集中與再分配。二十世紀至今，世界各經濟體收入與財富分配不均狀況大致經歷了加劇、緩解、再惡化的過程。今天，人類正面臨從財富累積轉向財富分配的「第四次轉折」。一九八〇年代以來，各國實施一系列放鬆管制與自由化政策，導致全球的收入與財富分配不均狀況日益嚴重。美國歷史學家威爾・杜蘭特（Will Durant）從人類社會發展的角度回溯財富分配週期，發現財富集中是自然而且不可避免的趨勢，在一個競爭的市場環境下，財富就會不斷集中。美國布魯金斯學會的學者艾普斯坦（Joshua Epstein）和艾克斯特爾（Robert Axtell）的「糖域實驗」（Sugarscape）也得出類似的結論：貧富差距是「天賦＋出身＋運氣＋選擇」的綜合結果。杜蘭特認為：「所有經濟史都是社會有機體緩慢的心臟跳動。財富的集中和強制再分配，便是這個有機體巨大的收縮與擴張運動。」因此也可以說，社會發展的原動力就來自財富的集中和再分配。

變革三：全球貨幣金融週期的轉換

貨幣金融週期理論認為，金融變數的擴張與收縮是總體經濟波動的來源，金融影響總體經濟的機制包括傳統的利率、信貸以及資產價格等。金融週期通常為十五到二十年，明顯比經濟週期長。目前國際上判定金融週期階段的兩個核心指標通常是信貸總量和房地產價格，前者代表融資水準，也就是流動性；後者代表資產價格，反映投資人對風險的認知與態度。由於房地產是信貸的重要抵押品，因此信貸總量與房地產價格之間會相互放大，進而導致自我強化的順週期波動。

研究發現，全球金融週期與美國的貨幣政策週期密切相關，全球金融週期就是金融波動從美國擴散到全球的過程。雖然美國貨幣政策影響全球金融週期這個觀點被外界認同，但兩者之間的相關性非常不穩定。

除了各國央行的貨幣政策之外，金融市場上投資人的風險偏好同樣會影響金融週期。金融週期透過利率與信貸的變化，推動經濟週期輪動，是金融市場波動的領先指標。

變革四：全球人口週期的變局

美國經濟學家哈瑞・丹特（Harry Dent）認為，與政府政策和金融市場變動等因素相比，人口趨勢更能預測一個國家的經濟快速成長期和繁榮期何時到來、能維持多久。人口週期是指人口經歷上一代陸續死亡、新一代不斷出生、世代更替的人口再生產過程，以及這個過程引發的經濟社會變化。人口會從供需的角度影響經濟成長：在供給方面，人口會透過數量和素質兩方面影響勞動力、資本、技術三大生產要素，影響經濟成長；在需求方面，人口會透過生命週期不同階段的消費行為，影響經濟成長。此外，人口年齡結構也會影響金融市場。一方面，高齡化會使居民儲蓄和投資減少；另一方面，不同年齡層會有不同的消費結構，進而影響不同產業的發展。

變革五：全球價值鏈重組的週期變革

受到資本流動與貿易自由化影響，全球價值鏈逐漸成為國際生產、貿易和投資的焦點，世界各國紛紛加入全球化生產的複雜網路中，跨國公司也成為全球價值鏈的重要推手。

整體來看，全球化分工的具體方式為：已開發國家消費，新興市場國家生產；已開發國家生產技術密集型高附加價值產品，新興市場國家生產勞力密集型低附加價值產品。全球價值鏈集中至幾個國家，美國、中國、德國三大生產中心逐步成形。全球價值鏈提高總要素生產力（Total Factor Productivity），激發經濟成長潛能，為全球經濟攜手合作做出巨大貢獻。然而，全球價值鏈也帶來財富分配不均、就業失衡、供應鏈脆弱等一系列結構性問題。

後疫情時代，全球價值鏈在結構上呈現「東升西降」的趨勢，為了減少外部依賴，一些國家尋求產業鏈自主化，導致價值鏈由生產消費的「全球一條鏈」，開始轉向以消費市場為中心的「多鏈區域化」。未來價值鏈布局將呈現以美、中、德為中心的「三足鼎立」趨勢；產品之間的競爭可能會從企業之爭演變為供應鏈之爭。

變革六：全球能源週期與能源轉型

在舊能源轉向新能源的過程中，當新能源在能源消費結構中占比達五%時，就可以視為能源系統開始轉型，如果新能源在消費結構中占比最大，或是占比超過一半，就可以視為轉型完成。一般認為全球經歷過兩次能源轉型：從木材轉向煤炭，再從煤炭轉向石油。目前全球正經歷第三次能源轉型，也就是從石油轉向新能源（即非傳統能源）。這個轉向綠色低碳能源的過程正在形成一輪長週期，也勢必改變全球政治經濟局勢。

第三次能源轉型有五大特徵：驅動力方面，各種能源轉型模式正同步進行，風力、太陽能等新能源迅速擴大商用，新型儲能以及移動能源等能源儲存技術突破，智慧能源、能源網路等進一步推動能源數位化轉型，減排政策成為能源轉型的重要推動力。產能結構方面，各國轉型方向一致，電氣化成為重要趨勢。貿易方面，貿易重心加速轉移，開發中國家將成為全球焦點。供應方面，地緣政治刺激全球加速轉型，能源供應的資源依賴度持續下降。技術方面，綜合性創新技術成為關鍵，中國新能源也飛躍成長。

變革七：技術創新週期的新起點

美籍奧地利裔經濟學家熊彼得（Joseph Alois Schumpeter）認為，經濟由一系列引領經濟發展的週期所驅動。人類經濟發展過程的重大創新，激發出經濟發展過程的長週期。創新帶來模仿，模仿打破壟斷，進一步刺激大規模投資，促使經濟繁榮。在創新擴展到一定數量的企業之後，獲利機會趨於消失，經濟開始衰退，進而期待新的創新行為出現。經濟學家康德拉季耶夫（Nikolai Kondratieff）則提出長週期假說，認為技術創新是推動經濟發展的主要力量，這種影響會以週期的形式出現，與其他理論相比，這個理論更能解釋工業革命時期，西方國家繁榮—衰退—蕭條—復甦的經濟發展變化。從歷史上來看，蒸汽機、鋼鐵、電氣化、汽車與半導體是人類公認五階段技術創新週期的代表，每一個週期大約持續四十到五十年。目前全球創新週期處於上升階段。以人工智慧（ＡＩ）、新能源革命為創新基礎帶來的長期趨勢，帶動全球進入第六階段技術創新週期。

變革八：數位化變革的新週期

５Ｇ、大數據、雲端計算、人工智慧、物聯網、區塊鏈的應用，推動數位經濟的創新發展，這些應用是數位經濟的核心驅動力與六大支柱。新一波數位革命正向智慧化的方向邁進。以生成式ＡＩ為代表的數位化革命，為生產方式與組織形式帶來巨大的改變，催生一批新產業，例如電子商務、行動支付、共享經濟等。人工智慧在推動各行各業發展、提升創新和效率方面發揮重要的作用，它可以被整合進業務流程、決策和資源分配中，幫助企業做出更明智的決策；推動智慧生活，促進智慧家庭的發展，增加個人化體驗，還可以帶動智慧交通，推動智慧城市發展。二〇一七年的全球行動網際網路大會上，霍金預言：「人工智慧的崛起可能是人類歷史上最好的事，也可能是最糟的事，甚至可能終結人類文明。」

投資管理的多元模式

在投資世界的總體典範發生巨變的時代，機構投資人的資產配置也需要改變。資產配置是影響投資報酬率的重要關鍵。資產配置會影響超過八〇%的總收益，對投資組合報酬變動的影響力超過九〇%。過去一百多年，投資人的資產配置一開始是探索傳統的股債組合。一九八〇年代開始，投資人開始嘗試新的投資策略與資產配置方式。二〇〇八年金融危機之後，機構投資人開始反思在金融危機當中受到重創的傳統股債配置模式，發現在這種模式之下，資產價值有可能大幅下滑，而且投資組合很容易受到股票週期影響，導致投資報酬率波動、股債相關性不穩定等問題。

儘管傳統的股債配置方式有風險，但機構投資人仍然在原有的投資模式之下不斷「修修補補」，試圖彌補缺陷，改進的方式包括：嘗試引進非常態模型假設、導入動態資產配置方式，以應對不同市場環境、引進避險及多元化投資管理方式等。風險平價模型（Risk parity model）則另闢蹊徑，透過對不同資產類別（或風險因子）進行風險平衡配置，獲得長期穩定的風險溢價報酬。從投資管理策略的創新之路來看，被動投資方式逐步得到機構投資人青睞，Smart Beta 策略結合主動投資與被動投資的優點，開始受到市場歡迎，新興市場資產也被全球投資人納入投資組合，產業輪動與依照主題趨勢選股的策略日益盛行。

從資產類別的探索之路來看，一九九〇年代以來，私募股權基金、房地產、基礎建設等替代性資產因為預期風險調整資本報酬率（Risk-adjusted return on capital, RAROC）更高、與公開市場的股債相關性較低，而愈來愈受到投資人關注。在傳統股債組合當中引進替代性資產，也被稱為「捐贈基金模式」。*二〇〇八年全球金融危機後，全球進入低成長、低通膨、低利率時代，傳統債券類資產的預期報酬率降低，追求高收益的機構投資人不斷降低公開市場的股債配置、提高替代性資產配置比例，希望透過獲取非流動性溢酬（Illiquidity Premium）來賺取超額報酬。

從功能的角度來看資產配置，我們可以把資產分為三類：

一是能讓資產增值的成長引擎類資產，這類資產能夠持續帶來報酬。其中，股票是長期投資報酬的主要來源。隨著公司的經營發展，股票能夠不斷產生利潤並帶來分紅，本身也會提升價值，這正是巴菲特最重視股票投資的原因。如果我們觀察過去一百多年金融市場各種資產的增值表現，會發現股票優於債券，債券優於現金，而且投資時間愈長，這個特徵就愈明顯。因此，股票應該成為投資組合中的核心資產。

二是用來對抗總體經濟風險的資產。總體經濟中一個重要的風險是通膨。通膨代表資產縮水和購買力下降。打敗通膨是投資的主要目標，從這個角度來看，投資人需要尋找能夠戰勝通膨的資產。例如，房地產與基礎建設，包括公寓大樓、商辦、工業倉儲等不動產。由於用來建造房地產的勞動力與原物料價格會隨著通膨上升，房地產的重置成本與市場價值密切相關，這使得房地產價格對通膨變化非常敏感。另一個例子是大宗商品和自然資源等資產。商品價格的上漲從原物料開始，而原物料價格的上漲又是從上游的大宗商品開始，因此，大宗商品投資與通膨高度相關。此外，還有通膨連動債券等金融資產。通膨連動債券的票息收益隨著通膨而調整，可以幫助投資人避免通膨上升而造成的損失，是抵禦通膨風險的良好投資工具。

總體經濟中的另一個重大風險是通貨緊縮。通縮時，物價會持續下跌，需求萎縮，經濟蕭條，企業獲利下滑，股價下跌，投資人持有過多股票甚至可能會傾家蕩產，而固定收益可以用來對抗經濟中的通縮風險。固定收益產品最主要的投資類別是

* 過去捐贈基金以股債為主，但耶魯大學捐贈基金卻將房地產、自然資源與創投等多元化資產納入資產配置，並大獲成功，使其在三十五年間創造出八八四五％的總報酬率。

債券，尤其是高評級的中長期債券。此外，初級市場的私募信貸資產已逐步發展成為獨立的資產類別。私募信貸資產具有穩定的現金收益，存續期間（Duration）短，與其他資產相關性低，在經濟衰退時依然可以獲得良好、穩定的報酬，通常被投資人視為分散組合風險的選擇。

三是具有分散化功能的資產。從資本資產訂價模型（Capital Asset Pricing Model, CAPM）的角度來看，這類資產主要具有阿發（Alpha）的屬性，而很少有貝塔（Beta）的屬性。[*]具有分散化功能的產品與市場波動無關，無論市場漲跌，收益都是確定的。避險基金被視為這類產品的典型代表，也被稱為絕對收益策略。一九七〇年代以來，靈活多元的避險基金已經從最初的「小眾產業」逐漸進入主流機構投資人的投資組合。避險基金在二十一世紀初蓬勃發展，但受到業績下滑影響，金融危機後成長速度大幅趨緩，二〇一八年至今幾乎沒有顯著的發展。

資產配置的本質在於將投資報酬最大化或組合風險最小化。儘管個人、家族辦公室、捐贈基金、退休基金和主權財富基金等不同類型的投資人，在資產配置組合的選擇上各有偏好，但選擇與策略背後資產配置的有效性、資產的分散化效果、非流動性風險溢價、價值投資理念、再平衡的投資紀律、全球化投資視野、逆向投資理念和堅持長期主義這八大理念卻是相通的。

投資管理的六大基本特質

理解投資世界的諸多「奇特現象」，建立起投資哲學的多元化思維架構，我們就能成為優秀的投資人嗎？很顯然的，這些知識都還止於「術」，止於「形」。優秀的投資人還必須修練投資管理的「根」與「魂」，也就是最核心的六大基本特質：正心、明道、取勢、優術、合眾與實踐。

正心：投資是一個人認知能力的展現。一個人的格局、認知和投資報酬有關，投資是人生觀、世界觀、價值觀的綜合體現。這個觀點看似簡單、籠統，其實剛好說明投資的本質。牛頓因為南海泡沫事件把積蓄虧損殆盡，那時他說：「我可以計算天體運行的軌道，卻無法計算人性的瘋狂」。在沒有實際業務和收入支撐的情況下，南海

---

* 貝塔用來評估投資組合與大盤波動的相關性，也代表與系統性風險的相關程度；阿發則是衡量投資相對於某一基準超額報酬的指標。

公司在六個月內股價漲幅高達七〇〇%，但社會各界包括牛頓等名人喪失理智，無視公司的實際經營情況與發展前景，只怕錯過大撈一筆的機會。最終南海公司泡沫破滅，股價從最高的一千多英鎊跌到一百英鎊，投資人幾乎血本無歸。有一句玩笑話：「靠運氣掙來的錢，最後靠努力給吐出去了」，就是在形容這種現象。

許多人在自己擅長的產業出類拔萃，但這些人帶著以前的經驗和自信盲目的踏足投資領域，導致原本靠運氣獲得的財富，最終因為他們的缺乏能力而灰飛煙滅。究其根本，這些投資的虧損原因在於投資人缺乏正確的投資價值觀，也就是「正心」。

心之所向，動之所隨，價值觀的正確與否決定投資行為的正確與否。投資人的「正心」有三個層次：

一是對自身的「正心」。面對複雜多變的投資世界，做到「知之為知之，不知為不知」對投資人來說非常重要。投資人必須誠實面對知識，對未知世界保持謙遜。不自欺欺人，不盲目自大，不被短暫的勝利沖昏腦袋，不因過度貪婪而追逐泡沫，不被一時的挫折所困擾，不因過度恐懼而出清持股。

二是對資金所有者的「正心」。在投資倫理中，對於資金受託人，「受託責任」最為重要。受託責任的內涵即受人之託，為人理財，誠實守信，以義取利，為他人創造價值。但實際上，和受託責任相背離的例子比比皆是。例如不少基金為了賺取管理費，追求管理規模，在市場泡沫時仍然大肆融資，甚至組織「龐氏騙局」、進行「老鼠倉」*交易等。

三是對投資標的的「正心」。投資人應該遵從社會價值觀來投資。早期，許多投資人選擇規避一些有悖社會倫理、違背可持續發展理念的投資領域，例如博弈、菸草等產業。近三十年來，投資人更逐步形成ESG（環境、社會和治理）投資準則。隨著全球暖化，綠色投資成為機構投資人重要的投資方向。

「正心」是修練投資心性的第一重境界。正心誠意、格物致知是投資的第一原則，能否堅持這項原則，決定投資人能走多遠、飛多高。

明道：投資有基本規律、認知和思維。投資中的「道」是哲學觀的體現，是對投資世界客觀規律的認知。

---

* 中國俗稱的「老鼠倉」（Rat Trading）交易，是搶先交易的一種，指基金經理人先用個人帳戶低價買進股票，然後用自己管理的基金購買同一檔股票，推升股價後脫手個人持股套現。

對投資之「道」的認知絕非一朝一夕之功。由於投資行為來自投資人面對客觀世界的主觀決策，因此，「道」可以分為兩個層次：

一**是對外部現實世界的認知**。首先，是了解宇宙運行之道，包括物質的運動與變化基本規律，資訊的生成、傳播與整合方式，能量的產生與轉化方式等等。因此，投資人至少必須具有數學、物理學、資訊學等知識。其次，是了解人類社會運行之道，包括人類的起源與遺傳、社會運行與國家興衰的內在規律等等。因此，投資人必須擁有生物學、社會學、歷史學等方面的知識。最後，是了解產業景氣指數與企業發展之道，包括產業景氣循環、技術變遷、供需變化狀況，以及企業的團隊管理能力、產品研發能力、生產管理效率、行銷與品牌管理能力等。因此，投資人必須了解經濟學、管理學等知識。

二**是對主體世界的認知**。希臘德爾斐神廟牆壁上鐫刻著一句象徵智慧的箴言，「認識你自己」。投資人是決策的主體，在投資時一定要有自知之明，這是自立於世、動而不亂的根本。但事實上，許多人窮盡一生也無法自知。

一部分原因在於人對自己的認知可分為：知道自己知道，比如自己的資金規模；知道自己不知道，比如明天市場的走勢；不知道自己知道，比如潛意識中對某種風格的偏好；不知道自己不知道，這反映出人類認知的盲點。但遺憾的是，許多人都會高估自己知道的程度，導致他們在金融市場的跌宕起伏中失去自我。

因此，投資中的「道」從決策層面來說，就是投資人做正確的事，並堅持下去。正確的事是尊重知識、堅守能力圈，承認人性的弱點與了解投資。

取勢：世間潮起潮落，月盈月虧，週期輪迴，便是「勢」。投資領域的「勢」就是資產價格的週期性波動。順勢而為就是把握投資世界的資產輪動週期。聰明的投資人能在資產價值被嚴重低估時投資，在資產價格處於高檔時退場。

驅動資產輪動的力量非常複雜，最大的「勢」莫過於大國的興衰。美國政治學者保羅・甘迺迪（Paul Kennedy）曾說，大國興衰的歷史永不會停止，領先國家的相對力量從來不會一成不變。

經濟週期是驅動資產輪動的主要力量。經濟週期的類型繁多，以週期長短來看，有技術創新驅動的五十年左右的康德拉季耶夫週期，有房地產波動帶來的二十年左右的庫茲涅茨（Kuznets cycle）週期，有資本支出驅動的十年左右的朱格拉週期（Juglar cycle），還有企業庫存調整帶來的三年左右的基欽週期（Kitchin Cycles）。

「勢」是基本盤，是客觀世界的能量累積。金融投資領域的「勢」可以用希臘字母β（貝塔）來表示，例如代表股票市場的股價指數，就是一個數值超大的貝塔，它代表股市的長期走勢。

貝塔曲線不是一條直線，而是波浪式發展、螺旋式上升的一條曲線，最重要的特徵就是呈現週期性。某種程度上，萬物皆有週期，研究週期最重要的原理是「均值回歸」*，也就是人們常說的「物極必反、否極泰來」。

「勢」是每個人都能「免費」獲取的長期紅利。誰能識別並選擇有利的「勢」，誰就可以「乘風破浪」。中國持續近二十年的房地產市場繁榮便是很好的體現。一個人在本金和信用允許的情況下是否選擇買房，對他個人財富有極大影響，這種影響就源自貝塔。

小米集團創辦人雷軍說「站在風口上，豬都能飛起來」。風口就是「勢」。

優術：孔子曾說：「工欲善其事，必先利其器。」投資領域的「器」就是經濟金融以及其他產業的專業知識與技能，就是「術」。投資需要「由上而下」的總體研判與「由下而上」的標的評估，兩者互相配合。因此，投資管理必須通曉與地緣政治、貨幣政策、產業政策等總體經濟分析相關的工具，也必須掌握與公司治理、公司策略、財務管理、行銷管理、資產訂價甚至產業技術等個體經濟分析相關的工具，同時還需要了解計量經濟學、統計學、行為金融學、社會學等知識。

許多人認為投資門檻極低。中國約有兩億散戶，不少散戶說起總體經濟、產業政策、技術分析都頭頭是道，認為只要看看電視、聽聽股票分析，會用手機下單，就可以成為投資高手。但事實真是如此嗎？

據統計，中國大約兩億散戶當中，有六千萬名投資人會頻繁進出股市。二〇一九年至二〇二一年，大約只有四分之一的散戶在股市中獲利，符合「八二法則」。而與之相對的是，同一時期，共同基金累計獲利達人民幣三兆八千九百億元。

這個差別的背後是共同基金的投資研究員「術業有專攻」。共同基金產業六〇%的從業人員都擁有碩士以上學歷，投資經理人則是八五%以上擁有碩士以上學歷。而且，共同基金的產業研究員、基金經理人花費大量的時間研究、分析產業趨勢，因此，在金融市場中掌握資訊、技能優勢的機構投資人，有很大的機率可以打敗既缺乏資訊又缺乏技能的散戶。「術」的高低是決定他們之間勝負的關鍵因素。

* 金融學中的一個概念，指的是一項資產的價格，會隨著時間的推移趨於平均價格。

合眾：獨行快，眾行遠。面對複雜的投資系統，絕大多數投資人終其一生可能也只能窺其一角。一個人的時間和精力有限，個人投資人注定會有認知不足之處。因此，機構投資人強調的是團隊精神。機構投資人有完善的投資研究、投資組合管理以及交易執行系統，以投資研究驅動資產配置，並以資產配置引領投資管理。

大部分投資機構都採取團隊合作的方式，而不是依賴某個特定的明星分析師。團隊中既有總體、策略、產業、金融工程等領域的研究員，也有基金經理人、投資經理和交易員等，同時還從大量的外部諮詢機構、投資銀行分析師等處獲取資訊。

初級市場的投資同樣是系統工程。一個併購項目往往涉及產業技術、政策、財務、法律、稅收和環保等領域問題，需要內部投資經理、外部專家顧問和仲介服務機構好幾個月的大量合作才能完成。美國著名的 A16Z 創投機構在高科技領域的投資布局甚廣，A16Z 的祕密武器就是在數年之內編織出一張由六百多位科學家和企業家組成的網路，他們能夠在產業趨勢、技術創新等方面提供深刻的洞見，協助機構做出投資決策。

投資產業龐大而繁瑣，投資人需要以開放的心態不斷吸收、整合新的資訊。一個人的時間和精力有限，如果不能與其他人合作，就很難走得遠。

實踐：格物致知，知行合一。投資是一門實務科學。正如我們在岸上學習游泳，永遠也學不會一樣，要學會投資，就必須拿出資金，在市場的大浪中探索，嗆幾口水，才能領悟市場的殘酷與自己的不足，進而反思學習，提升認知與技能。

一位管理上百億美元資金的全球私募基金合夥人曾告訴我，優秀的投資經理人經歷過上千萬美元的投資損失，並從中汲取經驗與教訓而成長。說得再多，往往不如一筆巨額的損失能讓人深刻體會到痛苦，以及痛苦之後的反思、回顧、分析、提煉與再成長帶來的效果。金融市場中，能堅持到最後的往往是經歷漲跌週期的投資老手，他們能理解市場漲跌背後的規律，也能洞悉人性的貪婪與恐懼。

儘管人類是萬物之靈，但人類透過五官所能感知的世界，大約僅占宇宙各種存在的四%。量子物理發現，宇宙中存在著大量的暗物質（dark matter）與暗能量（dark energy），但人類對此毫無所悉。我們每個人都受限於身處的時代，受限於自己的認知能力。人生是一個反覆修正認知的過程。提升認知能力才是成功的基礎。洛克菲勒曾說，財富是對認知的補償。投資本質上是認知能力的變現。只有提升認知能力，掌握投資的底層邏輯，並建構投資思維系統，才能在投資世界中行穩致遠。

第 1 部

投資世界的六大「奇特現象」

我們看到的只是事物、實體、事件，
我們沒有直接體會到力量和主導自然的法則。

——雅各・尼德曼（*Jacob Needleman*）

第一章

非線性的成長模式

未來已來，只是尚未流行。

—— 威廉・吉布森（*William Gibson*）

大家一定記得一道經典的數學題：以布袋蓮的生長為例，浮在湖面的布袋蓮以每天擴大一倍的速度飛快生長，在第三十天正好鋪滿整個湖面，請問布袋蓮鋪滿前一半湖面要花多久時間，鋪滿剩下一半湖面又要花多少時間？

大家應該都知道以反推的方法計算出的結果：鋪滿一半花了二十九天，鋪滿剩下一半只花了一天。

這道人們耳熟能詳的數學題能帶來什麼啟發呢？布袋蓮前面花了二十九天，一點一點的累積，而真正的飛躍是在最後一天。厚積而薄發，這正是自然界、人類社會、企業及其他組織發展的普遍規律。

但在人類演化的歷史中，人們通常習慣沿用前人留下的直線軌跡緩慢發展。因此，人們往往以線性思維去理解和解釋世界的變化。這種思維方式大大影響我們的判斷。金融市場中，在資產訂價和財務預測方面，人們往往於認為今年的情況和去年大致相同，企業未來的成長速度與過去幾年的成長速度類似。但是，世界變化是非線性的，依照經驗採取線性思維，可能會導致投資決策出現嚴重失誤。

非線性成長的兩種形態：指數成長與對數成長

對於指數成長（exponential growth），我們可以參考布袋蓮的後期快速生長，對數成長（logarithmic growth）則多被用來探討邊際效益遞減的情況，數學上我們習慣用凸函數（Convex function）和凹函數（Concave function）來描述這兩種成長形態。

凸函數，也就是複利法則，有人更為直觀的稱之為七〇法則。七〇法則是指如果一個變數在每個週期都以R％成長，那成長一倍所需要的週期總數就是七〇除以R，這反映成長率的累積效應。以房價為例，如果房價每年上漲一〇％，那麼房價大約七年會升值一倍，如果這種趨勢一直持續三十五年，那麼房價將會成長至三十二倍，也就是一百萬元的房子會在三十五年後上漲到三千二百萬元。如果一個人可以讓他的財富每年保持一〇％的成長，那麼七年後他的財富就能成長一倍。巴菲特說過一個有趣的原則：「投資的第一法則是不要虧錢，第二法則是做好第一法則。」資金翻倍的關鍵在於複利。

也有人把七〇法則運用在其他領域，例如人口學家用指數模型研究人口問題。如果人口每年成長七％，那麼人口在十年後會增加一倍，三十年後會成長至八倍。早在一七九八年，英國政治經濟學家、人口學家湯瑪斯・馬爾薩斯（Thomas Malthus）就觀察到人口數量呈指數成長的現象，並指出，如果經濟體生產糧食的能力呈線性成長，就會出現糧食危機。

但回過頭來看這兩個主張，其實都不成立。人口看似呈現指數成長，可是馬爾薩斯沒有考慮到人類發展的客觀規律：當人均所得提高、經濟獨立性增強時，人類的生育意願會下降。此外，糧食的產量也不是呈線性成長，馬爾薩斯沒有考慮到技術的進步，例如中國水稻專家袁隆平發明雜交水稻之後，水稻產量大幅提升。

凹函數也是非線性成長的重要形式，在經濟學中被廣泛運用。數學中凹函數的二階導數小於零，這在經濟學中代表邊際效益遞減。邊際效益遞減指的是一定時期內，在其他商品或服務的消費量不變的條件下，消費者從每一單位商品或服務中得到的效益都比從前一個單位中得到的效益低。消費者在饑餓時吃的第一個「包子」效用最大，此時消費者獲得極大滿足，也願意為「包子」支付高價格。隨著吃的「包子」愈來愈多，消費者每吃一個「包子」所得到的滿足感不斷降低，「包子」所產生的邊際效益不斷下降，消費者願意支付的價格也會不斷降低。最終當消費者吃飽時，邊際效益變成零，總效用達到最大，消費者將不再吃包子。

商家也會利用邊際效益遞減規律：消費者買得愈少，單價就愈高，買得愈多，單價就愈低。同樣的，我們在生活中做一件事情，一開始會熱情高漲，但隨著時間推移，熱情與興趣會逐漸消退，最後可能會感到索然無味。「一鼓作氣，再而衰，三而竭」，說的也是這個道理。

人類社會的非線性成長

事實證明，整個人類社會的重大典範都延續非線性成長，而且典範轉移的時間間隔正在不斷縮短。最早的生命起源於三十多億年前，大約二十億年前地球才出現真核微生物，但隨著時間推移，整個時間曲線下降的速度非常快。

如果我們把地球發展史壓縮成一年，在一年當中的絕大部分時間幾乎什麼都沒有發生，但是：

十二月一日出現陸地動物；

十二月二十五日恐龍滅絕；

十二月三十一日晚上十一點五十分原始人直立行走；

十二月三十一日晚上十一點五十九分五十九秒人類歷史開始有紀錄。

人類財富的成長也是如此。人類從人均財富九十美元的狩獵採集社會，發展到西元前一千年古希臘時期人均財富一百五十美元的經濟社會，歷經一萬二千年。直到一七五〇年，世界人均GDP（生產總值）才達到一百八十美元。在此後短到不可思議的二百五十年間，世界人均GDP成長三十六倍，達到六千六百多美元。全球財富的成長軌跡幾乎攀升為一條垂直線。超過九七%的人類財富是在最近二百五十萬年中僅占〇・〇一%的歷史時期內創造出來的。今天，我們仍在沿著這條垂直線往上走。

技術的非線性成長

孔恩在《科學革命的結構》（*The Structure of Scientific Revolutions*）指出，典範一改變，世界也隨之改變。他還提出，科學家由一個新典範指引，採用新工具，關注新領域，因此，科學創新與技術變革從來就不是線性成長。而雷・庫茲威爾（Ray Kurzweil）在《奇點臨近》（*The Singularity Is Near*）中則提出科技不是線性發展，而是指數成長。這代表科技進步會愈來愈快，最終達到一個爆發點，也就是奇點。

美國科幻小說家吉布森曾說：「未來已來，只是尚未流行。」因為技術進步的速度總是超過人類理解力提升的速度。摩爾定律告訴我們，一切數位化的東西都會以指數級的速度變化，變得愈來愈快，愈來愈便宜，體積愈來愈小。而基因工程領域的技術進步更令人驚嘆。美國科學院院士喬治・丘奇（George Church）指出，基因定序的價格正在下降，變化速度則是摩爾定律中電子元件性能提升速度的六倍；十年前，沒有人能預測到這件事。

今天，機器人、人工智慧和腦機介面等科學技術正在發展，未來成熟的人機結合也可能會出現。人們對此持有不同意見，有些人非常期待，有些人則非常擔憂。英國物理學家霍金認為，忽視人工智慧的危險可能是「人類歷史上最嚴重的錯誤」，今天的人類可能會被未來的人類認為是「原始人」；而美國知名企業家伊隆・馬斯克（Elon Musk）儘管認為可能會出現全新、不確定的典範變化，但對這個現象卻很期待。總而言之，人類社會的典範轉移愈來愈快。從一八七六年貝爾（Alexander Graham Bell）發明世界第一部電話，到一九九〇年「全球資訊網之父」伯納斯—李（Tim Berners-Lee）創立第一個網路瀏覽器，兩者間隔一百一十四年，而從創造第一個網路瀏覽器到二〇〇七年賈伯斯推出第一代蘋果智慧手機，僅歷時十七年。從十五世紀中葉古騰堡（Johannes Gutenberg）發明活字印刷術，到一九五三年IBM工程師約瑟夫・威爾遜發明第一台商用電子印表機，兩者間隔五百多年，但一九八四年霍爾（Charles Hull）研發出3D列印技術，與第一台商用電子印表機的發明只間隔三十一年。

科技正不斷加速，新科技被接受的速度也在加快。電話花了七十五年才讓全球用戶量達到一億人，手機用了十六年，Twitter（推特）只用了五年就達到這個紀錄，社群軟體WhatsApp用了三年半、短影音平台TikTok用了九個月，而當下最熱門的人工智慧產品ChatGPT僅僅用了兩個月。

引爆點一〇%

技術典範轉移的「臨界點」就是所謂的引爆點。《引爆趨勢》（*The Tipping Point*）指出，思想、行為、資訊等經常會像傳染病爆發時一樣迅速傳播，一個現象發展到臨界水準並爆發的那一刻就是引爆點，掌握引爆點可以發揮事半功倍的效果。同時，SCNARC＊研究指出，一〇%就是思想傳播的引爆點。SCNARC探討了舊典範崩潰的過程與條件發現，群體當中只要有一〇％的人肯定全新的理念，理念的傳播就會像星火燎原一般，過去的體系也會開始坍塌。消費者應用科技的S形曲線告訴我們，使用率從零成長到一〇％的速度很緩慢，從一〇％到九〇％非常快，但從九〇％到一〇〇％又變得十分緩慢。其中，轉捩點便是一〇％。在投資某一款產品的過程中，一旦這項產品的市占率超過一〇％，那麼這項產品的使用率很快就會突破九〇％。一〇％代表一個重要的觀察指標，意味著在突破一〇％之後，線性理論將不再適用。在引爆點出現前，人們不願意相信產品的發展潛力，就像人們看待最初的能源革命一樣。正如人們一開始並不相信特斯拉會有很大的發展空間，但隨著特斯拉不斷發展，提升能源儲存技術、讓能源儲存成本下降，還能與軟體結合使用，種種優勢掀起新的科技發展浪潮。

從人類歷史的發展來看，任何新技術在使用率到達一〇％之前，都會飽受爭議。而且諷刺的是，歷史告訴我們，最接近技術核心的人，反而難以預料這些技術最後的實際應用方式。

＊作者注：SCNARC為美國陸軍建立並提供資金支持的社會認識網路學術研究中心。

英國女王的特聘外科醫生約翰・艾瑞克森（John Erikson）曾說：「明智而人道的外科醫生絕對不會打開腹部、胸部和大腦。」一八九五年，英國物理學家開爾文勳爵（Lord Kelvin）在接受採訪時宣稱：「任何比空氣重的人造物體都不可能飛起來。」二十世紀早期，瑞士阿彭策爾（Appenzell）的居民向鐵路丟石頭，因為他們認為鐵路是邪惡的存在。一九六八年，《商業週刊》報導：「美國汽車市場已經有五十多個外國品牌，日本汽車企業搶占美國市場的可能性極低。」柴契爾夫人在當選英國首相的五年前曾親口說：「在我有生之年，英國不會出現女性首相。」發明電報的摩斯（Samuel Morse）把貝爾發明的電話斥為「電子玩具」，愛迪生則認為留聲機沒什麼價值。

然而，從電視到冰箱，再到微波爐、網際網路、智慧手機和新能源汽車，這些新興科技在被市場認同後，其推廣和普及速度的走勢都呈現S形曲線。

松樹的啟示

以「尾部避險」策略聞名的美國避險基金經理人馬克・史匹茲納格爾（Mark Spitznagel）在《資本之道》（*The Dao of Capital*）中指出，松樹是地球上最古老的樹種之一。相較於其他植物，松樹採取非線性的生長方式。一開始，松樹會選擇在相對貧瘠的地區生長，例如裸露的岩石、山脊等地。在貧瘠地區生長有幾個優勢：一是避免初期直接與其他植物激烈競爭；二是遠離災害，如森林大火等；三是在惡劣環境中磨練出頑強的生命力，為未來與其他植物爭奪陽光、水做好準備。

松樹前期的忍耐是為了後期的爆發式成長。在貧瘠地區，松樹會長出數不清的松果，這些松果會被帶到周邊地區，生根發芽，這時松樹在惡劣環境所鍛鍊出的優良基因會開始發揮作用，讓這些松樹重新占領之前退讓的土地。雖然一開始松樹主要分布在裸露的岩石區，但最後這些松樹將遍布整片樹林。這種「先慢後快」、「先苦後甘」的發展方式有利於松樹緩慢而穩定的發展，直到最後加速成長，以非線性的方式超越競爭對手。

無獨有偶，華為的創辦人任正非也把華為比喻為一種植物：非洲的「尖毛草」。前半年，尖毛草幾乎是草原上最矮的草，只有幾公分高，人們甚至看不出它在生長。那它在做什麼？它在努力的向下扎根，尖毛草的根最長可以到二十八公尺。對尖毛草來說，根系愈發達，基礎愈牢固，生長愈迅速，要超越別的草才會愈容易。一旦雨季來臨，尖毛草就會開始改變生長模式，由向下生長改為向上生長，就像被施了魔法一樣，以每天大約半公尺的速度向上瘋狂生長，三到五天就能長到一百六十公分到兩公尺的高度。很快的，尖毛草就成為非洲草原上最高的植物，被譽為「草地之王」。

從研發策略來看，華為最重要的投資就是研發支出。《華為基本法》第一版就有這樣一句話：堅持將每年銷售收入的一〇%投入做研發。華為平均每天申請八個專利，就是它不斷投入資源的結果。

從一九九六年到二〇二二年，華為的研發支出僅二〇〇八年沒有達到銷售收入的一〇%，其餘都超過一〇%。*這在中國是特例。根據中國金融數據供應商萬得的資料顯示，二〇二二年，有四千七百九十六家A股上市公司的研發支出合計占其營收的二・二八%，二〇二二年中國研發經費支出占GDP的比重為二・五四%。華為的研發支出多年來都是中國企業之首。

華為的銷售策略也採取尖毛草策略，分為兩個步驟。第一步，在發動飽和攻擊**前，像尖毛草一樣不斷向下扎根，也就是試誤，確認產品價值，摸索有效的銷售方法。向下扎根還有一個目的，就是研究這個產品的市場是否真的會擴大。銷售策略的第二步就是一旦在扎根的過程中確定市場處於成長期，對產品的價值也有信心，就要像尖毛草一樣迅速向上生長，發動飽和攻擊。這個階段要投入最多資源，利用已經試驗過有效的行銷策略。

華為完美的詮釋「非線性成長」的企業成長之道。

金融市場的非線性成長

金融市場中同樣有許多非線性成長現象。線性關係在數學中的表現為可相加性，具有一定的因果關係與可預測性，而非線性則代表因果關係失衡以及不可預測性。在股票評價的過程中，無論是採取本益成長比（Price-to-Earning Growth Ratio, PEG）還是現金流量折現法（Discounted Cash Flow, DCF），我們通常會假設一家企業的業績成長保持不變。但實際上公司業績不可能等速成長。以美國標準普爾五百指數為例，二〇二〇年、二〇二一年與二〇二二年的成長率分別為一六・二％、二六・九％與負

* 作者注：參考《華為年報》（二〇〇六—二〇二二年）。

**在短時間內持續攻擊敵方目標，使敵方的防禦系統無法應對所有威脅，進而達到摧毀敵方目標之效。

一九・四%，不是線性成長。尤其是景氣正好的成長股，其業績成長更是非線性的。新能源類成長股特斯拉二〇一八到二〇二二年的股價成長率分別為六・八九%、二五・七%、七四三・四%、四九・八%與負六五%，呈現出明顯的非線性特徵。同樣的，匯率市場也是非線性成長。二〇二二年由於聯準會升息與俄烏戰爭所引發的避險心態，美元對全球主要國家貨幣的匯率大幅上漲，美元指數強勢上揚，二〇二二年前三季上漲一六・六%，遠遠超過二〇一二至二〇二二年的平均水準。*

金融市場呈現非線性成長有許多原因。一方面，金融市場的波動難以預料。金融市場受到來自政治、文化與自然環境等不同層面、不同角度的全方位影響，生活中的各種變動都會引起金融市場的波動，戰爭、疫情、自然災害、政策變化、利率調整也會導致股票價格波動。九一一事件發生後，美股連續休市四天，是二戰之後的第一次長期休市。開市後全球投資人瘋狂拋售股票，股價斷崖式下跌，一週內道瓊指數下跌超過一四%，那斯達克指數下跌超過一六%。美國股市瘋狂下跌也波及其他主要股票市場，為全球金融市場帶來巨大損失。九一一事件同時導致大量資本流出美國，美元對其他主要國家貨幣的匯率劇烈震盪，金融機構癱瘓風險加劇。相反的，其他避險資產則獲得關注，黃金、白銀、石油價格大漲，英鎊、歐元、日圓等國際貨幣對美元的匯率也上漲到歷史高點。九一一事件雖然是偶發事件，但是打破美國本土不會受到攻擊的神話，為全球金融市場帶來巨大衝擊。

另一方面，金融市場的參與者是非理性的，羊群效應、市場泡沫、投資人情緒波動等促使金融市場呈現非線性成長。雖然經濟學有理性假設，但其實金融市場卻充滿著非理性，投資人的從眾心理與盲目自信都會導致非理性行為，股票收益總是呈現「尖峰肥尾」等非常態分布。忽視金融市場非理性的市場表現，往往會導致基於理性假設的模型預測結果與實際結果有極大落差。此外，金融市場參與者的資產分布曲線也不是線性。中小散戶的資產可能只有幾萬、幾十萬元，但機構投資人的參與資金往往有上億，甚至上千億、上兆元。不同資產規模投資人的投資行為與投資模式必然不同，這些不同的投資行為進一步導致金融市場出現不一致、不對稱、非線性的不均衡狀態。

＊作者注：資料來自萬得資料庫。

第二章

非常態分布的金融世界

冪律分布是宇宙的力量，是宇宙最強大的力量。
它定義我們周遭的環境，而我們幾乎毫無所覺。

——彼得・提爾（*Peter Thiel*）

人們通常認為世上有兩種法則：常態分布與冪律分布，但是大多數人比較熟悉常態分布。例如，班上考得好和考得差的學生都是少數，大部分學生考試成績普通，成績分布呈鐘形曲線：兩邊低、中間高、左右對稱，具有集中、對稱與變動一致三大特點。這就是生活中的常態分布。

冪律分布在自然界與社會科學中廣泛存在，比如地震強度、城市人口規模、網際網路上的連結分布。冪律分布的一個關鍵特徵是它具有「重尾」（Heavy-tailed distribution）特性，也就是極端事件的發生機率比常態分布中該類事件的發生機率要高得多。冪律分布可以表示為：

$$P(x) = Cx^{-a}$$

其中：

$P(x)$ 是一個隨機變數 x 在某個區間內的機率密度函數。

C 是一個歸一化常數，確保所有可能的 x 值對應機率之和為一。

a是冪律指數，通常是一個大於一的實數，決定分布曲線的形狀。

在冪律分布中，隨著x增加，$P(x)$以x的$-a$次方速度下降。這代表大的x值（即「極端事件」）比小的x值發生的機率低，但這種下降速度比常態分布中的下降速度慢，因此極端事件的發生機率相對較高。

簡單來說，冪律分布描述一種情況，其中少數事件的規模或強度遠遠大於大多數事件。這種分布常見的說法是「二八定律」，也就是二〇%的變數會產生八〇%的成果，這也是冪律分布的一個直觀表現。

蘋果的啟示

冪律分布最早由義大利經濟學家帕列托（Vilfredo Pareto）提出。一八九五年，帕列托在研究個人收入分布時發現大多數人都不富裕，只有極少數人是超級富豪。人們的收入每增加一%，相對應的家庭數量就會減少一．五%。在此基礎上，他提出二〇/八〇法則，也就是二〇%的人口擁有八〇%的社會財富。一九五〇年代，地震學家古登堡（Beno Gutenberg）和芮克特（Charles Richter）在研究地震時發現，地震的規模分布不符合常態分布，地震能量每增加一倍，相對應規模的地震發生機率就會減少四分之三，因此大多數地震都是小規模地震，大規模地震極少發生。一九六〇年代，耶魯大學數學家本華・曼德博（Benoit Mandelbrot）研究芝加哥商品交易所棉花價格的波動以及黃金、小麥等商品資料時，再度發現冪律分布。此外，他還注意到大宗商品價格的波動似乎沒有固定的週期規律。如果他從圖上抽出一小部分數據，例如一個小時的資料，再把它拉長到一天的長度，人們根本無法分辨哪張圖代表的是一小時的資料，哪張圖是一天的資料。這就是冪律分布所謂的規模縮放不變性（Scale Invariance），也就是不同的冪律函數只是不同係數的尺度縮放，其函數圖像具有相似不變性，也就是說冪律分布具有碎形（fractal）特性。

冪律分布強調重要的少數與零碎的多數。事實證明，「二八定律」無所不在，例如二〇%的品牌占有八〇%的市占，二〇%的產品貢獻八〇%的企業獲利，二〇%的上市公司創造市場八〇%的價值，二〇%的投資人賺進股市八〇%的資金等。一九九七年，賈伯斯重回蘋果公司，協助蘋果擺脫嚴重虧損的窘境。賈伯斯的改革遵循冪律分布的特點：掌握重要的少數，忽視不重要的多數。首先，賈伯斯從人員結構開始，在留住核心人才的基礎上大量裁員，同時撤換掉與自己理念不合的董事。其次，在產品結構上，把原本六十多個產品線精簡到四個。接著減少部門層級，推行扁平化管理。最後，將日常工作化繁為簡，只討論關鍵優先事項，幫助員工集中精力完成重點工作。經過賈伯斯大刀闊斧的改革，蘋果重回巔峰。義大利公司D&G原本走高級奢侈品路線，但為了提升市場競爭排名，D&G曾經想同時兼顧高級市場與平價市場，結果使得高級產品不再高級，品牌價值下滑。所以成功的奢侈品企業不會嘗試布局平價市場，因為二〇%的高級市場對這些企業來說已經足夠。

「二八定律」是冪律分布的一種展現，反應在社會、經濟和生活各個領域中投入與回報、努力與成果之間的不對稱性。「二八定律」在某種程度上解釋了為什麼銀行偏好服務大客戶，而不願意服務中小客戶，因為在耗費同樣成本的情況下，小客戶帶來的利潤比較少。儘管網際網路的興起能在一定程度上解決這個問題，但整體而言，以傳統方式服務客戶所獲得的收入，不足以支撐服務長尾客戶的成本。*

人們通常認為社會的財富屬於常態分布，但其實極少數人占有社會上絕大多數財

* 長尾客戶指市場上為數眾多、八〇%的客戶需求。

富。統計學中經常使用平均數的概念，但平均數在某些情況下會淡化和隱藏財富分配不均的問題。例如，將姚明放到一百個普通人當中，並不會明顯改變平均身高，但將比爾・蓋茨（Bill Gates）放到一百個普通人當中，就會大幅改變財富平均水準。常態分布時，所有個體與平均值的差距不會很大；但在呈現冪律分布的領域，某些個體與平均值的差距卻會非常明顯。

現實世界中，有許多現象符合冪律分布特徵，包括太陽黑子的強度、生物滅絕事件的規模、戰爭傷亡人數、城市規模、中國人口區域分布、網站瀏覽量（八〇%的網站基本上很少有人瀏覽）、企業規模、影片下載量（八〇%的影片其實很少有人下載）等，這些案例都遵循「二八定律」。某知名影片平台財務長曾感慨，中國每年製作上千部電視劇，但其中成為熱門影集、被觀眾喜愛的只有少數幾部。雖然在這種商業模式下，許多內容生產商能獲得外部支援，但由於熱門影視作品非常少，導致公司營運成本不斷增加，經營非常困難。

很多理論模型都能反映冪律分布，包括偏好性附加模型（Preferential Attachment Model）、沙堆模型（Sandpile Model）、自組織臨界模型（Self-Organized Criticality, SOC）等，這些理論模型可以解釋城市規模、書籍銷量、網路連結點閱數、塞車狀況、戰爭傷亡人數以及地震、火災和雪崩的大小等。中國有個成語叫防微杜漸，實際上就是要防止機率小、但影響力大的事件發生。在金融市場當中，最重要的就是防範風險，金融從業人員最重要的任務是風險管理，因為一旦發生機率僅有百萬分之一的災難，就可能讓整個金融系統崩潰。

財富冪律分布的奧祕

招商銀行在二〇二二年年度財報中披露一份有趣的資料。招商銀行零售客戶總數為一億八千四百萬家。其中，私人銀行客戶十三萬家，占總客戶數的〇．〇七％，總資產人民幣三兆七千九百億元；VIP客戶四百零一萬戶，占總客戶數的二．一八％，總資產六兆零八百億元；一般客戶一億七千九百萬戶，占總客戶數近九八％，總資產二兆二千六百億元。也就是說，萬分之七的頂級富豪，大約擁有全部財富的三一％。最富有的二％客戶，大約擁有全部財富的八〇％。現實世界的財富分配遠比帕列托發現的「二八定律」更極端。

帕列托對財富分配的觀察結果是否適用於社會中的各種狀況？為了探究財富累積

之謎，一九九六年美國布魯金斯學會的學者艾普斯坦和艾克斯特爾使用電腦模擬人們財富累積的過程，後來這個實驗被稱為「糖域實驗」，主要透過模擬環境變化、遺傳繼承、出身天賦等一系列社會現象來尋找影響財富累積的關鍵因素。

兩位學者設計一個平面的棋盤，裡面有很多放有不同糖塊的小格子。電腦一開始會隨機在這些格子上生成許多糖人，然後讓糖人自由活動，每一次活動會讓糖人消耗一定的糖，當糖耗盡時，糖人就會破產出局。每個糖人的目標就是盡可能得到更多的糖，就像在人類社會大家渴望得到更多財富一樣。

兩位學者用程式為實驗設置一些規則：淺色格子代表含糖量低，深色格子代表含糖量高，白色格子代表不含糖；糖人可以看到上下左右四個格子的含糖量，並移動到含糖量最高的那個格子吃糖；糖人移動需要消耗糖，當糖人擁有的糖無法支援他移動時，就會被淘汰；被吃掉的糖過一段時間會再生。

緊接著，兩位學者又設計許多獨立的糖人，分別賦予他們獨特的運算程式來模擬我們每一個人的個性、天賦、出身等條件。例如，有的人智商比較高，那麼對應的就是糖人能一次判斷六個格子裡是否有糖，而普通人則一次只能判斷四個格子是否有糖；有的人出身富貴之家，那麼程式會設定這個糖人天生對糖的消耗比較少，並且出生在糖塊密集的區域。每個人一開始擁有的糖一樣多，所有糖人必須從頭到尾都在棋盤上找糖吃，而且吃糖的速度要大於消耗糖的速度，否則就會被餓死。實驗最初將所有糖人平均分布在棋盤裡，但是隨著時間推移，糖人們逐漸向糖塊密集的區域靠近，其他地方則是出現大片空白。

每個糖人擁有的糖塊數量，也就是每個人在社會中所占有的財富，會隨著時間推移不斷改變，不同糖人擁有的糖塊差距逐漸擴大，最後變成兩個糖人擁有二百二十五塊糖，而剩下的一百三十一人總共只有一塊糖的情形，這遠比「二八定律」呈現的情形更極端。

糖域實驗告訴我們，即使每個人一開始擁有的糖一樣，即使每個人看似擁有公平的起點，但由於每個人的天賦、出身、選擇、運氣不同，財富會逐漸向少部分人傾斜，而不會一直維持均衡。

法國經濟學家托瑪・皮凱提（Thomas Piketty）在《二十一世紀資本論》（*Capital in the Twenty-First Century*）中也從資本與勞動報酬率的角度揭示財富呈現冪律分布的「祕密」。他認為，經濟成長速度將逐步放緩，但資本報酬率卻會維持在較高的水準。兩者步調不一致，導致財富累積速度比勞動收入的成長速度還快，例如一個擁有一定資產的人，只需要將他的資產進行投資而不須付出任何勞動，就能夠比僅靠勞動獲得財富的人累積更多財富，這也是社會財富不平等情況加劇的根本原因之一。

從時空角度看冪律分布

許多研究顯示，金融市場在時間、空間兩方面都展現冪律分布的特徵：從時間角度來看，有價格非線性變化、泡沫急劇膨脹與加速崩潰的現象；從空間角度來看，有投資標的的收益符合「二八定律」、少數拯救多數的現象。有研究表明，美國股市過去二十年的年化報酬率為七・二%，但是如果刪除這二十年當中股市表現最好的十天，那麼年化報酬率會大幅下跌至三・五%。絕大多數時間股價是以螞蟻爬行的方式緩慢波動，只有少數時間會以跳蚤跳動的方式劇烈波動，這將導致巨大的超額報酬和風險。

從一九九〇年代初到二〇二一年，萬得全A指數*上漲近五千點，但這大約三十年內漲幅最高的五週（二十五個交易日）漲幅累計約二千五百點，跌幅最大的三週（十五個交易日）跌幅累計約二千八百點。投資人如果剛好在跌幅最大的三週入市，將會虧損一半的本金。大部分散戶都在追高殺低，頻繁買進賣出。儘管一些投資人選擇由基金經理人管理、在過去三年漲幅高達三倍的基金，但其實真正能賺到三倍的投資人不到一〇%，因為大部分投資人會頻繁追高殺低。

上市公司的股價表現也呈現典型的冪律分布。英國知名資產管理公司柏基集團（Baillie Gifford）**的研究顯示，一九九〇到二〇一八年，美國約一萬七千家上市公司的股票中，有五七・四%的股票會減少資產淨值，而有三八・五%的股票抵消上述的負面影響、四・一%的股票推動淨資產（也就是買進後長期持有的資本報酬和股息收益的總和減去資金同期存入銀行的收益）的成長。更極端的是，占美股市場〇・三七%的六十三檔股票，創造出市場一半的財富。全球市場的情況更極端，柏基集團彙整一九九〇到二〇一八年美國之外的四萬四千家上市公司的股票後發現，六二・七%

*萬得全A指數由京滬深三地交易所全部A股組成，指數以萬得自由流通市值加權計算，綜合反映A股上市股票價格的整體表現。

**作者注：柏基集團，也稱柏基投資，已有上百年歷史，管理資產規模超過一千億美元，曾投資特斯拉、Google、Facebook、阿里巴巴等企業。

的股票會減少資產淨值，三六・七％的股票抵消上述負面影響，〇・六％的股票推動淨資產增值，而占這類國際股票市場〇・一三％的五十八檔股票，創造該市場一半的財富。

美國亞利桑那州立大學教授亨德里克・貝森賓德（Hendrik Bessembinder）於二〇二三年對中國A股市場的研究，更是顛覆投資人認知。如果把一九九〇到二〇二〇年期間，中國一共三千九百六十二檔A股股票從上市後存續期內創造出的淨資產從高到低排序，會發現A股這三十年創造的總淨資產為三兆八千二百二十億美元，其中表現最好的前四十檔股票，創造的淨資產達總淨資產的七六・〇七％；剩餘九九％股票創造的淨資產僅占二三・九三％。因此，中國A股市場長期報酬的分布規律遠比「二八定律」更極端。

在新冠疫情爆發後的一年內，FAANG*股票漲幅占整體漲幅的二〇％。蘋果公司就是一個很好的例子。蘋果在一九八一到二〇一九年為投資人創造一兆六千四百億美元的財富，超過一九二六到二〇一九年美國所有上市公司總和。但在這個天文數字中，有一兆四千七百億美元是在二〇一九年之前的十年中累積起來的。此外，在歷史上蘋果的投資人還經歷過多次股價斷崖式下跌：一九八三年五月至一九八五年八月下跌七四%，一九九二年二月至一九九七年十二月下跌七九．七%，二〇〇〇年三月至二〇〇三年三月下跌七九．二%。

無獨有偶，麥肯錫負責戰略業務的三位合夥人克里斯．布萊德利（Chris Bradley）、賀睦廷（Martin Hirt）與斯文．斯密特（Sven Smit）合寫一本名為《曲棍球桿效應》（*Strategy Beyond the Hockey Stick*）的書，研究麥肯錫企業績效分析資料庫中來自六十二個國家和地區五十九個產業的二千三百九十三家公司近十五年的財務資料，每一年以二〇%分組，以年度收益為標準將這些公司分為五組。他們將前二〇%稱為前段公司（利潤曲線右端），後二〇%稱為後段公司（利潤曲線左端），其餘的六〇%稱為中間公司（利潤曲線中段）。結果是，二〇%的前段公司平均利潤是中間公司的三十倍。此外，利潤曲線兩端非常陡峭，前段公司占整體獲利的近九〇%。這些獲利被前段公司拿走，平均每家公司每年能獲得十四億美元，而中間公司平均每家公

＊作者注：FAANG是美國那斯達克最受歡迎、表現最佳的五大科技股名稱的首字組合，即社群網路巨頭Facebook、蘋果、線上零售巨頭亞馬遜、串流媒體巨頭網飛，和Google母公司Alphabet。

司每年只有四千七百萬美元的利潤。排名前四十的公司（包括蘋果、微軟、中國移動等）年度淨利高達二千八百三十億美元，超過樣本整體淨利（四千一百七十億美元）的一半。在前段的公司樣本中，冪律分布現象同樣非常顯著。前段整體排名前二%的公司利潤總額與接下來八%的公司淨利總額幾乎一致。智慧手機產業的情況更為突出，前兩家公司：蘋果和三星獲得幾乎全部的利潤，其中，蘋果憑藉銷售電子設備的記憶體所獲得的利潤，更是超過記憶體產業透過生產銷售晶片而獲取的利潤。中間大部分公司靠著二%的毛利率賺著最辛苦的錢，還有大量公司因為虧損而瀕臨破產，獲利呈現典型的冪律分布。三位合夥人將這些公司每年在利潤分布圖上的移動方向分為三類：向左側移動、不變、向右側移動。結果發現，隨著時間推移，這條利潤曲線更陡峭，大部分企業都在向左側沉淪直到消失，中間三組公司能進入前二〇%的機率僅為八%，即便是前二〇%的公司，差異也愈來愈明顯。所有企業一半以上的利潤被蘋果、微軟等四十家公司拿走。

從時間角度來看，利潤曲線隨著時間推移愈來愈陡峭，冪律分布現象也愈來愈明顯。二〇〇〇到二〇〇四年，前段公司賺取一千八百六十億美元的利潤，後段公司共計虧損六百一十億美元。而在二〇〇四到二〇一四年，前段公司共賺取六千八百四十億美元，後段公司則是合計虧損三千二百一十億美元，兩者的差距迅速拉大，導致愈來愈多資金進入前段公司，十年間市場新增的資本大約有五〇%流入前段公司，這又進一步增強它們的獲利能力。事實上，前段公司十年間經濟利潤成長幅度達到一三〇%。

獲利曲線愈來愈陡峭，同時公司的位置可能會在獲利曲線上不斷移動，大量公司不斷制定戰略，期望向前二〇%移動。然而事與願違，冪律分布在這種移動中依然存在，多數公司只能停留在原地，甚至倒退。三位合夥人發現這些公司「強者恆強，弱者愈弱」。前段、中間和後段的公司在二〇〇四到二〇一四年的十年裡，原地踏步的機率分別是五九%、七八%和四三%。這代表對企業經營來說，停留在原地才是常態，獲利曲線的巨大「黏性」會使移動變得十分困難。前二〇%的前段公司在十年後依然有五九%的機率還是前段公司，而中間六〇%的公司有七八%的機率會原地不動，只有八%的機率成為前段公司，但卻有一四%的機率跌為後段公司。

創投（Venture Capital, VC）領域也同樣顯示出「二八定律」的影響。二〇一二年，美國考夫曼基金會（Kauffman Foundation）比較創投產業過去二十年的表現，發現創投領域的「二八定律」更驚人。考夫曼基金會分析二十年來九十九檔著名創投基金的歷史業績發現，能否在創投投資中獲得高收益取決於投資哪檔基金，而非投資多少檔基金：想獲得高收益必須抓住一小撮表現最佳的基金。考夫曼基金會研究的九十九檔基金當中，排名前二十九的基金共投資二百一十億美元，獲利為八百五十億美元，剩餘的七十檔基金共投資一千六百億美元，同樣也只得到八百五十億美元的獲利。

儘管九十九檔基金的平均報酬率達到一．三一倍，但當中只有十六檔基金賺取兩倍以上的獲利，其中僅有六檔基金賺取三倍以上的獲利，最賺錢的一檔基金獲利近八倍，而剩下絕大多數的基金則處在表現不佳的「長尾」中，有五十檔基金甚至無法返還投資人本金。在「二八定律」如此普遍的情況下，投資大量基金反而會拉低投資組合的平均報酬；即使選擇表現「最好的四分之一」基金，依然會投資到很多表現欠佳的基金，拉低平均報酬。事實上，創投基金平均來看是虧損的，極少數投資基金賺走絕大部分的錢。這個發現打破創投領域高報酬的「神話」。投顧公司 Wealthfront 在研究一千家創投機構的資料時也發現，前二十家頂尖創投機構賺走九五%的錢，「二八定律」的表現非常明顯。

美國矽谷頂尖創投公司 Union Square 的創辦人威爾森（Fred Wilson）以自身的投資經驗總結出創投產業的冪律分布法則。他說：「在我三十年的投資生涯中，三分之一的投資案血本無歸，三分之一的投資案遠低於預期，只有三分之一的投資案收益與預期一致。但是，一〇％的投資案獲利通常能抵消其他損失。」他認為，大多數創投組合都符合冪律分布法則，也就是說其中少數幾個高報酬投資所帶來的獲利會遠遠超過其他的投資收益。例如在一個有二十五家投資企業的組合中，前五家投資企業將帶來八〇％的獲利，最後十家投資企業將產生五％的獲利，剩下的中間企業則帶來剩下一五％的獲利。

然而，我們也不該忽視冪律分布的前提是市場並非完全效率市場，此時，常態分布已經失效。在傳統經濟學的假設之下，完全競爭市場中廠商的長期超額報酬為零，因此，我們應理性看待主動投資與被動投資，不應簡單的認為哪一種投資方式一定贏面較大。有時候從投資人的角度來看，購買不同種類的基金報酬率差別很小，很多時候不如買指數基金。蒙格曾說，大部分基金不如指數基金，指數基金管理費用低，而且不會收取績效費，投資過程非常透明，是獲得超額報酬的有效途徑。主動投資可以賺取績效費，但是損失空間也更大，適合風險偏好較高的投資人。更進一步來說，短期內獲利的基金並不少見，但是能保持基業長青的基金少之又少。美國知名的投資顧問公司康橋匯世（Cambridge Associates）研究數千家創投機構過去三十多年的報酬率後得出結論，創投機構的平均報酬和標普五百指數基金大致接近，只有頂尖創投機構的報酬率才會優於標普五百指數基金的報酬率。

一方面，非完全效率市場有嚴重的倖存者偏誤。例如，獲利能力好的創投機構會對外宣傳，而獲利能力差的創投機構則默不作聲。透過中國的清科研究中心和投中網系統所能檢索到的創投機構通常獲利能力強、而且聲譽良好，但大部分創投機構不會出現在這類系統中。上海天使引導基金投資約一百檔基金，這些基金投資的企業有上千家，但真正成功上市的只有十幾家，命中率約為一%。

另一方面，逆向選擇與道德風險也會增加主動投資的風險。在基金的商業模式中，創投機構通常採用「二─二十」的收費模式。過去共同基金沒有二〇%的績效費，只有管理費。但在初級市場中，「二─二十」的模式則代表機構收取二%的管理費（幫助管理資產的服務費用）和二〇%的績效費。對於創投機構來說，在這樣的收費模式下，投資機構既能從上漲的市場行情中獲利，也能針對經濟衰退等市場負面因素做好保護措施（即使虧損也會收取管理費），相當於向投資人借錢進行槓桿投資，並持有二〇%的股份。所以在資產管理產業（尤其是共同基金產業）中，大部分公司偏好做大規模，憑藉收取管理費來賺取獲利。

資本市場「常勝將軍」的特性

針對二八定律，柏基投資做過一項研究，總結資本市場「常勝將軍」：股票市場報酬率最高的公司所具備的特點：

一、更年輕

二〇二一年巴菲特在股東大會上提到，過去三十年全球市值前二十的公司名單發生巨大變化：三十年前主要是日本企業（如東芝、Nissan以及一些銀行），但如今市值前二十大公司當中，幾乎沒有日本企業。

現在市值超高的企業多為網路新興企業，如Meta、亞馬遜、阿里巴巴和騰訊等。但是，人們在多年前並沒有投資這類公司的勇氣，騰訊的創辦人馬化騰甚至曾一度想以低價出售公司。

對馬化騰來說，聊天軟體QQ雖然短期內累積大量用戶，但當時他並沒有找到將用戶註冊量轉為現金流的方法。一段時間後，騰訊的資金鏈瀕臨斷裂，馬化騰想出售QQ以緩解公司的現金流壓力。馬化騰後來回憶起當時的情景時說，想賣掉即時通訊軟體OICQ，但賣了好多次沒賣掉，還差一點將OICQ以人民幣六十萬元賣人。持續碰壁之後，「幸運之神」終於降臨，投資公司IDG與李澤楷分別向騰訊注入一百一十萬美元資金，各獲取騰訊二〇%的股權，降低騰訊的資金鏈斷裂風險。故事到這裡還沒結束。兩年後，李澤楷和IDG決定將股份賣給南非投資公司MIH，當時李澤楷以一千二百六十萬美元的價格賣出自己持有的騰訊股票。對李澤楷來說，雖然這次投資獲得十倍以上的回報，但是如果他一直持股到今天，華人首富可能是他本人而不是李嘉誠，不免讓人感慨。可見，由於對新技術缺乏認識，投資人往往無法在早期辨識出具有非凡成長潛力的企業。只有以豁達的心態不斷學習並擁抱新技術，尋找可靠的團隊，長期堅持下去，才能成功。

二、創業頭十年的虧損幅度超過平均值

優質企業通常在一開始創立的十年內大幅虧損。亞馬遜以網路銷售書籍起家，創辦人貝佐斯（Jeff Bezos）希望亞馬遜成為全球最大的書店。為了實現這個目標，亞馬遜不斷擴大規模，以形成規模效應。然而，規模迅速擴大也增加營運成本，導致亞馬遜在成立初期持續虧損。此外，貝佐斯堅持投資興建營運中心，這項計畫消耗亞馬遜

龐大的現金流。二十一世紀初的網路泡沫破滅為亞馬遜帶來沉重一擊，二〇〇〇年末亞馬遜虧損五億美元，負債超過二十一億美元。

中國半導體顯示器產業龍頭京東方在創業初期也經歷一段長時間的虧損。二〇〇三年，受經濟危機影響，韓國現代集團計畫出售TFT-LCD（薄膜電晶體液晶顯示器）業務，得知消息後京東方以三億八千萬美元收購現代集團的 TFT-LCD 業務，獲得液晶面板生產的入場券。然而，隔年全球液晶面板市場下滑，京東方對現代集團的併購導致了連續虧損。京東方只能斷臂求生，出售優質資產，之後再透過一系列品質優化、提升生產力的措施，終於在二〇〇七年開始獲利，此時距離公司成立已經快十五年了。後來京東方在不斷嘗試新產線的過程中找到最佳產線，大規模投產，最終成為全球最大的液晶面板供應商。

三、投入更多研發支出

雖然高研發支出看似對公司有利，但高昂的沉沒成本*會使公司飽受來自股東和

---

* 指已經付出且無法透過任何方式回收的成本支出。

機構投資人的壓力，導致公司很難繼續維持高額的研發支出。迫於獲利壓力，中國市場的研發支出占比要比海外市場低很多，但也有例外，例如華為在成立之初所制定的發展策略是每年把銷售收入的一〇%用於研發，而且華為沒有上市，因此創辦人可以做出決策，協助企業打造長期的護城河。尤其是在面臨美國不斷打壓供應鏈的情況下，華為依然堅持投入龐大的研發支出，近幾年每年的專利申請量都超過一萬件，全球專利累計申請量超過二十萬件。在歐盟發布的二〇二二年全球企業研發支出排行榜中，華為以一千四百零九億八千萬元的研發支出（約占二〇二二年華為銷售收入的二二%）排在Google、Meta、微軟之後，名列全球第四，成為前十名上榜企業當中唯一的中國企業。遺憾的是，目前中國資本市場因為受到投資文化影響，不重視這類積極投入研發的公司，維持龐大研發支出的公司在市場中非常少見。

資本市場「虧損大王」的特性

柏基投資研究每十年中表現最好（前兩百家）與表現最差（後兩百家）的上市公司之間的差異，研究涵蓋一九五〇到二〇一九年共二萬六千二百八十五家企業。這項研究雖然無法用於直接選股，但可以幫助我們了解業績良好與業績不佳公司的特徵，進而使我們規避表現最差的公司。股票市場中報酬率最差的公司有以下特點：

一、前十年槓桿率高

巴菲特曾說「永遠不要借錢買股票」。世上有太多不確定性，高槓桿帶來的波動性太大，一旦信貸緊縮，投資人就會面臨風險。經驗告訴我們，高槓桿環境下不會有人永遠勝出。高槓桿雖然能帶來高報酬，但也會伴隨加倍的風險。高槓桿的產業（房地產、金融等）幾乎每十年就會有一次危機，這是產業特性的問題。很多企業透過借貸或其他形式的融資來增加資本使用率有一定的合理性，但槓桿太高可能會反噬企業的發展。「德隆事件」＊＊的問題顯示高槓桿操作的高風險，金融控股公司的模式（信託公司融資收購上市公司，將上市公司市值做大，再以股票質押融資進而繼續收購等）和今天很多出問題的公司（中國明天控股公司、中國先鋒集團等相關企業）模式

＊德隆公司曾是中國最大民營企業，但因過度操作槓桿、資金鏈斷裂最後引起股票崩盤，導致金融危機。

如出一轍。槓桿操作是非常危險的遊戲，一旦碰上信貸緊縮將無以為繼。

二〇一五到二〇一八年，許多企業的創辦人為了讓企業發展得更好，選擇將股票質押後進行收購。但不幸的是，二〇一八年，中國發布的資產管理業務規範《人民銀行、銀保監會、證監會、外匯局關於規範金融機構資產管理業務的指導意見》公布（根據西方經濟學界分析，這類似一次小型的信貸緊縮），影子銀行＊信貸規模緊縮三兆到四兆元人民幣，最後導致不少人被強制平倉。在股市中，一旦一檔股票的價格下跌一〇%，質押放貸機構可能就會賣出質押股票，大量賣出股票會使股價持續暴跌。許多企業家在經歷這樣的操作後，公司股價暴跌九〇%，最後一無所有。

二、資產成長速度較慢

柏基投資的研究發現，獲利良好的企業通常資產成長和銷售成長更快。總資產成長率是衡量資本累積和企業未來發展能力的重要指標。企業資產成長率低可能是因為生產與銷售受限，資產規模擴張慢，產品競爭力不強，不利於企業擴大再生產，進而出現市占下滑現象。

柏基投資研究每十年中表現最好的前兩百家上市公司，它們的資產成長主要來自新發行的股票。併購並不是資產成長的主要推動力，與其他公司相比，前兩百家上市公司的資產，包括現金、流動資產、固定資產和其他資產，成長都更快。此外，前兩百家公司的銷售成長率高於資產成長率，營收資產比平均每年成長一・五％，而後兩百家公司的營收資產比平均每年下跌一・四％。營收資產比較低可以解讀為公司獲利能力較差，沒有上游掌控力和下游訂價權。

三、研發支出較低

研發支出是企業創新的直接驅動力，企業如果沒有持續投入研發，就無法形成競爭優勢和護城河效應。企業研發支出低的原因很多，對中小企業來說，可能是難以承受高額研發支出的風險。持續投入巨資研發對中小企業來說可能難以為繼；而且一旦公司選錯研發方向，前期所有投入可能都會付諸東流。中小企業利潤少、競爭力差，在研發資金與人員都不足的情況下，往往更注重生存而非發展。

＊指提供和傳統商業銀行類似金融服務的非銀行中介機構，包括信託公司、投資銀行、民間融資公司等。

缺乏關鍵技術的企業往往會透過價格戰開拓市場，但價格戰會不斷蠶食企業的利潤。而擁有關鍵技術的企業，在銷售過程中擁有更高的話語權，可以制定更高的價格，獲得更多利潤。摩托車是東南亞國家主要的交通工具，在中國汽車進軍東南亞之前，日系摩托車占據大部分市場。一九九〇年代末，中國車商進入東南亞市場後，短期內以價格優勢成功取代日本車商成為主流供應商。然而中國車商沒有試圖提高產品性能，不注重技術研發，反而進行價格戰，最後導致眾多中國車商虧本銷售。中國車商為了降低成本，甚至偷工減料、忽視售後服務，導致好不容易占領的市場最後又被日本車商奪走。

四、獲利波動性大

從投資人的角度來看，如果企業財務不穩定，會讓投資人不敢投資，導致企業陷入惡性循環。一家企業獲利的波動性愈大，分析師愈難預測公司未來的業績，預測錯誤的機率也愈大。企業獲利波動性愈小，代表公司的現金流穩定，分析師愈容易準確發現企業價值。穩定的現金流會帶來長期的股價成長與現金股利股息。股票不是彩券，而是代表一家公司的所有權，長期的複利會幫助投資人成為時間的朋友。巴菲特投資可口可樂時，可口可樂的股價並不低，但他還是獲得豐厚收益，因為低波動的股息成長是讓可口可樂打敗多空市場的最佳利器。

從企業角度來看，通常獲利波動性愈大，融資成本就愈高，企業的經營風險也愈高，此時企業更願意保留現金以應對不可預期的波動，而不是大量投資以開拓市場。除了受到經濟週期、市場環境等外部因素影響之外，企業獲利波動性大往往是因為內部管理混亂、槓桿較高、決策失誤等因素引起，甚至伴隨著財務舞弊風險。

金融風險的冪律分布

美國波士頓大學的吉恩・史丹利（Gene Stanley）與他的團隊研究股票市場交易資料，發現各週期股價波動呈現冪律分布。如果股市像傳統金融理論假設的那樣遵循隨機漫步規則（Random Walk），那麼一九八七年「黑色星期一」發生崩盤的機率是十的負一百四十八次方。但在真實金融市場中，大盤指數偏離五倍標準差的崩盤事件確實會發生。在股價呈現冪律分布的假設下，「黑色星期一」發生的機率接近十的負五次方，這代表每一百年就可能發生一次類似的崩盤事件。因此，股票市場比傳統理論預測得更不穩定。

金融風險的形成遵循冪律分布規律。相較於其他風險，金融風險具有潛伏性、隱蔽性、突發性與超強破壞性等特徵。即便是那些獲得高額累計報酬的長期投資人，也會在短時間內經歷股價的大幅下跌。金融風險集中爆發往往是長期累積的結果，最後由突發事件引爆。在金融風險累積的時期，投資人與監理者無法提前預測。一九九五年，擁有二百三十三年歷史的英國霸菱銀行（Barings Bank）宣告破產，破產的直接原因是交易員李森（Nicholas Leeson）利用霸菱銀行的監理漏洞與錯帳掩蓋自己的決策失誤，最終造成八億六千萬英鎊的直接損失。然而事後據李森回憶，直到事發前一個月，如果集團發現錯帳並停損，損失將不到最後損失的四分之一，霸菱銀行也不至於破產。在最後的短短一個月，資金缺口急劇擴大，最終吞噬整個霸菱銀行。

經濟學家羅聞全曾說：「金融數據呈現非常態分布，也就是非對稱分布、高偏態分配（Skewed distribution），經常屬於多模態（Multimodal），存在肥尾效應（Fat tail），也就是有許多極端情況。」

少數極端風險對金融市場的影響極大。《黑天鵝效應》（*The Black Swan*）作者塔雷伯（Nassim Nicholas Taleb）將世上所有的事歸為兩類：「平均斯坦」（Mediocristan）和「極端斯坦」（Extremistan）。「平均斯坦」中，事物服從常態分布，樣本量夠大時，任何個體都不會對整體產生重大影響，在平均值主導的世界中，每一個成員都沒有突破性，例如世界上所有人的平均身高。而在「極端斯坦」中，單一樣本會帶來顛覆性的影響，個體會對集體產生不成比例的影響。「黑天鵝事件」是「極端斯坦」的主導因素，每一個黑天鵝事件都具有突破性，整體表現取決於少數個體，例如收入。

金融市場中獲利與損失的不確定性均屬於「極端斯坦」，幾個少數的「巨人」就會影響到整體的平均值，但是，目前人們對金融市場不確定性的研究大多集中在以「平均斯坦」為基礎的鐘形曲線，塔雷伯形容這是拿著錯誤的地圖去冒險。所以黑天鵝事件並不適用於已有的不確定性研究，鐘形曲線也並不適用於對金融市場的研究。透過鐘形曲線計算出來的機率會低估黑天鵝事件的實際發生機率，阻礙人們正確認識黑天鵝事件。

第三章

非連續成長的現實世界

迷聞經累劫，悟則剎那間。

—— 慧能

禪宗六祖慧能法師曾說「迷聞經累劫，悟則剎那間」，大意是迷惑的時候就像是經歷多番劫難一樣，苦苦追求而不可得，而幡然醒悟卻是在一剎那。這句話體現禪宗的核心思想「頓悟」。與「頓悟」相對應的是禪宗大師神秀主張的「漸悟」。「漸悟」指修行過程分為許多層次，只有長期努力修行才能悟道成佛。

佛家所討論的「頓悟」與「漸悟」類似我們在日常生活中所面臨的「非連續性」與「連續性」。非連續性強調事物發展過程中的間斷性與突變性，連續性則強調事物的演化性與連貫性。連續性與非連續性既對立又統一。舉例來說，生物學中的遺傳展現連續性，變異則體現出非連續性；商業中的經營管理展現連續性，而創新則代表非連續性，兩者都是客觀世界運行與發展不可或缺的層面。

何謂連續性思維

有關認知的現代科學研究發現，人類大腦處理資訊的主要方式是歸納。歸納是指觀察一系列經驗或知識後進行推理，以找出這些事物或知識遵守的基本或共同規律。因此，「連續性假設」是人類大多數認知的基礎和前提。

歸納法分為「空間性歸納」和「時間性歸納」。「空間性歸納」，也就是根據在不同空間的發現歸納出共同規律。一個典型的例子是：幾百年前生活於歐亞大陸的人們發現，無論在亞洲還是歐洲，所有天鵝都是白色的，於是人們基於這個事實，得出連續性假設：世界上所有天鵝都是白色的。直到後來人們發現澳洲居然有黑天鵝，於是這種空間性歸納的連續性假設立刻土崩瓦解。

「時間性歸納」，即根據在不同時間軸上的發現歸納出規律。例如，自古以來，太陽每天早上都會從東方升起，於是人們得出「太陽每天都會從東方升起」的連續性假設。但這個假設如果要成立，還必須滿足一個潛在的假設條件，也就是「未來會繼續和現在一樣」。但未來會永遠和現在一樣嗎？答案是否定的，即使是太陽這樣壽命大約有一百億年的恆星，有一天壽命也會終結，到時前述的連續性假設也將不再成立。因此，依據歸納法推演出的連續性假設有邏輯上的問題。

英國哲學家伯特蘭・羅素（Bertrand Russell）曾說過一個小故事：一個農場裡有一群火雞，農場主人每天上午十一點來餵火雞。火雞中有個科學家觀察這個現象近一年，發現都沒有例外，於是牠發現宇宙中的偉大定律：「每天上午十一點，就有食物降臨。」火雞科學家在感恩節早晨向火雞們公布這個定律，但這天上午十一點食物並沒有降臨，農場主人卻進來把火雞都抓走殺了。

這個故事同樣用來諷刺那些做事只根據以往經驗的歸納主義者。從認知的角度來看，歸納主義其實有「三種偏誤」，在心理層面上，很多潛在的思維習慣會妨礙人們正確認識非連續性。第一，人們的思維中都有敘事偏誤（Narrative fallacy）。敘事偏誤指人們習慣為事實編造理由或強加一種邏輯關係，也就是人們習慣在黑天鵝事件發生之後，在以往的經歷中為黑天鵝事件的發生尋找理由，使得過去的事情看起來是因為某些特殊原因導致，是符合邏輯的。敘事偏誤讓人們認為過去的事情具有可預測性，更容易被預測，使人們錯誤的認為只要掌握導致歷史事件發生的原因，就可以精準預測、甚至干預未來可能出現的結果，讓黑天鵝事件看起來隨機性更低。

第二個偏誤是證實謬誤，指人們往往會看到能夠證實既有知識的事物，而不是未知知識的事物。我們總是不斷透過正面事例來證實既有的知識、已確定的觀念。塔雷伯認為，只要人們願意找，正面證據都能被發現，但如果要消除經驗主義，就必須透過負面的例子而非正面的例子尋求真相，也就是所謂的「證偽」。

第三種為倖存者偏誤。倖存者偏誤讓我們忽視在非連續性事件中未能留下的證據，因為人們通常只能看到仍然存在的案例，卻常忽略那些隱藏在背後、可能引發黑天鵝事件的破壞性因素。人們的各種心理機制會不斷加強黑天鵝事件可以預測的錯覺，導致人們高估自己的預測能力，低估非連續性事件的發生機率。

證偽主義認為，所有科學知識都是暫時的，都在等待被證偽，一些今天看起來顛撲不破的真理，很可能只是明天的謬論而已。科學命題不能被證實，只能被證偽。

人類科學知識的成長並非連續累積式前進，而是排除錯誤式的前進。人們先提出假說，然後予以反駁。由此，美國投資大師喬治．索羅斯（George Soros）提出「兩個反對」，一是反對歸納法，二是反對科學主義。索羅斯認為，無法透過歸納法總結出獲取超額利潤的法則，如果經驗法則存在，那麼理論上投資人就可以通吃市場，而市場將不復存在。歸納法是典型的累積式認識論，它違反從猜想到反駁的證偽原則。

與此同時，索羅斯還極力反對科學主義。他認為，自然科學與社會科學有巨大的差異。前者研究的對象是獨立的事實，無論研究者抱著什麼樣的態度都改變不了事實；而後者摻雜研究者的偏見，不同研究者擁有不同的信仰、價值觀、立場、思考方式，這些因素都會導致他們重塑事實。市場會犯錯、人會犯錯，一切看似正確的投資理論也只不過是等待被檢驗的錯誤而已。說得更極端一點：塑造歷史面貌的思想無非是一些內涵豐富的謬論。因此，金融市場充滿巨大的不確定性。

這個觀點在正統學派看來是「異端邪說」，但索羅斯卻根據哲學家卡爾・波普爾（Karl Popper）的證偽主義，提出客觀世界「非連續成長」的哲學觀點。然而，人類的思維方式天生是「連續性思維」，因此投資領域的謬誤就在所難免。

何謂非連續性思維

一九七二年，美國古生物學家尼爾斯・艾崔奇（Niles Eldredge）和史帝芬・古爾德（Stephen Jay Gould）提出「間斷平衡」（Punctuated Equilibrium）演化理論。他們發現，化石紀錄表明，生物演化的模式並不是《物種起源》所假設的平穩成長模式。相反的，生物演化經歷長時間停滯期、爆炸性創新期和大規模滅絕期。例如，在大約五億五千萬年前的寒武紀時期，一場演化創新的爆發讓複雜多樣的多細胞生物接管地球，並創造今天地球上大部分的生物門類。然後，大約在二億五千萬年前的二疊紀（Permian）晚期物種滅絕，當時地球上大約九六%的生物物種都消失了。事實上，地球經歷過五次大滅絕，並非人們想像中的一路坦途。例如，奧陶紀（Ordovician）末約八五%的海洋生物物種滅絕，泥盆紀（Devonian）末約七五%的海洋生物物種滅絕，二疊紀末約九六%的生物物種滅絕，侏羅紀（Jurassic）末約七五%的生物物種滅絕。最廣為人知的是白堊紀（Cretaceous）的恐龍滅絕，當時一顆直徑超過十三公里的小行星撞擊地球，造成約八〇%的生物物種滅絕，又過了五千多萬年，人類才終於登上歷史舞台。

混沌學院的李善友教授認為，現實世界在本質上是不連續的，連續性只是假設。他認為「連續性」是人類在認知客觀世界時所設定的假設條件，這使我們總是生存在連續性假象之中。我們需要認清連續性是世界的表面現象，正如愛因斯坦認為時空是相對存在的一樣。

在黑暗中揮動手電筒，我們看到的是一道道光，而不是一個個光點；在螢幕上，我們看到的是圖像的連續運動，而不是一張一張單獨的畫面。杯子裡的水看起來是連續的，但如果我們放大來看，杯中的水其實是一個個離散的水分子。手機螢幕看起來毫無顆粒感，但如果我們放大看，它是一個個不同顏色的顆粒。電腦儘管可以呈現連續的圖像，但本質上卻是大量的二進位儲存單元。在表面連續性的背後是非連續性的聚合，連續性是假象，非連續性是真相。黑天鵝現象也展現出客觀世界的非連續性。塔雷伯總結黑天鵝事件有三個特點：一是稀有性，也可以說是意外性，發生頻率低、機率小，強調人們無法在事前預測；二是具有極大的衝擊性，影響範圍大、程度深；三是具有事後可預測性，塔雷伯強調在黑天鵝事件發生後，人們梳理事件時，總能找到事件即將發生的蛛絲馬跡，以至於在事後看來事情總是脈絡清晰、因果相連。塔雷伯將黑天鵝事件定義為一種隨機事件，說它是不確定性的來源。

量子力學奠基者之一尼爾斯・波耳（Niels Bohr）曾經這樣描述非連續性：量子理論的精髓可以用量子公設表示出來，這種公設賦予任一原子過程一種本質上的不連續性，或者說是個體性，完全超出古典力學理論，可用普朗克（Max Planck）量子理論來解釋。另外一位量子物理學家埃爾溫・薛丁格（Erwin Schrödinger）說：最好把粒子當成瞬間事件，不要視之為永久的東西，有時這類事件整體看來會造就永久的東西。時間、空間等物理量以及我們的意識，都是量子化的，都有一個鮮明的特性，那就是它們都在非連續性、獨立性的變化、運動。

人類歷史的非連續性

人類歷史處處顯現出非連續性。二〇〇一年的九一一恐怖攻擊、二〇〇八年的全球金融危機、二〇一一年的日本大地震、二〇二〇年爆發的新冠疫情等，每一個非連續性事件都對世界的發展產生深刻影響，甚至重塑世界格局，而且事件發生之前，很少有人對可能發生的災難提出預警。這些黑天鵝事件並沒有我們以為的那麼稀有。雖然黑天鵝事件一再發生，但人們對黑天鵝事件的掌控能力並未如預期般提高。對個人來說，從學生變成職場員工，是一個非連續性的過程，從基層員工跨越到管理階級，其實也是一個非連續性的過程。更進一步說，每當跳槽或進入新產業、每當外界環境對我們提出新的挑戰，我們都可以將這些事情視為人生中的非連續性旅程。

古代四大文明只有中華文明得到延續，古埃及、古巴比倫與古印度文明都已經中斷，沒有逃過消亡的宿命。今天的埃及人早已不識當日的象形文字，古埃及的文明也逐漸被遺忘。雖然古希臘、古羅馬先賢的光輝閃耀至今，但我們也不禁疑惑，為什麼西方國家並沒有從先賢時代直接過渡到近代文明，而是經歷漫長且黑暗的中世紀。

曾經輝煌的馬雅文明也遭遇過歷史的「中斷點」。馬雅文明是美洲三大文明之一，曾經在天文學、數學及曆法等領域取得極高成就，尤其是天文學領域，馬雅人可以精確計算出一年是三百六十五點二四二天，與今天科學家的計算結果只相差十八秒。然而到了西元九世紀，馬雅文明走向衰落，突然消失在人類歷史的長河中。科學家對馬雅文明的消失提出很多假設，但是無論如何解釋，馬雅文明都已經消失，馬雅人的後代已經忘記曾經先進的天文計算方法。同樣的，距今三千多年的中國三星堆文明也神祕消亡。從已經出土的大量青銅器可以看出，這裡曾經有著高度先進的青銅冶煉技術，但是並沒有確切的文字記載三星堆文明如何發展與消失，彷彿這個文明不曾存在一般。

金融市場的非連續性

客觀世界與人類歷史的非連續性同樣反映在金融市場上，金融危機的發生就是金融市場非連續性的展現。在經濟金融領域，金融危機總是一次又一次打破市場的連續性，而且金融危機總是週期性發生。世界銀行前首席經濟學家卡門・萊茵哈特（Carmen Reinhart）等在著作《這次不一樣：八百年金融危機史》（*This Time Is Different:Eight Centuries of Financial Folly*）中做了一個很有意思的分析，他們統計一九〇〇到二〇〇八年的金融危機，得出大約每十年發生一次危機的結論。這些危機包括銀行危機、貨幣危機、主權違約、通膨危機和股票市場崩盤等。但投資人的記憶是短暫的，因此危機會週期性出現。此外，危機的非連續性累積會切斷市場原來的成長軌跡。仔細分析可以發現，即便美國股票市場看似一路向上，但自一九〇〇年起同樣也偶爾會發生股市危機。

金融市場是一個典型的複雜系統，金融危機則是這個複雜系統中各種因素非連續性相互作用之後不可避免的現象。根據非線性科學的研究，複雜系統對初始條件非常敏感，小衝擊就可能引發大波動。即使是一個小規模金融經濟事件，例如一家銀行的財務危機、一次股市的突然波動，也可能會引發大規模的金融海嘯。

碎形市場假說認為，現實世界的金融市場建立在非線性基礎之上。碎形市場假說認為，效率市場是碎形市場假說的一種特殊情況，只在某個特定時間出現。愛德加·彼得斯（Edgar E. Peters）從非線性的觀點出發，提出更符合實際狀況的資本市場基本理論。碎形市場假說認為：資本市場由大量投資起點不同的投資人組成，資訊對不同投資人的交易時間有著不同影響，投資人每日、每週或每月的交易活動未必一致，而且投資人的理性有限，不一定能理性行事。在對資訊的反應上，少部分投資人接收到資訊後會馬上做出反應，然而大多數投資人會確認資訊，並且等到趨勢已經十分明顯才做出反應。

瑞士蘇黎世聯邦理工學院教授狄迪耶・索耐特（Didier Sornette）提出「龍王理論」（Dragon King），認為特定機制引發特殊極端事件。龍王事件與黑天鵝事件不同，黑天鵝事件無法預測，但龍王事件可以被預測；黑天鵝事件是由系統的多樣性引發，而龍王事件是由系統的一致性引發。

在金融市場中，泡沫破滅前，市場會發生超越基本面的快速成長，達到一定程度後，系統內部就會發生各種情況，導致市場崩潰，然而這些突發事件並不是不可預測的黑天鵝事件，而是有一定必然性的龍王事件。「龍王理論」最主要的內容是透過龍王事件發生前各個系統的反應，來準確預測龍王事件發生的時間。

龍王事件由正向回饋、臨界點、系統分化和典範更迭等機制驅動。這些機制往往發生在非線性的複雜系統中，會將龍王事件放大到極致。了解這些動態，可以在一定程度上增加這類事件的可預測性。正向回饋是一種可以催生龍王事件的機制，例如股票市場從眾的恐慌性拋售。龍王事件也可能是系統控制或干預的結果。試圖抑制動態複雜系統中壓力的釋放，可能會導致壓力或不穩定的因素累積，例如常見的量化寬鬆政策和低利率政策，目的是避免經濟衰退、促進成長，然而這類政策會加劇收入不平等、保護弱勢企業並擴大資產泡沫，進而帶來不穩定因素，最後，這類原本目的是平息經濟波動的經濟政策就會導致巨大的修正：龍王事件。實際上，系統崩潰最終會造成非連續的中斷點。

有學者研究如何在非連續性金融市場中獲利。市場中已經有許多與市場走勢呈負相關的投資策略，例如「全球總體」策略、「長期波動」策略、「逆經濟週期」策略等。塔雷伯利用反脆弱的概念，建構槓鈴策略（barbell strategy），讓投資人在極端事件發生時依然能夠有可觀的獲利。槓鈴策略是在確定性與不確定性之間取得平衡，也就是將大部分產品放在確定的環境中，剩下的一小部分放在高度不確定的環境中。確定的環境帶來確定性收益，而不確定的環境透過高風險，為投資人帶來獲得巨大收益的機會。這種想法與「積極理性試錯」相同，都是預留一小部分的機會試錯，以獲得正面挑戰「黑天鵝」的機會。與逆週期策略相比，槓鈴策略有一個特徵：高度非線性或極端凸性。當極端事件發生時，槓鈴策略中的高風險部位會帶來巨大的報酬，以至於可以完全抵銷極端事件為投資組合帶來的負面衝擊。但是在平時，這部分投資不會帶來高報酬，甚至會虧損，需要用其他部位的收益去打平，其作用類似於「保險」。

槓鈴策略可以運用到投資實務中，例如八〇％到九〇％的資金投資公債等無風險資產，另外一〇％到二〇％投資在高風險資產，例如期權，中度風險、中等收益的資產則不做任何配置，如此一來資產就分布在兩端，看上去就像槓鈴一樣。減少不利因素的槓鈴策略透過減少脆弱性、消除傷害導致的風險來增強反脆弱性。

槓鈴組合有不同的建立方式，債券市場中的槓鈴投資組合一端由長期債券組成，另一端由短期債券組成，不會有中期債券。槓鈴債券投資組合必須積極管理，因為短期債券需要不斷展期，投資人必須找到其他具有類似期限的債券。股票市場中的槓鈴投資組合，一端可以配置具有高貝塔而且本質上具有進攻性的股票，另一端由低貝塔的防禦性股票組成，例如像大盤績優股等投資風險非常低的股票。這樣便有了兩個極端，中間什麼都不配置。

槓鈴組合中的低風險與高風險資產都可以自由配置，投資人只須清楚了解如何更好的利用市場的大漲行情，保護自己不受市場下跌影響。在傳統的捐贈基金模式中，投資人通常透過多元化引進另類資產來應對這個世界的不確定性，同時動態調整資產配置，以減少短期經濟波動和市場不穩定帶來的影響，但是經濟中累積的非連續性，使得投資人很難應對不確定性。愈來愈多投資人開始採用塔雷伯提出的槓鈴策略，為自己的投資組合增加保障。

企業成長的非連續性

企業成長的過程充滿各種不確定性。研究企業成長，不能建立在連續性假設之上。李善友教授提出，人類九九%的知識來自歸納法，而歸納法的前提和基礎是連續性。但英國哲學家大衛・休謨（David Hume）發現歸納法的漏洞，那就是歸納法有「未來會繼續和過去一樣」這個潛在假設。這是一種基於連續性的假設，但是當今天與未來不一樣時，這種假設就不成立，歸納法也會失效。當企業緩慢發展的時候，面對連續性產業週期，歸納法是有效的，企業可以根據經驗預測未來。但是，當市場進入非連續性時期，就如同面對工業革命的清朝，過往經驗不僅完全失效，甚至有害。所以研究企業成長應該建立在非連續性假設之上。

大多數企業在成長過程中無法適應或跨越非連續性。如果分析過去四十年美國市值前三十名的公司，可以發現很多領先企業短期變化不大，但是十年、二十年卻變化很大。有的公司持續擴張，不斷壯大，成功跨越市場多空週期，有的公司卻徹底從榜單消失，但也有公司跨越非連續性重回巔峰。

能否跨越非連續性，是企業成敗的重要原因。《第二曲線》（*The Second Curve*）

作者艾恩・莫瑞森（Ian Morrison）認為，企業成長需要第二曲線。莫瑞森認為，第一曲線代表企業在熟悉的環境中展開傳統業務所經歷的生命週期，而第二曲線則代表企業面對新技術、新消費者、新市場所進行的一場徹底、不可逆轉的變革。也就是說，當企業面臨改革的關鍵時刻，如果能因此展開一輪全新的生命週期，就是邁向第二曲線。對企業而言，第二曲線可能來自新技術、新的消費者和新的市場。由於兩條曲線之間有明顯差異，所以企業的發展目標往往會突然發生轉變，這是一種質的改變。

大企業面對非連續性時，通常很難跨越到第二曲線。在第一曲線上待了太久，無法意識到第一曲線的發展瓶頸，也缺乏轉向第二曲線的動力，這是很多企業難以跨越到第二曲線的原因。柯達就是一例。在數位相機還沒有誕生之前，美國的柯達與日本的富士是世界兩大底片生產商。但隨著數位相機、智慧手機的出現與普及，底片逐漸喪失市場。柯達二〇一二年申請破產保護，富士卻絕地反攻，開發化妝品、跨足健康產業，成為年營收達上千億人民幣的巨頭。柯達曾是底片影像業的巨擘，還發明了數位相機。然而，數位相機這個讓眾多企業迅速發展壯大的發明，卻被柯達束之高閣。一九八〇年代早期，當索尼推出第一批數位相機產品時，柯達堅持拒絕冒險涉足數位技術。

作為底片巨頭，柯達涉足數位技術無疑是自斷雙臂。正因如此，富士的壯士斷腕才顯得尤其可貴。二〇〇三年，全球彩色底片市場受到數位技術衝擊迅速下滑，當時的富士執行長古森重隆絲毫沒有迷戀底片業務過去的輝煌，而是大幅裁員，並制定「四象限戰略」：用現有技術鞏固現有市場、開發新技術應用於現有市場、將現有技術應用於新市場、研究新技術開拓新市場。

非連續性也是企業重組、切入新領域的好機會。富士之所以能成功跨越第一曲線與第二曲線之間的中斷點，首先就在於精準判斷自己在產業中的獨特地位與角色，在第一曲線到達巔峰之前就邁向第二曲線。第二是，在決定進入新領域時，要聚焦核心的產品功能來制定策略，而不是盲目跳入全然陌生的領域。

富士一直遵守一個重要的原則，就是在原有的技術基礎上，利用現有資源優勢來拓展業務，也就是擴展影印機、數位相機、電子元件、電子材料等周邊應用領域，以促進業務的多元發展。二〇〇六年，富士將原本的尖端核心技術、有機合成化學、先進列印材料和生命科學四個研究所整合為「富士底片先進研究所」，並以此為創新基地，進行跨產業的技術研發，成為一家多元化的技術導向型創新企業。防曬乳、抗病毒藥、阿茲海默藥、內視鏡、彩色都卜勒超音波檢查儀等許多富士產品，甚至都已成為富士所屬產業的主流產品。如今，曾延續約九十年的影像業務，早已不是支撐富士集團業績的支柱。根據富士集團二〇二二年發布的財務報告，其影像業務的營收占比不到整體營收的一五%。

第四章

非獨立個體的網路空間

「網路社會」並不是即將出現的一種社會結構，

而是唯一的社會結構！

這不是未來學，而是「現在學」，

它分析的是正在浮現中的新社會結構。

——曼威・柯斯特（*Manuel Castells*）

世間萬事萬物都處於一個巨大的動態系統，相互作用、相互影響，即便是兩個看似毫不相關的事物，也可能存在千絲萬縷的聯繫。從生命體到非生命體，從小顆粒到大星系，世界上所有事物相互聯通，形成一個複雜而龐大的動態網路。這個網路由各種關係和回饋機制構成，它們相互作用，體現為包括物理、化學、生物、社會等方面的相互作用。

在物質世界，物體之間透過引力、電磁力、強作用力和弱作用力相互作用，形成豐富多彩的物質世界。現代量子物理更提出虛幻的量子糾纏（Quantum Entanglement）概念，認為處於量子糾纏狀態的粒子，彼此之間似乎「心有靈犀」，無論相距多遠，對其中一個粒子的干擾會暫態（Transient state）影響到處於量子糾纏狀態中的其他粒子。在化學層面，原子和分子之間的化學鍵構成化學物質和化學反應的網路；在生物層面，生物之間的食物鏈、生態環境與遺傳基因形成生態系統和生命的多樣性；在社會層面，人與人之間的交流、互動構成社會結構和文化體系。

這個巨大的動態網路會不斷演化，事物之間的作用和影響會隨著時間的推移和環境的變化而改變，這樣的改變也會反過來影響環境。

火箭推進器與馬屁股

火箭推進器與馬屁股似乎是風馬牛不相及的兩件事物，會有什麼關係呢？其實，看似毫不相關的事物，背後卻有著一環扣一環的歷史邏輯。

大家也許知道，世界上大部分火箭推進器直徑都是三點五公尺左右，例如中國長征二號丙運載火箭的最大直徑為三點三五公尺，美國太空梭固體推進器和美國太空探索技術公司SpaceX的「獵鷹9號」火箭直徑為三點七公尺。從理論來看，火箭的直徑愈大、主結構愈長，運載能力也愈強，為什麼不將火箭推進器設計得更大一些？

一個很重要的原因是運輸上的限制。通常火箭研發地點與發射地會有一定距離，因此通行的安全寬度標準都是參照鐵軌的寬度來定的。一九三七年，國際鐵路聯盟將標準軌道距離定為一點四三五公尺，世界上約有一半的鐵路是根據這個標準修建的。

那麼，為什麼鐵軌的軌距是一點四三五公尺呢？往前追溯，英國人在發明火車之初，設計軌道寬度時沿用當時馬車的輪寬標準，也就是四點八五英尺（約為一點四七八公尺）。當時，歐洲許多古老的主要道路都是羅馬人為軍隊使用修建而成，羅馬戰車的寬度正是四點八五英尺。

那麼，羅馬戰車為什麼設計成這個寬度呢？因為拉動戰車的兩匹馬，屁股寬度正好接近這個寬度。由此可見，看似毫無關係的事物卻在邏輯上環環相扣。沒錯，兩千多年前歐洲大陸上的馬屁股跨越時空長河，影響現代火箭推進器的設計。

這個小故事有力的證明看似毫無關係的世間萬物可能跨越時間、跨越地理相互聯繫，也揭示世間萬物的非獨立性。

影響人生的三種槓桿

美國矽谷著名的天使投資人納瓦爾・拉維肯（Naval Ravikant）指出，今天的時代，槓桿無處不在。整體而言，槓桿有三種：第一種是勞動力槓桿，就是讓別人為你工作。這是最古老的槓桿。第二種是資本槓桿，資本槓桿是二十世紀槓桿的主要形式，也是相對較好的槓桿形式。資本槓桿就是用錢來擴大決策的影響力。但利用資本槓桿有一定的難度，需要一定的技能。第三種槓桿是最新出現的槓桿，每個人都可以輕鬆擁有。這種槓桿就是網際網路，它為我們帶來「複製邊際成本為零的產品」。

網際網路可說是最強大的一種槓桿，是一種全新的槓桿形式。網際網路與程式設計的出現，使這類槓桿產生爆發式成長。不需要他人為你工作，也不需要他人投資你，你就可以把勞動成果放大成千上萬倍。

這種最新的槓桿形式創造全新的財富，製造出許多新的億萬富翁。早期，財富由資本創造，帶領潮流的是巴菲特這種投資人。但新一代億萬富翁的財富卻多數透過網路創造，例如最近三十年全球市值排名前三十的網路公司創辦人比爾・蓋茲、祖克伯、貝佐斯等。

新槓桿最重要的特點之一就是，利用新槓桿獲取成功的過程中，不須經過他人許可。要使用勞動力槓桿，就得有人追隨你；要使用資本槓桿，就得有人提供資金，但網路時代的程式設計、錄Podcast、發推特、拍影片等行為，不需要經過他人許可。由此可見，新槓桿就像一個平衡裝置，大幅縮小人與人之間的差距，讓社會變得更平等。

以行動網路時代的中國為例，網紅帶貨主播李佳琦原本是南昌巴黎萊雅專櫃的銷售員，二〇一六年他參加一場銷售選拔活動，當時有兩百多個銷售人員參加，七個人勝出，其中就包括李佳琦。不過其他六個人覺得網紅這個行業沒前途，半路就打退堂鼓，只有李佳琦堅持下去。但經過一段時間嘗試，業績一直沒有起色，這時李佳琦有點灰心，打算放棄，但老闆為李佳琦打氣，說「你再撐個三天，這三天我為你投入資源，如果還是不行，你再回去當銷售員」。結果三天後奇蹟出現，李佳琦的直播間人數從兩千人躍升到五萬人。後面的故事大家都很熟悉，李佳琦成為眾人關注的超級帶貨主播。

李佳琦走紅的商業模式是什麼呢？那就是利用網路槓桿，大幅擴大影響力，並將影響力轉化成銷售收入。這種利用支點以小博大的機制就是槓桿效應。利用槓桿，我們可以用很小的力量來推動一個很大的物體。在網路出現前，你的服務即使再優質，也沒有多少溢價，因為服務的邊際成本很高，槓桿率很低，市場是離散的，你每次只能比別人多賺那麼一點點。但如今新的技術和商業模式層出不窮，促使資金、流量、其他社會資源朝效率更高的領域流動。於是馬太效應（Matthew Effect）*形成，只要你的產品和服務比別人好一點，借助「複製邊際成本為零的產品」，你的邊際效應就會放大成千上萬倍。

小米集團的生態鏈

二〇一〇年四月六日，在北京中關村的銀谷大廈，小米集團創辦人雷軍與核心成員在一鍋小米粥前宣布小米公司成立。短短十幾年，小米集團已經成為「硬體＋新零售＋網際網路」的國際化集團。小米智慧裝置的關鍵產品是小米手機，但小米以智慧手機為出發點，將產品網路逐步拓展至周邊各類產品，包括智慧音響、智慧家居等，並透過投資來布局生態圈，開發其他物聯網產品。

小米在產業鏈中主要處於下游位置，沒有多少議價權，但小米憑藉全球手機銷量名列前茅的實力，在供應鏈中取得強大地位。起初小米手機火速成為熱賣商品，很多人認為這個轟動一時的商業模式不是一個可以持續發展的商業週期，但雷軍卻認為可以發揮小米手機的網路效應，「複製一百個小小米」，因此展開了一場「小米模式」的社會化實驗。

第一，將供應鏈變成供應網。小米在供應鏈中處於下游位置，只有與上游供應商合作才能確保產品品質，但由於競爭對手不斷出現，優質的供應商十分搶手，如何確保自己在供應鏈中的地位成為小米的重要難題。

＊是指強者愈強、弱者愈弱的現象，最早由社會學家莫頓（Robert K. Merton）於一九六八年提出。

小米成立初期專注於軟體發展，對硬體的認識相對有限。在第一代產品設計開發的過程中，小米憑藉雷軍的影響力，成功獲得高通認可，並透過高通與台積電合作，解決手機製造中最關鍵的晶片問題。其餘零組件在第一代小米產品上並不突出，但小米後續透過產品的強大影響力，向上游供應商不斷證明實力，才獲得合作機會。起步階段過後，小米將一些低附加價值的製造流程外包給代工企業，利用大數據預測需求量、確定產量，之後採用直接銷售的方式降低銷售成本，大幅提高存貨周轉率，並與眾多企業合作，滿足用戶需求。在這個過程中，小米不僅向上拓寬供應網路，還向下開拓通路商，布局新零售，將單一供應鏈擴展成多條供應鏈，提升上下游效率，提高小米在供應鏈中的地位。

第二，建構合作網。小米與不同產業的企業合作，合作對象甚至包括競爭對手。例如小米與微軟合作，將雲端運算、大數據等技術應用在智慧終端機產品上，不但滿足用戶需求，也提高產品性價比，提升市場知名度。小米與美圖公司（Meitu）合作，擴大手機市占，利用技術互補，不斷拓展小米的核心產品網路。隨著市場消費不斷升級，小米透過各種網路平台及社群，加強與用戶和市場的溝通，公司還定下「智慧手機＋AIoT」戰略，其中「AIoT」指的是小米與百度合作搭建的「AI＋IoT」體系，小米將「AI+IoT」體系應用到整個生態圈企業網中，推動小米的產品線擴展。

第三，透過「投資+孵化」擴展業務網。小米的「投資+孵化」模式指的是尋求認同小米價值觀與方法論的夥伴，之後用非控股的投資方式快速孵化、扶持具備出色創新能力的創業團隊。在此過程中，小米會為被投資企業提供從研發到銷售等各方面的支持，以幫助它們快速成長。二〇一四年，小米正式開始布局生態鏈，目前，小米生態鏈上的公司已經超過四百家，跨足一百多個產業，生態鏈上的企業也製造出許多暢銷產品，包括紫米科技製造的小米行動電源、華米科技製造的小米手環等。在投資這些公司的過程中，小米不僅擴展集團的產業範圍，也增強公司在供應鏈中的能力，強化集團實力，使得技術在集團內部傳遞，不但獲得規模經濟效應，也大幅降低交流成本，並為新產品的設計開發提供更多靈感。

現代新商業模式：平台經濟的崛起

目前，平台模式已經成為網際網路及「網路+」新型態發展的核心商業模式。除了傳統的網路搜尋、社群、電商等領域，由平台模式架構的創新型企業正在透過網路整合業務，對金融、旅遊、物流、運輸旅行、醫療、教育、住宿等領域產生顛覆性影響，甚至成為各行各業的領導力量。建立在網路基礎上的「平台+生態」結構五大優勢，促使平台模式的快速崛起。

平台型企業主要有三種參與角色，分別是平台、供給方、需求方，這三者共同組成平台的生態鏈。此外，平台型企業具有資料、數據處理與網路優勢，因此從經濟學的角度來看，平台型企業有低交易成本、零邊際成本、高轉換成本、高網路價值、高進入壁壘和非對稱訂價等經營優勢。

具體來說，平台型企業的特點包括：

第一，具有雙邊市場結構。傳統的經濟呈現單邊市場結構，賣方直接提供服務、商品，具有「直線」與「單一」的特點。而平台經濟則是三方互動，平台在制定政策時，必須顧及對各方群體的影響，盡可能讓平台內部的群體達到共贏，以維持平台內部良好的生態環境。

第二，可達到零邊際成本。平台在創建初期投資成本高、投資週期長，但當人數達到臨界點後，後續人數增加就會讓成本下滑。人數不斷增加使得平台的邊際成本可以無限趨近於零，邊際收益不斷增加，平台規模的無限延伸帶來收益的指數成長，最後使平台型企業「強者恆強，贏家通吃」。

第三，具有高網路價值。平台往往借助網路來擴大使用者數量，買家增加時，賣家也會逐步增加，雙方趨於平衡。當用戶愈來愈多之後，平台的價值會不斷凸顯，讓平台出現強者更強、弱者更弱的趨勢，一旦形成規模，就會對傳統產業帶來顛覆性的影響，形成「馬太效應」。這時，贏家通吃的局面已然形成，市場後進者的經營會變得非常困難。平台型企業處於產業鏈的頂端，不容易被取代。

第四，能採取不對稱的訂價策略。不對稱訂價是網路平台型企業的一個特徵，意思是平台對一邊的價格加成高於另外一邊，兩邊收費標準不同。平台型企業任何一方用戶費用都不是固定的，而是隨著雙邊市場變動而變動。決定哪方補貼，哪方收費，主要是看需求彈性、邊際成本、轉換成本等因素。從需求彈性來看，可以向市場彈性最大的一方收取低廉費用，甚至補貼，而對市場彈性小的一方收取高額費用，使後者成為平台的「付費用戶」。需求彈性小的使用者在收費標準上升和下降的過程中，數量都不會有太大波動，而需求彈性高的使用者則相反，更關心收費標準，適合成為「被補貼用戶」。

從邊際成本來看，如果一方的用戶數量增加沒有讓平台企業的邊際成本增加，這部分使用者更適合成為「被補貼用戶」。如果一方的用戶數量增加會讓平台企業的邊際成本增加，那麼這部分使用者就適合成為「付費用戶」。從轉換成本來看，當用戶轉換成本較高時，容易被平台當成「付費用戶」，而當用戶轉換成本較低時，可以選擇別的平台，適合被當成「被補貼用戶」。

第五，平台型企業是一種靈活應對變化和複雜環境的商業模式。所謂變化，也就是創新。進一步來說，平台模式在應對變化和複雜環境的靈活性，實際上也造就一種能夠有效激發創新的商業模式。網際網路開創平台化創新的新時代，更重要的是，平台模式能夠有效降低個體參與經濟活動的成本，透過群眾智慧、群眾創新來應對複雜多變的客製化需求，激發新的創業經濟浪潮興起。

社會網路的新特徵

社會組織的網路化重構讓個人力量崛起，為企業商業模式帶來多元變革，也為社會交換關係帶來互動式發展。網路社會呈現出資訊化、虛擬化、數位化與多元化的新特徵，包括：

個人成為網路社會的主體。有人說：「個人力量借助社群網路（社會化網路及網路化社會）的全面崛起，將是未來世界最具吸引力的部分。」迄今為止，應用最廣泛的社群平台、電商平台，都以個人為中心。個人化組織具備顯而易見的優勢，各種組織也將以個人化組織為主流形態。與此同時，以人為本，是所有技術進步、制度創新的最終訴求，在網路環境中也不例外。個人化，既是網路社會的出發點，也是網路社會的目的。

多元跨界催生新模式與新「物種」。如果說，「今天的思想就是明天的世界」，那麼，多元化就是一種思考方式。理論上可以從各種角度來思考，但從人類認知和生物熵的局限來說，人類思考的角度有限。我們為思考增加一些角度，就足以創造跨界知識，產生社會、經濟、文化等層面的創新融合，並催生新的模式和「物種」。

近年來，許多人青睞「O2O」的商業模式，也就是線上接單到線下服務模式（也稱「線上線下商務模式」）。我們認為網路社會將走得更遠，線上、線下並非分開對立，而是相輔相成。「線上－線下」會創造一種「O＋O」社會，它們將長期並存，互相融合、互相影響、互相成就。

鑒於網路社會的生態化特徵，多元化也是一種未來社會的主要特徵，未來社會將出現「升維競爭」或「降維攻擊」。*

使用者化使網路社會形成多元化、互動式與長期性關係。傳統商業從賣家出發，既主、客體分離，也以賣家為中心。傳統商業是一種「組織—客戶」的經濟學典範，組織負責生產商品或提供服務，客戶負責消費。將消費者稱之為客戶，本身就代表「主人—客人」的二分法。

用戶化的一個角度就是客戶化，是「客戶至上」的升級版本。但是，用戶化已經消弭了「客戶化」所伴隨的主、客體分離，而以用戶為中心，以用戶的價值化為中心。而且，使用者也不僅僅是一次性的客戶。用戶（使用者）的數量遠遠比客戶（消費者）多，使用者與商品的提供者之間不再是簡單、一次性的交易關係，而升級為多元化、互動式、有經濟價值或情感價值、長期共存的交換關係。

資訊化成為網路社會的獨立特徵。資訊化對應的詞是「物質化」，因此資訊化必然會導致虛擬化。網路社會的起源可以追溯至美國計算機科學家尼葛洛龐帝提出的觀點，即「數位位元」正在逐步取代「物質原子」，帶來虛擬化的發展。資訊化對應的另一個詞是「資訊孤島」，因此資訊化必然會產生網路化。只有連接的網路化資訊才有價值、可操作性，也就是所謂「無連接，則無資訊，則無社會」。

將資訊化列為網路社會一大獨立特徵的理由非常簡單，資訊化是未來社會最具多元化特徵的一個詞，是網路社會的概念樞紐。資訊化的一個角度是社會資本（資本化）角度，體現為資料化—資訊化—知識化；另一個角度是社會結構角度，體現為資訊化—網路化；再一個角度是社會形態角度，體現為資訊化—數位化—虛擬化。

知識化成為網路社會的重要生產力。知識化是人類社會存在的基礎，而知識化的一個前提是資訊化。如今，資訊化已大致實現。知識化的另一個前提是個人化，這呼應了美國管理大師彼得・杜拉克（Peter Drucker）對「個人化知識」的看法。「知識是可操作的資訊」，這是資訊理論的基本結論。知識化正在再造高科技製造業。同樣的，從電腦出現開始，華爾街就將金融業稱為資訊產業。在基因技術層面，爆炸式發展的生物醫療產業也正在成為資訊產業。以指數級速度成長的各種知識正在促進網路社會的快速發展。

全方位的網路化發展。網路化也就是「連接一切」，而且是多元連接。網路之所

＊「升維競爭」指透過提升視野與策略，來改變競爭的規則，以贏得市場。「降維攻擊」指透過簡化的產品或服務，以較低門檻和成本打進市場，進而對抗較強大的競爭者。

以如野火燎原般在人類社會蔓延開來，是因為從數學的角度來看，網路結構是最簡單的持續連接形式，也是經濟學中成本最低的連接形式。

網路化也代表社會化。網路一詞最早在針對社會網路的研究中出現。遠在電腦和網際網路技術出現之前的千百年，社會網路就已經是人們社會關係的基礎形態。網路結構成為網路社會最基本的社會結構，網路化是人類未來社會結構的唯一發展方向。而且，今天在商業上強調的價值鏈，也必定會進化成為價值網路。價值鏈只涵蓋直接相關的上下游利益者；而價值網路則「連接」了所有直接和間接的利益關係者，包括用戶、供應商、政府、公益組織等。

金融網路的「蝴蝶效應」

一九六一年，美國氣象學家愛德華・諾頓・洛倫茲（Edward Norton Lorenz）設計了一個電腦程式模擬天氣的變化。這類氣候類比實驗通常需要耗費大量的計算資源和時間成本。為了節省時間，洛倫茲在一次實驗中將之前模擬實驗的結果做為初始條件，輸入程式。然而，運算得出的結果與預期結果大相徑庭。洛倫茲隨後對這個問題展開深入研究，發現在氣象這種複雜的系統中，誤差有可能隨著時間推移不斷累積，呈現指數成長。在實驗中，洛倫茲輸入的初始條件資料僅保留了小數點後三位，但正是這個微小的誤差導致模擬實驗偏離了既定的運算軌跡。此後，洛倫茲使用一個非常具體的比喻來解釋這種現象：一隻蝴蝶在巴西偶而拍動幾下翅膀，引發一系列連鎖反應，導致一個月後美國德州發生一場龍捲風。這便是著名的「蝴蝶效應」。

蝴蝶效應在社會經濟生活中隨處可見，尤其是在天氣、股市等較複雜的系統中。人們所熟知的「聖嬰現象」導致全球氣候變暖就是大氣運動所引發的「蝴蝶效應」。在全球金融市場運行的過程中，如果出現一個突發事件擾動市場，而且隨著時間推移影響不斷擴大，就有可能對整個市場造成巨大破壞。這就是股市會崩盤的原因。

隨著金融創新發展，金融機構間的資產負債關係變得愈來愈複雜。金融機構不再彼此孤立，而是形成相互連接的金融網路。二〇〇八年雷曼兄弟破產，導致整個金融體系的系統性危機。金融機構之間的資金借貸和交易關係形成一張龐大而複雜的金融網路，全球一體化和金融創新使這個網路的覆蓋範圍不斷擴大，資金規模和結構的複雜程度不斷上升，最後不僅超出所有業內人士的想像，也超出各國央行和其他金融監理機構的掌控能力。單一金融機構的行為會對網路內其他金融機構產生重要影響，網路既可以透過共同承擔風險來促進金融穩定，也可以成為金融風險擴散的管道。

過去幾十年，系統性金融危機發生的頻率超出我們的想像。根據不完全統計，一九七〇至二〇一一年，全球至少發生一百四十七次系統性金融危機。金融機構「太關聯而不能倒」的風險與「大到不能倒」的風險一樣重要。

金融風險如何擴散？從金融危機可以看出，危機的爆發並非單靠一種傳播途徑，而是幾種方式共同造成的結果。美國金融危機調查委員會就危機期間對美國國際集團（American International Group, AIG）的援助做出了總結：「如果沒有伸出援手，ＡＩＧ的違約和崩潰可能會導致與ＡＩＧ有合作關係的金融機構資產品質下降，連帶造成整個金融體系的損失與崩潰。」調查委員會明確指出，聯準會和財政部對ＡＩＧ的債務網路沒有清楚的認識。雷曼兄弟破產的結果也說明了危機擴散的各種途徑：美國貨幣市場共同基金（Reserve Primary Fund）的投資損失，引起貨幣市場其他基金恐懼的「資訊傳染」，債權人擠兌資金並低價拋售資產。網路不透明增加了雷曼兄弟破產的不確定性。調查委員會還表示無法知道市場上的借貸關係、還款時程，而這些資訊對於評估雷曼兄弟破產的影響至關重要。

金融風險傳播鏈，可能是特定金融機構違約，導致交易對象損失，或導致金融市場資產價格劇烈波動，進而使其他金融機構資產負債表受損，也可能是某個特定事件影響市場預期或引發非理性恐慌，快速擴散至整個金融體系。

一九八七年十月十九日，香港股市崩盤，並迅速蔓延到全世界，導致全球各地的股市崩盤。這天後來被稱為「黑色星期一」。就在這天，美國股市受到香港股市崩盤影響，道瓊工業股票平均指數（DJIA）下跌二二・六%。這是美國股市有史以來單日跌幅最大的一次。事後，分析師們並未找到崩盤的具體原因，許多人認為可能是交易軟體出錯。

無獨有偶，二〇一三年八月十六日，上證綜合指數出現急速拉升，一分鐘內漲幅超過五%，從兩千零七十四點上漲到兩千一百九十八點，五十九檔權值股瞬間漲停。這個異常現象是政策利多還是烏龍操作，市場猜測紛紛。十一點四十四分，上交所發布公告稱系統運行正常。下午兩點二十五分，光大證券召開臨時記者會，表示當天上午自營部門使用的套利系統出現問題。隨後，股價指數迅速由紅轉綠，上證綜合指數收盤為兩千零六十八點四五點。

經證監部門調查，光大證券的量化投資團隊出現系統性錯誤，造成七十多億元的買盤湧入A股，而且主要購買對象是上證五〇指數追蹤的權值股。大批權值股瞬間拉升，市場資金被帶動，之後大批巨額買單繼續加入，帶動指數上漲，多達五十九檔權值股瞬間漲停。

其實這是光大七十多億資金進入後產生的第一波反應，但更有趣的是後續的第二波上漲。

十一點零八分之後，光大證券量化投資團隊發現問題，停止交易，所有交易指令也開始取消，所以之後A股大盤的動態與光大證券無關。但從十一點十五分開始，上證綜合指數開始了第二波拉抬，結果最高漲到兩千一百九十八點，幸虧十一點三十分A股就收盤了，否則不知道指數會飆升到什麼程度。在第二波飆漲中，上證綜合指數甚至出現一分鐘內漲幅超過五％、最高漲幅達五・六二％的情況。

這次事件再次證明在金融市場中，任何大幅操作，就像是將一塊石頭投入平靜的水面，瞬間就會激起水花。在一定程度上，數十億元的資金如果集中大幅買賣一檔或某幾檔股票，就有很大的機率會將大盤瞬間炸開，如同精準爆破一樣，甚至可能會讓整個金融大樓倒塌。

第五章

非有序發展的熵增定律

生命之所以能存在，就在於從環境中不斷得到「負熵」。

—— 埃爾溫・薛丁格（*Erwin Schrödinger*）

《增廣賢文》有一句話：「成事莫說，覆水難收。」大意是事情已經成為事實，就像潑在地上的水難以收回，說什麼都沒用。但為什麼潑出去的水不能收回？因為這違反熵增定律。熵增定律是熱力學定律，指熱量從高溫物體流向低溫物體是不可逆的現象，孤立系統的熵只會增加或者不變。熵增加的過程是「有序」向「無序」的轉化，相較於地上流動的水，盆裡的水處於一個更有序的狀態，所以要把地上「無序」的水重新變成盆裡「有序」的水，這是一個熵減過程，違背熵增定律，所以幾乎不可能。

熵是什麼？

熵（entropy）是什麼？熵不是一個模糊的概念或思想，而是一個可以測量的物理量。熵是用來表示系統「內在混亂程度」的指標，可以理解為系統內的無效能量。歷史上，魯道夫・克勞修斯（Rudolf Clausius）、路德維希・波茲曼（Ludwig Boltzmann）、克勞德・夏農（Claude Shannon）都為熵下過定義，定義雖然不同，但本質一致，定義之間的差異反映的是人們對熵認知的發展。熵在不同學科領域都有重要應用，也衍生出更具體的定義。

熵的熱力學解釋

熵最早由德國物理學家克勞修斯於一八六五年提出，是熱力學概念。克勞修斯在總結前人的理論後認為，熱量不能自發的從低溫物體傳到高溫物體，但是當時沒有一個單位（物理量）來衡量熱傳導過程中的不可逆性，於是克勞修斯便引進熵這個概念，把熵定義為輸入的熱量相對於溫度的變化率，公式如下：

$$dS=\frac{dQ}{T}$$

公式中，S代表熵，T為物體的熱力學溫度，dQ為熱傳導過程中系統吸收的熱量。從這個公式可以看出，熵的增加量等於系統吸收的熱量除以吸收熱量時的絕對溫度。例如，當你熔解一個固體時，它的熵增加量就是熔解固體的熱量除以熔點溫度，因此熵的單位就是焦耳／絕對溫度。

波茲曼熵

一八七七年，奧地利物理學家波茲曼提出波茲曼公式，從統計物理學的角度闡釋熵的概念。讓我們用一個非常簡單的比喻來理解波茲曼公式。想像一下，你有一堆不同顏色的球，這些球代表系統中的「局部狀態」。每個球都可以放在一個盒子裡，盒子的數量代表系統中局部狀態的數量。現在，我們想要知道這個系統有多混亂，就需要用到「熵」這個概念。熵愈高，系統就愈混亂。波茲曼公式就是用來幫助我們計算這個混亂程度（熵）的公式，內容如下：

$$S=k\ \mathrm{Ln}W$$

其中，S是系統的熵，k是一個常數，W是可能的局部狀態的數量，而Ln是自然對數。現在，用我們的球和盒子來解釋這個公式。

如果只有一個盒子（W=1），那麼球只能放在一個地方，系統非常有序，熵很低。如果有很多盒子（例如一百個盒子，W＝100），球可以放在很多不同的地方，這樣就有很多不同的放球方式，系統更加混亂，熵也就更高。公式中的k就像是一個轉換因數，幫助我們把盒子的數量轉換成對應的熵。Ln是自然對數，是一種特殊的對數，用來幫助我們計算「混亂程度」。

所以，當我們有很多盒子和很多放球方式時，系統的熵就會增加，反映出系統的混亂程度。這就是波茲曼公式的核心思想，它告訴我們系統可能的狀態愈多，系統的熵就愈大，也就是系統愈混亂。

夏農熵

一九四八年，夏農將統計物理學中熵的概念，引申到通訊學科中，解決了對資訊的量化問題，進而開創「資訊理論」這門學科。夏農認為，資訊的訊息量大小與它的不確定性有直接關係，資訊愈不確定，熵就愈大，要理解這些資訊所需要的訊息量也隨之增加。所以，我們可以認為，訊息量的大小與不確定性的程度成正比。

夏農定義的「熵」又被稱為「夏農熵」或「資訊熵」，公式如上：

$$S(P_1,P_2,\ldots,P_n)=-K\sum_{i=1}^{n}P_i\log P_i$$

其中，i為機率空間中所有可能的樣本，P_i表示該樣本的出現機率，K是和單位選取相關的任意常數。可以明顯看出，「夏農熵」和「波茲曼熵」類似，兩種熵都衡量出系統的不確定性。一個系統的局部狀態數量愈多，則混亂度愈大、不確定性愈大，系統的熱力學熵就愈大。同樣的，一則資訊表述正確的機率愈低、不確定性愈大、資訊熵就愈大。

熱力學熵和資訊熵本質上相似，都可以衡量系統的不確定性（混亂度）。這種熱力學熵和資訊熵的等價性，讓我們可以從資訊理論的角度理解熱力學，也代表我們可以從熱力學開始去研究資訊理論。

宇宙最永恆定律：熵增定律

熵增定律，又稱熱力學第二定律，闡述的是在自然過程中，一個獨立系統的總混亂度（即「熵」）不會減少。根據熵增理論，宇宙最後可能會變得無序和混亂，熵增定律也被認為是宇宙中最永恆的定律之一。

熵之所以重要，是因為它總結了宇宙的基本發展規律：宇宙中的事物都有自發變得更混亂的傾向，也就是說熵會不斷增加，這就是熵增定律。

熵增定律如何得出？根據熵的熱力學解釋，假設在一個獨立系統中有兩個溫度不同的物體，熱量（dQ）從高溫 T_1 物體傳至低溫 T_2 物體，高溫物體的熵減少 $dS_1 = dQ / T_1$，低溫物體的熵增加 $dS_2 = dQ / T_2$，把兩個物體合起來當成一個系統來看，熵的變化是 $dS = dQ / T$，代表熵增加了。舉例來說，如果兩間溫度不同的屋子被一扇門隔開，打開門後，兩間屋子的溫度會逐漸一致，而不是高的更高，低的更低。這是因為熱量均勻的分布在兩個房間中（也就是熵最大）的機率非常高，集中在其中一個房間的機率幾乎為零。根據熵增定律，事物會自發性往熵更大的方向發展，所以兩個房間的溫度最終會一致。

對抗熵增非常困難。薛丁格認為：「人活著就是在對抗熵增定律，生命以負熵為生。」我們都知道將整齊擺放的東西打亂很容易，而將它們重新歸類、擺放整齊則很困難。想要對抗熵增、做到熵減，就需要加入負熵。從熵增定律來看，熵增的條件有二，分別為封閉系統和無外力作功，打破這兩個條件的限制就可以達到熵減。物質、能量、資訊是人的負熵，而新成員、新知識、有效管理則是組織的負熵。生命有機體該如何避免衰退、保持平衡？顯然是靠吃、喝、呼吸以及（植物的）同化，也就是「新陳代謝」。自然界中正在進行的每一件事都意味著這件事的熵在增加。有機體就是靠負熵生存的，新陳代謝的本質在於使有機體不斷的進行熵減運動，以對抗熵增帶來的混亂。

人類社會的熵增現象

國家和社會同樣必須面對熵增情形。在社會學中，有一個現象被稱為「塔斯馬尼亞島效應」。塔斯馬尼亞島本來與澳洲相連，後來因為冰河期結束，海平面上漲，變成一個孤島。孤島上人口有限，而且沒有外界的資訊輸入，導致文明持續倒退，與澳洲的差距愈來愈大。例如，塔斯馬尼亞人一開始掌握著先進的捕魚技術，會使用骨針縫製衣服，但在封閉環境下，這些技術和工具逐漸消失，最後塔斯馬尼亞人不吃魚，只用一塊獸皮裹身。這個例子說明，一個封閉系統的文明會逐漸退化，一個封閉國家接觸的資訊有限，也許經過一、兩代人後，整個社會的認知、效率就會遠遠落後其他開放國家。

王朝的衰亡是歷史的熵增現象。研究中國歷史時，我們會發現，從秦朝開始，很少有王朝持續超過三百年，強盛如唐朝、明朝、清朝都沒有突破這個規律，更別說短命朝代了。一個王朝初建時百廢待興，往往呈現出一派生機勃勃的景象，然而之後各種問題開始接踵而至，唐朝發生「安史之亂」、明朝有「土木之變」、清朝有「太平天國運動」。這些朝代雖然最終戰勝這些叛亂，但仍不可避免的走向衰落。

如果放寬歷史的視野，這不也是人類歷史的熵增運動嗎？將一部部朝代史拼接起來，不也就是人類歷史的發展進程嗎？一方面，我們看到每一個朝代內部難以突破「熵增定律」，改朝換代不可避免；另一方面，從原始社會、農業社會再到工業社會的脈絡又十分清晰。但整體上，如果時間夠長，「熵增定律」往往會得到突破。

金融市場的熵增現象

熵增定律也反映在金融市場中。在股市當中，大部分參與者無法賺到超額報酬，投資人的投資表現通常是一成獲利、二成持平、七成虧損。熵增定律使投資人難以突破自身的非理性與認知盲點，可能做出錯誤決策。優秀投資人花費時間與金錢，尋找無序市場中的有序，在混亂的均線中尋找規律，當熵減到一定程度，就能獲得超額報酬。因此，對抗熵增的核心就是熵減。索羅斯曾說，投資人根據資訊和對市場的理解來預測市場走勢並進行交易，交易又反過來改變市場走勢，兩者不斷相互影響，資訊永遠是動態的存在。我們不可能在某個時點上完全消除所有的不確定性，但我們可以盡可能了解市場，獲得一些確定性，例如優秀的商業模式、龍頭地位、訂價權等，都具有一定的確定性。

熵增定律使金融系統的脆弱性逐漸增加。金融資源在內部運行時，追逐獲利導致資本趨於無序擴張，追求短期利益會使資產產生泡沫，龐氏騙局等欺詐行為反而被認為是金融「煉金術」。企業利用資本槓桿快速擴大自身規模的同時，也增加自身的財務風險，甚至增加系統性金融風險。這個過程破壞正常的競爭秩序與信用制度，忽視市場主體的社會責任，容易引發市場亂象。當這種無序性累積到一定程度時，金融危機就會爆發，最終危害到金融市場安全。股市泡沫、地產泡沫、P2P（個人對個人）借貸平台出現大規模違約，都是資本市場熵增的結果。一方面，金融體系的脆弱性是由其內部熵增引起；另一方面，金融制度從有序到無序的變化，也是金融體系熵增的過程。要降低金融系統的脆弱性，就要從引起熵增的原因著手。

加強金融監理與應用金融科技是熵減的重要方式。熵增的結果是混亂，強化監理可以幫助金融市場對抗熵增，促進金融市場有序運行。金融監理能降低系統的脆弱性，減緩金融系統從有序向無序的蔓延，促進金融資源有效配置，減少不必要的能量耗損。金融監理為資本市場帶來良性互動，減少資本不確定性，減緩金融業的熵增趨勢，持續改進資本市場的制度設計，有助於資本市場走上更健康的道路。

金融科技則可以說明金融市場如何打破原有的封閉系統。新科技的應用擴大金融市場的範圍，提高市場效率，並改善金融市場的管理模式，推動資本市場往更高效率、更高品質的方向發展。金融市場透過科技進步打破原有界限，新系統與原有系統協調、互補，抵消內部熵增，實現熵減。技術可以幫助資本市場控制無序性，例如人工智慧的應用可以幫助減少人工作業失誤，提高運算效率。

從歷史上來看，可以發現起源於熱力學研究的熵理論研究逐步進入投資領域，許多人依靠建立在熵相關原理上的方法獲得豐厚的報酬。夏農投資股票時，創造持續重新平衡組合策略，他認為透過頻繁的低買高賣可以獲得超額報酬，儘管當時因為技術不成熟，他在投資時並沒有使用這種策略，但一九八〇、一九九〇年代後，這種策略被運用到許多量化高頻避險基金中。後來很多人把資訊理論應用到投資領域，代表人物包括約翰・凱利（John Kelly）、愛德華・索普（Edward Thorp）、歐文・伯萊坎普（Elwyn Berlekamp）和湯瑪斯・科沃（Thomas Cover）等。

企業的熵增現象

熵增定律同樣存在於企業當中。熵增可以表現為企業的發展停滯與衰敗，熵增的存在，代表企業效率下滑、能力喪失、遠離市場、結構無效。企業的壽命有限，中小企業的平均壽命只有七、八年，而大企業的平均壽命也不過四十年。隨著職能部門與層級增加，組織日益複雜，內部的結構性摩擦不斷增加，衝突日益增多，整合也變得愈來愈困難，而且由於組織變得複雜而龐大，所以資訊的傳遞途徑變得更長，這些都意味著隨著熵的增加，系統運作效率下滑。正如德國哲學家馬克斯・韋伯（Max Weber）所說：任何官僚機構都有不斷自我繁殖、臃腫、官僚化的特徵。組織中熵的增加有其上限，當熵增加到某種程度時就不會再變化，但這時組織很可能就會分崩離析，走向滅亡。所以，企業需要不斷對抗這種幾乎必然的衰亡過程，才能基業長青。

企業的熵減行為大致可分為兩種：一是吸收外部能量，二是進行內部管理。企業需要不斷吸收外部能量，推動內部改革。熵增是在封閉環境下發生的，企業如果打開與外部交流的管道，就可以吸收外界能量，讓企業進入一個全新、穩定的有序狀態。外來能量包括外部先進的技術、經營管理方法、思想意識，外部能量進入後可以形成鯰魚效應（catfish effect）*，減緩企業的衰敗速度。內部管理主要包括調整企業方向與確立目標、引導創新和推動變革、組織團隊與採取激勵措施。內部管理代表企業打破原有的平衡狀態，特別是促使企業發現創新這種非線性的成長方式，讓企業突破原有邊界，為企業注入新活力。所以企業只有將自己打造成一個開放系統，引導外界能量輸入，形成能夠在內部催生變革力量的耗散結構（dissipative structure）**，找到並驅動可以帶來熵減的因素，才能保證企業的生存與發展。

---

* 在管理學中指透過競爭和危機，為同質性過高的組織帶來刺激，激發弱者變強。

** 指一個遠離平衡狀態的開放系統，系統能自發形成有序結構。這種結構依賴持續的能量和物質流入，透過耗散過程維持其穩定性。

橋水基金創辦人達利歐在《變化中的世界秩序》（*Principles for Dealing with the Changing World Order: Why Nations Succeed and Fail*）提到，每個人都要保持開放的頭腦，突破思考盲點，吸收新知識；正視自己的錯誤、問題和弱點，並不斷進化；訓練「潛意識、情緒化的自我」，以理性、成熟的思考克制衝動的情緒與反應。還提到在工作上，企業要建立透明的工作環境，讓員工能開誠布公的指出問題，並討論不同想法，同時在合理範圍內對工作、會議進行紀錄。企業應推動有系統的管理方式，例如按照計畫行事，並用明確的量化指標評估工作進展、建立制衡機制等。這些都是個人和企業不斷作功、對抗熵增的方法。正是這些方法讓橋水基金締造成功，管理超過一千六百億美元的資產，並得到世界不少外匯準備管理機構、主權基金等資產管理者的信賴。

第六章

非理性的人類社會

非理性總是潛伏在每個人的內心深處，
隨時等待噴發而出。
你必須保持足夠的警惕，因為它總是會伺機伏擊你。

——法蘭西斯科・帕拉梅斯

（*Francisco Garcia Parames*）

人類的制度設計中，無論是經濟政策、法律規範還是社會治理，都隱含著理性人的重要假設。但人類社會的運行、個人的決策行為與金融市場的運行一定完全理性嗎？隨著現代心理學的發展，人們愈來愈了解人類行為的複雜性，以及在特定情境下理性與非理性因素的相互作用。

德國哲學家尼采（Friedrich Nietzsche）曾說：「我們內心的魔鬼將我們驅向瘋狂，而我們內心的天使卻難以讓我們保持理智。」在人類用智慧所建立的複雜社會中，非理性的暗流無時無刻不在湧動。從個體的心理偏誤到群體行為的盲目，從金融市場的泡沫氾濫與崩潰到社會運動的極端化，非理性這個人類心理的雙面刃既能開啟創新與改革的大門，也能成為混亂與破壞的根源。西班牙投資大師帕拉梅斯曾說：「非理性總是潛伏在每個人的內心深處，隨時等待噴發而出。你必須保持足夠的警惕，因為它總是會伺機伏擊你。」

為什麼人類會不理性？

為什麼社會可能不理性？

首先，人會有從眾心理，會因為群體壓力而改變自己的行為或信念。三大著名的社會心理學實驗都顯示出從眾現象。首先，美國社會心理學家謝里夫（Muzafer Sherif）的「暗室光點」實驗顯示，當受試者被要求評估暗室裡一個光點的移動距離時，單獨的受試者會有自己的判斷，但多個受試者之間就會互相影響，最後形成一個群體規範。這種群體規範可能完全錯誤，卻會持續很長一段時間。這說明人們對於現實的認識會受到他人判斷的影響。

第二，美國社會心理學家所羅門・阿希（Solomon Asch）的「群體壓力」實驗顯示，當要求受試者判斷三條線段中哪一條與標準線段相同時，單獨的受試者能給出正確答案，但如果其他受試者給出一致的錯誤答案時，有三七%的人會從眾選擇錯誤的答案。這說明，即使人們對現實已經有正確的認識，但出於群體壓力，許多人也會選擇錯誤的答案。

第三，美國社會心理學家史丹利・米爾格蘭（Stanley Milgram）的實驗（也就是著名的「電擊實驗」）顯示，當受試者被賦予「教師」的角色，可以透過電擊的方式懲罰在學習過程中犯錯的「學生」時，有相當一部分受試者會在實驗者的命令下忽視「學生」的痛苦，將電擊強度（電壓）逐漸從十五伏特提高到四百五十伏特。這說明，人們可能會因為服從權威而做出極端錯誤、殘忍的行為。以上實驗都表明，群體中的個體會受到其他人影響，並因此形成錯誤的認知與行為，進而導致社會的不理性。

其次，總是有人會相信一些荒謬的資訊，甚至被邪教、極端主義洗腦。例如，約二〇％的美國人認為太陽繞著地球轉；超過一半的美國人相信賓拉登參與「九一一事件」；有約八〇％的美國人認為伊拉克有大規模殺傷武器，並以此為藉口入侵伊拉克；還有人否認納粹大屠殺、否認全球暖化等。

邪教和極端主義也不勝枚舉：一九七八年，邪教組織「人民聖殿教」（Peoples Temple）九百一十四名信徒追隨吉姆・瓊斯（Jim Jones）來到南美洲圭亞那，集體服下含有致命氰化物的葡萄汁自殺，這就是轟動世界的「瓊斯鎮慘案」；一九九七年，邪教組織「天堂之門」（Heaven's Gate）首領馬歇爾・阿普爾懷特（Marshall Applewhite）與三十八名信徒將安眠藥摻在食物裡服下，並將塑膠袋套在頭上自殺，以便能夠「搭乘緊隨著哈雷彗星的飛碟通往天堂之門」；二戰前德國的納粹主義、現在的新納粹主義以及恐怖主義則是極端主義的典型代表。從投資的角度來看，這些事件值得我們深思，為什麼無論文明多進步，卻總是會有異常的不理性行為出現？

另外，如果形成一個群體，就會出現許多不理性的行為。第一，群體會去個人化，使群體中的人失去自我。古斯塔夫・勒龐（Gustave Le Bon）在《烏合之眾》（*The Crowd A Study Of The Popular Mind*）中指出，群體當中的人是無意識的，有教養的個體也會變成受本能支配的動物。

在群體當中，人們會拋棄個人的身分與道德約束，獲得群體行動時獨有的興奮感與隱匿感，做出失控、極端的行為。例如，二〇〇三年賓拉登政權倒台後，許多人瘋狂洗劫掠奪伊拉克，事後很多騷亂者都表示不知道自己為什麼會如此失去理智。又例如許多聚集圍觀跳樓的群眾和在網路上匿名旁觀自殺的人，也會做出煽動自殺的行為。另外，群體決策時，人們也會出現不理性的行為。例如人們往往會為了維護群體的和睦而壓制異議，做出錯誤的決策。一九六四到一九六七年，時任美國總統的詹森與顧問在討論越戰問題時，助理莫伊斯等人的建議被譏諷，使得群體最終屈於從眾壓力，決定擴大越戰規模，將美國拖入戰爭的泥沼。

第二，勒龐認為群體沒有推理能力，無法表現出批判精神，不能辨別真偽或做出正確的判斷，使群體難以做出理性的決策。第三，研究發現，群體決策時會極端冒險或過度謹慎，因為群體會強化成員最初的想法，讓群體內部觀點變得更加極端。例如，當人們都在討論股市上漲時，就會產生大量資訊，推動股市上漲，最終形成股市泡沫。此外，群體中的人們往往只想聽取支持自己觀點的資訊，使群體的態度與偏好不斷的被放大。社群、網路都可能出現群體擁抱極端意見的現象。在美國，社群的觀點會自我強化。二〇〇八年美國總統選舉中，美國八九%的全食超市消費者支持歐巴馬（Barack Obama），六二% Cracker Barrel 餐廳的消費者支持歐巴馬的對手：共和黨人約翰・麥肯（John Mccain）。在網際網路中，社群媒體可以幫助人們更快找到志同道合的人與資訊，人們也更傾向於尋找自己有興趣、支持自己觀點的資訊，再加上因電腦應用系統之間不互聯而形成的資訊孤島，就會讓使用網路的人們更容易只接觸與自己偏好、興趣相符的觀點，這就是同溫層效應。

社群媒體中的同溫層會進一步放大人類不理性的行為，全球性投資顧問公司13D指出，臉書等社群媒體的演算法和推薦系統會放大極端主義，傳播憤怒與仇恨的情緒，使人們「走進自我強化的極端主義同溫層」，使得以社群媒體為傳播媒介的極端主義事件，例如政治暴動、大規模槍擊等事件頻頻發生。

勒龐對群體心理的經典結論是：群體只會幹兩種事，錦上添花和落井下石。

為什麼投資人會不理性？

根據中國證券投資基金業協會資料，二〇二〇年市場受長期利多驅動，報酬率超過五〇%的股票型基金占整體基金的五九．七九%，但有同樣報酬水準的基金投資人僅一一%。二〇二二年，市場上每檔股票型基金全都獲利，但卻有一六．七%的散戶虧損〇%到二〇%。王立新等學者將這個「基金賺錢、投資人不賺錢」的現象歸因於投資人「往往成為直覺和情緒的奴隸」。

古典經濟學的基本假設是人是理性的：人在追求效用極大化的心態下會做出對自己最有利的選擇，並依據抽象的效用函數、生產函數、均衡理論來尋求所謂的最佳解答。投資學中的訂價模型也是基於這樣的邏輯。但傳統金融學以市場效率為基礎，卻忽視市場中的不理性因素。

投資基金、股票時，投資人不理性的現象層出不窮。當基金從一元跌到〇．八元、〇．六元時，投資人不願意贖回，因為贖回相當於承認自己決策錯誤，這樣的行為讓基金管理人可以照常收取管理費。而當基金從一元漲到一．三元、一．五元時，投資人就會趕快贖回基金，從獲利中獲得快樂，這就是「出盈保虧」。許多投資人喜歡在價格上漲時買進，期望以更高價賣出進而賺取利潤，同時在價格下跌時賣出，以免被套牢，這就是「追高殺低」。追高殺低是散戶的典型操作風格，然而，銷售火紅的基金往往業績不佳，但銷售冷清、處於市場調整階段的基金，卻能取得比較好的投資報酬。

投資人追高殺低很容易引發市場的大幅波動。每年報酬率第一的基金總是受到追捧，吸引大量申購，然而只關注短期收益，購買前一年的冠軍基金，效果並不好。王立新等學者指出，每年年初買進去年的冠軍基金，並在第二年購買新的冠軍基金，這種投資策略的十年累計報酬率僅一〇一．〇四%，遠低於同期持股比重較高的混合型基金一七一．〇九%的漲幅。

此外，散戶常有過度交易的情況，主要是因為高估自己的知識、低估市場風險。王立新等學者指出，二〇二〇年，五〇%投資人對同一檔基金操作了三到五次，二六%的投資人操作超過六次，操作頻率超過六次的投資人，虧損（尤其是大幅虧損）的比例相對更高。「羊群效應」展現個人投資人典型的不理性心態。股市下跌時，投資人大多會將資金集中在防禦性股票，因此有許多股票跌破淨值；股市上漲時，投資人集體選擇購買部分股票，但報酬率還是無法與大盤指數基金相比。散戶還有投資不夠分散的問題。研究顯示，散戶的投資分散度低於傳統投資組合模型，容易出現「近鄉偏誤」（Home Bias）*。

二〇二〇年，遊戲公司 GameStop 股價的戲劇性飆升成為金融市場上的傳奇故事，也讓人看見投資人行為不理性的力量。一群投資人在社群媒體平台Reddit 論壇上集結，決定對抗做空 GameStop 股票的避險基金巨頭。這場由社群媒體煽動的對抗，不是基於對公司價值的理性分析，而是受群體心理影響，出於情緒化的反抗。他們以「衝上月球」為口號，大量購買 GameStop股票，推高價格，迫使避險基金為了避免更大損失而不得不以高價買回股票平倉，這個過程中，股價出現爆炸性上漲。這場股市史上前所未有的「散戶反擊」，導致一些避險基金面臨巨額虧損，甚至幾乎爆倉。然而，這種不理性的集體行為也暴露了投資人行為的不可預測，反映情緒和群體行為如何在短時間內重塑市場。

* 指投資人偏好投資本國股市。

為什麼金融市場會不理性？

金融市場同樣不理性。二〇一三年諾貝爾經濟學獎得主尤金・法瑪（Eugene Fama）最著名的理論就是「效率市場假說」，但他的幾個學生從事的避險基金、量化基金等事業卻都違反效率市場假說。*過去五百年，資本市場出現四、五十次大崩盤、上千次小崩盤，原因就在於資本市場由人組成，而人是不理性的，人的情緒往往會受到價格影響。有時特殊的情緒會從少數人蔓延到多數人，個人行為會變成群體運動，集體歇斯底里，形成群體瘋狂，最終導致市場崩潰。

歷史上有無數慘痛的教訓。

十七世紀荷蘭出現鬱金香泡沫。鬱金香於十六世紀末傳入歐洲後受到追捧，到了一六三〇年代，荷蘭人對鬱金香的狂熱已到了病態的地步。鬱金香價格持續暴漲，一株稀有品種的鬱金香可以換得一輛馬車或幾匹好馬。因此，為了方便交易，一六三六年，阿姆斯特丹證券交易所專門為鬱金香開設了交易市場。之後，當人們漸漸意識到鬱金香只是一種植物、開始拋售鬱金香時，鬱金香價格暴跌，鬱金香泡沫因此破裂。

接著，十八世紀初出現南海泡沫事件，一九二九年、一九三〇年又出現華爾街大崩盤。一九八〇年代，美元貶值，日本實施貨幣寬鬆政策，大量資金流向日本的房地產市場。隨著房價不斷上漲，日本人紛紛進入房地產市場，再次推升房價。之後國際資本收緊，日本貨幣政策緊縮，房地產泡沫破滅，日本陷入「失落的三十年」。

二〇〇〇年前後，美國出現網路泡沫，人們對網際網路的追捧以及聯準會降息等因素使資金大量湧進網路公司。網路公司股票出現前所未有的繁榮，使民眾陷入狂熱的情緒當中，進而推高網路公司股價，那斯達克指數於二〇〇二年三月十日飆升到五千零四十八・六二點的高點，網路泡沫達到顛峰。之後，美國開始升息，資本逐漸撤離，多家網路公司因此現金流枯竭，市場投資熱情迅速退去，人們瘋狂拋售手中的網路公司股票，一年多後，那斯達克指數跌至一千一百一十四・一一點。二〇〇八年爆發全球金融危機。二〇一五年，中國出現股市大崩盤，一、兩天內逾千檔股票跌停。

近幾年虛擬貨幣的交易異常火熱，是否會導致下一場泡沫破滅也值得關注。歷史

＊作者注：尤金・法瑪的學生大衛・布斯（David Booth）是Dimensional Fund Advisors量化基金的創辦人，而另一位學生克里夫・阿司內斯（Cliff Asness）是避險基金AQR的創辦人。

一再重演，但人們仍不斷重蹈覆轍，集體、不理性的行動不斷上演，並帶來整體市場崩潰。美國經濟學家羅伯・席勒（Robert J. Shiller）指出，金融市場中的信心是一個不斷強化的正回饋機制，當市場喪失信心，就可能會出現持續性崩塌，因此，在不理性行為氾濫時，市場對於信心和預期的管理尤其重要。

放大市場不理性的兩大機制

在市場不理性的背後，還有兩個非常重要的放大機制。第一個機制，是著名投資家索羅斯在《金融煉金術》（*The alchemy of finance*）中闡述的核心概念：反身性理論。他認為投資人與市場之間會相互影響，投資人根據市場動向做出反應，他們的行動反過來又影響市場。

舉例來說，在股票市場當中，有一個影響股票價格的「基本面」，還有一個投資人對市場的認知，稱之為「主流偏好」。投資人對基本面的認知會強化基本面，進一步加強市場預期，帶動主流偏好，進而影響股價。因此，積極的主流偏好會帶動股價，同時也為基本面帶來影響。當股價無法維持主流的預期時，消極預期就會導致股價下跌，同時削弱股價上漲的基本面看法，此時市場就進入矯正期。因此，索羅斯做出「市場能夠正確預期未來事件」的判斷。

索羅斯將這套理論發揮到極致：他在當年的英鎊狙擊戰中打敗了英格蘭銀行，一舉成名。索羅斯敏銳的觀察到英國經濟出現衰退，但英國卻維持歐洲匯率體制下的英鎊匯率不變，英鎊被高估。同時他預期，歐洲匯率體系中的其他國家不可能放任自己的貨幣貶值來拯救英鎊。因此，他與其他投機客大量做空英鎊，使得英鎊匯率驟跌，雖然英格蘭銀行積極干預，但最後仍以英鎊貶值、英國退出歐洲匯率體系告終。一九九〇年代亞洲金融危機時期，索羅斯用同樣的手法做空泰國貨幣。當時他認為泰國等國的經濟表現無法支撐貨幣價值，泰銖被高估，因此他大量做空泰銖，使得泰銖急劇貶值，隨之而來的便是亞洲金融危機。

事實上，在索羅斯提出反身性理論之前，凱因斯也提出類似的看法。凱因斯的選美理論認為，投資股票就像參加選美比賽，應該選得票最高、大家認為最美的，而不是選擇自己認為最美的。換句話說，不但要考慮自己的標準，更要考慮別人的標準，這就是跟市場之間的互動強化。

第二個放大機制是市場中的合成謬誤，這個概念來自美國經濟學家保羅・薩繆爾森（Paul Samuelson）。薩繆爾森認為，對個人來說有利的東西，對整體未必有利。舉個例子：一九九九年，招商銀行瀋陽分行因為「行長捲款潛逃」的謠言遭到擠兌。對民眾來說，最好的選擇是領回自己的存款，但對銀行來說，銀行業務本身就是高槓桿，在保證資本適足率達八％的情況下，就會有十二點五倍的槓桿，如果所有用戶都把錢領走，銀行流動性不足，就會發生擠兌，規模小的銀行可能會因此面臨倒閉風險。招商銀行最後請舊行長闢謠、二十四小時任存戶領款才化解危機。在企業競爭當中，合成謬誤的現象也無所不在。當一個產業還處於群雄逐鹿的階段時，各家企業拚命降價，讓產業處於低獲利狀態，便形成合成謬誤。二〇〇〇到二〇〇四年，空調產業剛開始發展，一些中小企業為了搶市占發起價格戰，使得空調產品平均降價幅度達到四〇％。

公共選擇理論中有三個經典的理論也點出合成謬誤的問題。第一，公地悲劇（The Tragedy of the Commons）。公地悲劇最早由美國經濟學家加勒特・哈丁（Garret Hardin）提出。哈丁假設，有一群牧民在草地上放羊，每個牧民都想多養一隻羊來賺取更多收益，但當羊的數量超過草地的負荷，牧民就無法再養羊，所有牧民都會破產。對於個人來說，最好的選擇是多養一隻羊，但如果每個人都這麼想，公地就會成為寸草不生之地。

第二，囚徒困境。假設兩個嫌疑犯被捕並分開進行審訊，如果一個人招供，但另一個人不招供，沒有招供的人會被判處五年監禁，招供的人可免受處罰。如果兩人都不招供，兩個人都會被無罪釋放。但如果兩個人都招供，則每個人都會被判處兩年監禁。在這種情況下，對個人來說，無論另一個人招不招供，最好的選擇都是招供，於是最後兩個人便會一起招供，都被判處兩年監禁。然而，兩人都被無罪釋放才是集體最佳選擇。兩人不約而同的選擇了一個看似對自己最好、其實對所有人都不利的糟糕作法。

第三，奧爾森困境。美國經濟學家曼瑟爾・奧爾森（Mancur Olson）在《集體行動的邏輯》（*The Logic of Collective Action*）中表示，由於集體向成員提供的公共資源不具有排他性，因此單一成員為集體做的貢獻便會由所有成員共享，使得所有成員都想「搭便車」：獲得好的結果但不付出成本，這就會造成「奧爾森困境」，也就是三個和尚沒水喝。

以上理論和案例都說明，看似對每個人最好的選擇，對整體市場、社會來說卻是不理性的選擇。因此在投資時，不要盲目相信市場絕對理性、不會出錯。

第2部

多元化的思維模式

決定人與人之間差異的不是天賦，不是勤奮程度，
而是思維模式。

——卡蘿・杜維克（*Carol Dweck*）

第七章

歷史思維

你能看到多遠的過去，就能看到多遠的未來。

——溫斯頓・邱吉爾（*Winston Churchill*）

唐太宗曾說：「以史為鏡，可以知興替。」美國作家馬克・吐溫（Mark Twain）則說：「歷史不會重演，但會重複同樣的韻腳」。人類發展有許多不變的規律，分析並總結歷史經驗有助於我們理解未來的市場。歷史思維其實就是對歷史的認識與反應。如果要做到以史為鏡，就要透過複雜的現象掌握事件的本質與規律，揭開隱藏在真相背後、能夠為當前問題帶來解答與方向的基本原則，並藉著這些原則，掌握未來趨勢。歷史思維可以幫助投資人掌握時間的規律。相較於一般投資人，擁有歷史思維的投資人實際上掌握了「簡化投資策略」這個強大的利器。

四步驟建立歷史思維

歷史思維，簡單來說就是站在歷史的角度看問題、思考問題、分析問題，這對投資人做出正確投資決策意義重大。現在學習、閱讀歷史著作的投資人愈來愈多，在投資界非常有影響力的喜馬拉雅資本創辦人、蒙格家族資金操盤人李彔便是精通歷史的優秀投資人，他曾撰寫《文明、現代化、價值投資與中國》，以歷史的角度探討中國未能及時現代化的原因、中國傳統文化的復興以及現代化的演進。投資人學習歷史，便可以擁有分析問題的歷史思維。

了解歷史思維通常必須從三個方面著手：歷史研究的基本原則、方法，以及如何建立歷史思維。尊重歷史客觀性、掌握歷史整體性、從理論的角度探討歷史事件、在學習前人的歷史觀點時要擁有批判性思考，這些是歷史研究的基本原則。史料考據、抽象概括與分類比較是歷史研究的主要方法。

史料考據是蒐集並考證歷史資料，是研究歷史的基礎與前提。史料考據一方面能整理研究內容，另一方面也能學習鑑別資料，剔除錯誤的訊息。抽象概括則是提煉出歷史客觀性與真實性，是抓住事物本質、從感性認識到理性分析的精鍊過程。最後，分類比較是總結歷史規律的重要方法。不同於自然科學研究，歷史研究沒有假設，因此比較研究就成為歷史研究的主要方式。透過對比古今人、事、物，研究者可以更清晰的判斷歷史發展趨勢，汲取歷史經驗，掌握未來前進的方向。

如何建立歷史思維？我認為應該遵循以下四個步驟：樹立歷史時空觀念、挖掘史實資料、做出歷史評判、掌握歷史規律。

樹立歷史時空觀念是建立歷史思維的第一步。歷史是一門穿越時空的動態學科，學習歷史，必須要結合時間與事件。例如提到一八四〇年，會聯想到鴉片戰爭的爆發，也是中國近代史的開端。又例如一九七八年是中國改革開放的開局之年等等。想建立歷史思維，就必須要有時序思維，如果不清楚每一次技術革命發生的大致時間、地點，如何了解技術革命對當時社會產生的影響。

挖掘史實資料，進一步擴展時空脈絡。如果歷史脈絡是樹幹，史實資料就是這棵大樹的繁盛枝葉，讓我們更具體了解歷史過程。此外，我們還必須知道歷史事件爆發的原因、過程與結果，以及歷史人物的表現與影響等。蒐集這些史料能幫助我們更清晰的了解歷史事件，而不是僅僅停留在時間點上。

做出歷史評判必須從兩方面著手，一是透過大量閱讀形成自己的觀點，二是理性綜合分析其他人對歷史事件的看法。由於我們現在接觸的史料都經過前人刪選，因此能否給出客觀公正的歷史評判，非常有挑戰性，不僅需要歸納、總結的能力，更需要判斷能力。如果人云亦云，就無法訓練自己的歷史思維。例如堯舜禹禪讓制一直被儒家稱頌，然而在《竹書紀年》中卻有著「堯幽囚，舜野死」的記載。研習歷史就好像斷案一般，不僅得找到證據，還要考慮證據的可靠性。

掌握歷史規律是我們建立歷史思維的最終目標。歷史具有週期性，而這種交替往復是我們掌握規律的基石，有助於我們判斷事物的未來發展，掌握主動權。撫今追昔，我們會發現一些歷史事件總是重複上演；分析一九二〇、一九三〇年代的經濟大蕭條與二〇〇八年的全球金融危機，我們會發現兩次危機有許多共通性，例如都發生在重大技術革命之後，危機爆發之前社會所得差距較大、經濟繁榮、貨幣信貸政策寬鬆等。

歷史思維帶來的四大優勢

運用歷史思維，投資人能掌握以下優勢。

一**是視野開闊，前瞻性強**。歷史有規律性，類似的事件在歷史長河中可能反覆出現。過去四十幾年中國改革開放取得成功，今日印度與改革開放初期的中國有很多相似之處，因此許多投資機構擴大布局印度市場。例如中國一家知名的基金公司曾研究印度市場，結論是中國所有商業模式都在印度出現，甚至已經出現。印度目前的企業規模大約是中國公司的一〇％，甚至只有中國公司的千分之一、二，在這種情況下，選擇產業的龍頭企業投資，有很大的機率可以勝出。同樣的，越南在一九九〇年代對外開放後，也吸引大量外資，尤其是搜尋引擎、聊天軟體、電商等領域。因為從歷史來看，人的基本需求無非包括資訊、社交以及購物等。

二**是思維理性，辯證統一**。辯證統一是唯物史觀的重要研究方法。評價歷史人物與事件，不能簡單的將事情歸納為對與錯，過於表面化的研究不利於投資人認清事物的全貌。巴菲特曾說：「別人恐懼時，我貪婪，別人貪婪時，我恐懼。」當危險來臨時，往往也存在機會，當全民狂歡時，往往也蘊藏著風險。一九六五年香港發生銀行信用危機，許多地產商與民眾開始拋售房產，一時之間香港房價斷崖式下跌，房子無人問津。然而李嘉誠卻反其道而行，大規模收購空地和遭到賤價拋售的物業。結果，不到三年，香港經濟又恢復繁榮，房價開始瘋漲，李嘉誠從此奠定地產大亨的地位。

三**是見微知著**。學習歷史可以幫助我們克服「見樹不見林」的自我局限，提高洞察力，以小見大，全面考慮政治、經濟、文化、外交、軍事、民族等方面的影響。第一次世界大戰爆發的導火線是塞爾維亞愛國者刺殺奧匈帝國皇儲斐迪南大公，史稱「塞拉耶佛事件」。如果單獨來看，很難看出這起事件與一戰之間的關係，但結合當時各國的政治氛圍與時代背景，就可以看出在一系列政治人物的決策下，這起刺殺事件最終引爆了第一次世界大戰。透過歷史這扇窗，對比當下發生的事與歷史上類似的事件，不僅有利於我們判斷事件走向，更能讓我們全面掌握、認知整起事件。

四是穿越迷霧，保持定力。歷史敘事幫投資人形成寬闊的歷史視野，不再拘泥於眼前的得失。相較於短期報酬，許多大型機構投資人的目標是追求資產的長期增值與獲利。個人的經歷有限，透過了解歷史上的投資經驗與教訓，讓我們可以更加心平氣和的面對工作與生活中的困難與挑戰，處變不驚。

歷史思維是緩解投資時貪婪與恐懼情緒的最佳工具。回顧美國股市的上百年歷史，期間經歷了一戰、大蕭條、二戰、越戰、古巴導彈危機、九一一事件等。每次市場大跌，投資人都覺得天要塌下來了，但事實上危機之後，美股創造了一次又一次的新高。與之相反的是，在每次市場極度亢奮，投資人認為顛覆性、革命性的技術改變市場趨勢，為公司帶來超額成長時，市場往往會泡沫氾濫。例如，網路泡沫時期，許多公司的評價是根據網站流量來衡量。但用歷史思維看問題時，我們就能克服貪婪與恐懼。從資產配置的角度來看，歷史思維讓我們清楚的看到，長期投資人堅持以股票為主的投資方式是有意義的。因為長期來看，股市能夠勝過債市，債市能夠勝過現金。因此，長期投資人能夠穿越迷霧，保持定力，堅持以股票為主的股債組合配置模式。

「時光機理論」與「子宮彩券」

建立起歷史思維後，如何運用歷史思維就成為關鍵。以跨國的角度來看，正如軟銀創辦人孫正義所說，不同國家產業發展階段不同、每個國家發展的階段也不同，所以國家之間的發展階段彼此之間可以有所借鑒。從時間的角度來看，在同一個市場中，不同時期的市場結構、市場文化、市場參與者具有相似性與穩定性。過往歷史是預測未來的基礎。我們在評估公司價值時經常運用這種縱向思考，也就是參考歷史成長率來評估企業未來的價值。

運用歷史思維的一個例子是孫正義的「時光機」理論。「時光機」理論認為，如果我們熟知歷史，就會發現不同國家、不同產業之間的發展有落差。投資人可以充分利用發展差異，先在已開發市場展開業務，然後等待適當的時間點回到新興市場。儘管我們在現實世界裡無法穿越時空，但由於各國有發展差異，我們就能坐上時光機，穿越過去和未來。孫正義最早在美國投資雅虎，後來回到日本成立日本雅虎，然後又在中國投資阿里巴巴，最後到印度尋求投資機會，就是基於這樣的邏輯。

全球知名創投基金ＤＳＴ的創辦人尤里・米爾納（Yuri Milner）也是「時光機」

理論的實踐者。在美國留學時，尤里看到矽谷的發展，希望能投資矽谷的網路企業。當時，他在矽谷一家企業、一家企業敲門，希望有企業能接受他的資金，但沒有人認可他。金融危機爆發後，尤里認為投資矽谷的機會來了，便在俄羅斯融資，不設條件、不談價格，為陷入危機的矽谷企業提供資金，最終打開了Google、臉書的大門，打進矽谷最核心的網路圈。投資矽谷企業之後，尤里又看到中國網路的發展，中國的網路巨頭，例如字節跳動*、京東、騰訊、阿里、滴滴都成為他的投資標的，原因就在於他認為中國必然會重走美國網路發展的道路。

「子宮彩券」的意思是一個人出生的時間、地點將影響他是否能投資成功。巴菲特的經歷揭示了投資機會與大國的興衰總是密切相關，投資的時間與地點是很多投資人成功的關鍵。巴菲特曾說：「我出生於一九三〇年，當時我能出生在美國的機率只有二%，我在母親子宮裡孕育的那一刻就像中了彩券，如果不是出生在美國而是其他國家，我的生命將完全不同！」回頭看過去一百多年，最好的投資地點就在美國。一

* 旗下產品包括知名的TikTok平台。

戰之後，美國逐步成為全球霸主，國力不斷增強，眾多投資機會隨之而來，也成就了巴菲特的傳奇。

我們無法選擇出生地，但出生地卻對一個人是否成功發揮非常關鍵的作用，所以說出生在美國，就是巴菲特贏得的第一張彩券。

從東南亞「小騰訊」看歷史循環

很多東南亞國家正在重現中國走過的道路。越南、馬來西亞、印尼目前很像中國一九八〇到一九九〇年代。經過多年發展，中國的網路經濟已經進入相對成熟的階段，難有快速成長的機會，人口紅利也正逐漸消失，競爭愈來愈激烈。如今，海外的新興市場，特別是東南亞地區是網路領域的一片藍海。東南亞地區不但經濟快速成長，處於人口紅利期，而且與中國地理位置近、文化背景相似、貿易往來頻繁。東南亞一些開發中國家正經歷中國曾經經歷的發展階段。

有鑑於此，阿里巴巴、騰訊等網路巨頭正紛紛投資東南亞，試圖把已經成功的商業模式移植到新市場。二〇一七年，騰訊持股比例達三九・七%的冬海集團（Sea

Limited）成功在美國紐約證交所上市，這是東南亞第一家在紐約證交所上市的網路公司，也是東南亞目前最大的網路公司。

冬海集團的前身稱 Garena，成立於二〇〇九年五月，由在天津出生的華人李小冬在新加坡創辦，最初只是一個網路遊戲代理公司，在不斷發展壯大、拓展電商和金融業務後，二〇一七年上市前夕才正式更名為冬海集團。「Sea」的意思並非海洋，而是 Southeast Asia 的縮寫，呼應公司的使命：用技術為東南亞消費者和中小企業創造更好的條件。

李小冬曾表示，Garena的學習目標就是中國的騰訊。目前冬海集團的核心業務包括線上遊戲平台 Garena、電商平台蝦皮（Shopee）以及數位金融服務平台 SeaMoney，而且每個業務領域都是東南亞地區的領先者。

Garena是全球手機和個人電腦的遊戲平台，不但發布自主研發的遊戲，還代理由合作廠商開發的遊戲。Garena 還有其他的娛樂功能，例如線上遊戲直播、用戶聊天和線上論壇等。

蝦皮是東南亞最大的消費者對消費者（C2C）電商平台，以支付、物流等服務為基礎，採用行動優先的方式，為使用者提供便捷、安全、可靠的購物環境。為了優化使用者的購物體驗，蝦皮平台也有社交功能，例如直播和其他加值服務，讓賣家、買家能良好互動。蝦皮的獲利方式包括：向賣家提供付費廣告服務，收取交易費用，包括物流在內的某些加值服務收費，以及透過自營方式在平台上直接銷售產品以賺取差價。

SeaMoney是東南亞領先的數位金融服務提供者，主要透過ShopeePay、SPayLater、SeaBank和其他數位金融服務品牌來提供線下和線上電子錢包服務，保險和數位銀行服務，以及網路信貸服務。

冬海集團在東南亞的新興市場重演中國網路巨頭曾走過的道路，它的三大核心業務：線上遊戲、電子商務和數位金融，模仿的對象分別是中國的騰訊、阿里巴巴和螞蟻金服。每個子領域都擁有巨大的潛在市場。

掌握歷史規律的新方法：量化研究

量化研究是新史學的重要內容，透過量化分析，我們可以更精確的進行跨地區比較，還能就同一個區域不同時期的情況進行時間趨勢分析，提高事物在不同空間與時間的可比較性。隨著大數據時代的到來，有效利用、處理歷史資料，將量化分析方法與傳統分析方法結合起來，是應用歷史思維的重要趨勢，也是掌握歷史規律的重要方式。

美國橋水基金創辦人達利歐積極應用量化方法以結合歷史與投資。橋水基金在一九六〇、一九七〇年代以撰寫研究報告起家，在蒐集產業資料方面領先業界。達利歐認為研究歷史的變化規律，可以幫助投資人理解變化背後的因果關係，有助於預測未來。因此，他利用豐富的資料，針對歷史案例進行定性與定量分析，建立起事件發展的因果邏輯。探討一起事件時，達利歐總能從數百年的資料當中找出類似情境下的歷史事件。例如，當俄烏衝突發生時，達利歐就把歷史上關於戰爭對不同產業、不同資產類別風險收益的影響都呈現出來。他的分析已經不再局限於資本市場，而是從五百年大國興衰的角度探討歷史規律，並試圖找到投資啟發。例如，歷史資料顯示，當大規模的債務貨幣化、巨大的內部衝突和大國崛起三大力量齊頭並進時，就會帶來高風險，而這也正是目前國際社會所面臨的環境。

量化研究方法為歷史研究提供重要的分析工具，歷史場景則成為檢驗經濟學理論的「實驗室」。經濟學家之所以熱衷於研究新興市場，是因為在新興市場當中歷史高度濃縮，已開發國家自工業革命開始後的幾百年歷史發展，可以被濃縮到幾十年中，提升歷史研究的整體性。甚至一些經濟學者透過對歷史的量化研究，建構出地緣政治風險指數、社會發展指數等指標，並比對、分析這些指標與經濟金融數據。用歷史思維來看待投資，我們就能穿越迷霧，理解不同投資領域未來的機會，進而看得更遠、走得更遠。

第八章

週期思維

全則必缺，極則必反，盈則必虧。

——《呂氏春秋・博志》

《易經》裡有這樣一句話：「否終則傾，何可長也。」認為宇宙當中存在週期輪迴。物極必反，否極泰來，萬事萬物都不可能沿著一個趨勢永遠發展下去。西方同樣有類似的想法。葛拉漢和陶德（David Dodd）合著的價值投資經典書《證券分析》（*Security Analysis*）的扉頁引用了《詩藝》中的話：「現在已然衰朽者，將來可能重放異彩；現在備受青睞者，將來卻可能黯然失色。」說的就是週期。

週期性波動是複雜適應性系統中常見的現象。鐘擺的左右擺動、心臟的收縮與舒張、大海的潮起潮落都是典型例子。在經濟金融領域，經濟週期性波動、產業輪動、股價漲跌同樣是經濟系統內生的週期振盪特點。在經濟學中，經濟週期仍然是一個不解之謎。無論是亞當・斯密還是凱恩斯都研究過這個問題。馬克思甚至斷言，資本主義的經濟危機都是週期性的。因此，每一位投資人都必須具備週期思維。

那麼經濟系統內部如何產生週期振盪呢？根據複雜適應性系統理論可以得知，週期性波動可能是人們在經濟決策中使用的歸納規則與經濟系統的動態結構之間相互作用的結果。

四種常見的經濟週期

經濟週期是最複雜的週期之一。由於總體經濟的影響面、涉及面太廣，所以經濟週期非常難預測。如果分解經濟週期，會發現它不僅包含一個週期，還包含許多週期，有長週期、中週期和短週期。我們所熟知的幾種經濟週期有：

技術創新週期。經濟學家康德拉季耶夫在一九二〇年代提出長週期假說，認為由於技術的更替，成熟商品經濟的週期性波動平均約五十年。在中國，這個週期通常被稱為「康波週期」（「康德拉季耶夫波動週期」的簡稱）。有人說人生就是一輪康波週期。如果一個人在正確的時間點處於康波週期的上升期，抓住技術快速發展的機會，就可能財富自由。技術創新週期非常重要，人類歷史上公認的技術創新週期有五輪，後文會再詳談。

房地產週期。房地產的上下游產業緊密相關，產業鏈影響範圍極廣，所以房地產週期是經濟週期中非常有影響力的關鍵週期。美國經濟學家庫茲涅茨發現，房地產週期約十五到二十五年；而美國經濟學家彼得森也分析過美國房地產週期，他發現美國的房地產週期約為十八年。

房地產週期與人口有很大的關係。美國經濟學家哈理・登特（Harry Dent）在《下一輪經濟週期》（*The Great Depression Ahead*）中從人口變遷的角度探討房地產週期。人在出生並成長到十八歲後，會開始結婚、撫育下一代，便有了住房需求，所以房地產週期與人的成長有很大關係。也就是說，房地產週期短期看貨幣流動性，中期看產業政策，長期看人口變動。

設備投資週期。在工業化時期，人們發現機器設備、廠房都有折舊問題，儘管折舊期不同，但中位數通常是八到十年。法國經濟學家朱格拉發現，企業設備更替會帶來經濟的週期性波動，因此大家又把設備投資週期稱為朱格拉週期。

庫存週期。法國經濟學家基欽發現，儘管調整庫存是個別企業的行為，但調整庫存會導致總體經濟週期性波動，因此人們就把三到三年半庫存調整所帶來的經濟週期性波動稱為基欽週期。

如果把整個經濟的波動劃分為四個階段：衰退、復甦、繁榮、停滯，可以看出當經濟衰退時，企業會把原物料和產品庫存壓到最低，而當經濟好轉、復甦時，產品庫存不斷下降，企業開始逐步增加原物料庫存並生產；隨著企業大量增加原物料庫存，經濟開始走向繁榮；到了經濟停滯期，企業原物料庫存不斷增加，產品的庫存也持續增加。因此，庫存的變動會對整體經濟週期帶來影響。

美籍奧地利裔經濟學家熊彼得在《景氣循環理論》（*Business Cycles*）中綜合前人的研究成果，認為每個長週期包括六個中週期，每個中週期包含三個短週期。其中，短週期約為四十個月，中週期為九到十年，長週期為五十四到六十年。當三種週期結合在一起，特別是三種週期處於不同階段時，投資人就很難預測判斷。對於企業家來說，了解週期並做出適當的決策，非常重要。

挪威資深金融從業人士拉斯・特維德（Lars Tvede）在《景氣為什麼會循環》（*Business Cycles*）中指出，經濟週期主要受到五個因素影響，分別是利息支付、資產價格、房地產建造、資本支出、存貨。在這些因素中，利息支付被稱為「貨幣因素」，其他四個因素則被稱為「經濟因素」。

在所有驅動因素中，特維德特別強調房地產的作用，甚至把房地產市場稱為「週期之母」。關於這些因素如何對經濟週期產生影響，特維德做了一個比喻。他將世界經濟比喻成一部正在運行的機器，五個因素就像驅動機器運轉的五個巨大活塞，它們按照各自的速度來回擺動。在某一個時刻，五個活塞會同時抵達動能的最低點，產生一股強大的衝擊力，使整個經濟系統發生劇烈的震盪，引發經濟危機。隨後五個活塞又會各自動起來，引導世界經濟進入新一輪週期。

如果把經濟週期視為一輛蒸汽火車，貨幣因素的主要功能就是為火車提供蒸汽；另外四個經濟因素則把貨幣提供的蒸汽轉化為動力。因此貨幣是最重要的關鍵，一旦出現問題，經濟就會停擺。

均值回歸的市場週期

回到投資本身，市場同樣有市場週期。許多有趣的理論試圖描述市場週期變動，其中一個理論發現，全球市場始終處於均值回歸（圍繞市場均值週期性震盪）的運動當中，任何一種趨勢都不可能永遠持續下去。

因此，投資人永遠不要對市場太樂觀，一定要了解物極必反，隨時保持堅守價值投資的投資紀律。對於機構投資人而言，投資的關鍵就是遵守再平衡投資紀律。什麼是再平衡？舉個例子，如果一個機構管理著十億元資產，其中七億元投資股票，三億元投資債券，在市場波動的情況下，七億元的股票漲到十億元，三億元的債券跌到兩億元。原來七比三的組合結構就變成十比二，整個組合當中股票的配置比例已經遠遠超過七〇%。在這種情況下，投資人基於再平衡的投資紀律，必須將組合結構調整回七比三，所以必須賣出股票、買進債券。我們發現多數時候這種投資紀律在市場中都很有效。

以中國全國社會保障基金為例，基金成立時就確立資產配置的比例。我們假設基金持有六〇%股票，四〇%債券，在二〇〇五年、二〇〇六年上證綜合指數從一千點左右漲到六千多點時，全國社會保障基金不斷賣出股票，大量買進債券。全國社會保障基金無法預知市場和政策的未來走向，但相信市場的均值回歸，也堅守再平衡的投資紀律。二〇〇八年金融危機爆發後，上證指數在十二月探底至一千六百六十四・九三點，此時全國社會保障基金選擇大量加碼股票，就是秉持上述的投資理念。

類似的例子很多，例如中國市場有基金排名，如果一檔基金排名第一，基金經理人的身價立刻就會衝到上千萬元，所以大家都會拚命爭取第一名。第一名需要有過人之處。首先，要猜得中當年的熱門產業並提前布局，例如二〇二一年的熱門產業有半導體、新能源汽車*等。第二，大手筆投資，例如五〇%的資金放在半導體，五〇%

* 指使用非化石燃料等替代能源作為驅動力的車輛，電動車也是新能源汽車的一種。

放在新能源汽車。基金經理人如果只是盯著指數並平衡配置，就無法獲勝。但遺憾的是，市場上沒有常勝軍，今年的冠軍明年可能就會墊底。雖然半導體產業有政策支持，但股價也不可能無限上漲；即使新能源汽車普及和創新是全世界的發展趨勢，它現在的股價也不可能反映未來二十年、五十年的成長趨勢。沒有人能準確預測五十年後世界會變成怎樣。此外，人性的弱點之一便是容易過度自信，當基金經理人獲得第一名後，往往過度自信，認為自己不會犯錯，但他很可能第二年就會遇到重大的挫折。認識市場的均值回歸，順應市場並且不斷修正策略，這也是市場週期思維的核心要義。

美國橡樹資本的創辦人霍華・馬克斯（Howard Marks）曾提出「鐘擺理論」。他認為，市場估值的中位數是鐘擺的中心，價格會圍繞著中心左右擺動，但擺動的方向和力道很難預測。當情緒鐘擺擺到最左端時，股價會偏離正常價格，到達最低點，投資人會悲觀、恐懼、懷疑、規避風險；當情緒鐘擺擺到最右端，市場情緒亢奮，投資人會感到樂觀、貪婪、輕信、容忍風險，這時他們就需要警惕了。

德國的投資大師安德烈・科斯托蘭尼（André Kostolany）用了一個更風趣的詞，叫「遛狗理論」。他認為股票的價值與價格就像遛狗時主人和狗的關係，狗會跑到主人前面、後面，就是不肯與主人同步。總之，不管什麼理論，最終都指向均值回歸的週期思想。投資人要時時敬畏市場，認真分析世界所處的經濟週期、市場週期的位置，以及應該採取的行動。

回到鐘擺理論。鐘擺理論還提到鐘擺擺動的方向與力道很難預測，有時候市場的瘋狂程度會超出想像，有時候市場的悲觀程度也會令人難以理解，這正是投資時難以做決策的原因。以市場對石油價格的認知舉例，過去我們認為石油價格跌到每桶十美元已經低於開採成本，不會再低了，沒想到原油寶*的最終交割價是負的，這超出所有投資人的認知與想像。牛頓之所以虧錢也是基於同樣的原因。牛頓在市場第一波行情中賺了錢，第二波他又衝了進去，第三波他乾脆把所有的財產全都放進去，最後血本無歸。

股市背後的均值回歸週期概念永遠都在發揮作用，儘管我們無法知道什麼時候轉折點會出現，但轉折點遲早會出現，投資人應提早擬定對策。

* 中國銀行旗下石油期貨商品，二〇二〇年原油價格崩跌時導致散戶血本無歸。

資產輪動週期：美林時鐘

經濟週期驅動資產輪動，資產價格波動同樣也具有週期特徵。

資產輪動週期最早是由美林證券的全球資產配置分析師崔佛・葛利森（Trevor Greetham）提出，因此也被稱為「美林時鐘」。美林時鐘以經濟成長率（以GDP成長率來表示）和通膨率（以消費者物價指數CPI來表示）這兩個經濟指標的高低組合劃分出四個象限，經濟在這四個象限中輪動。利用美林時鐘模型，投資人能根據經濟週期的位置做出相應的投資決策。美林時鐘的四個象限分別是：

復甦期：為了刺激經濟成長，央行會釋放流動性，在逐步寬鬆的貨幣環境下，經濟開始由衰退轉向復甦，這個時期企業整體的獲利可能依然處於探底狀態，但股票對經濟復甦的預期更敏感，相對於債券與現金能帶來更明顯的超額報酬，此時大宗商品的表現可能仍然偏弱。

過熱（擴張）期：經濟由復甦期過渡到擴張期，快速成長的GDP推升CPI，此時通膨壓力上升，在這種環境下，大宗商品抗通膨能力更強，而股票、債券、現金無法有效抵禦通膨，不是良好的投資選擇。

停滯期：為了維持物價穩定，央行開始採取緊縮的貨幣政策，GDP成長首當其衝。此時CPI仍居高位，緊縮的貨幣政策將持續一段時間。緊縮過程中，股票、債券、大宗商品的投資價值會迅速降低，這時候持有現金（或大額存單、貨幣基金等現金等價物）是不錯的選擇。

衰退期：緊縮的貨幣政策將CPI拉到低檔，這時GDP處在衰退期，需求疲軟。由於獲利預期減弱，流動性預期沒有改善，此時股市上漲無望，通膨壓力減輕使大宗商品表現較差。由於利率下滑，債券會成為相對優質的資產類別。

經典的經濟週期是經濟在復甦、過熱、停滯、衰退四個階段間依序輪動，但在現實中，經濟可能不會簡單的按照這種週期順序輪動，在某些特殊情況（例如新冠疫情）下，時鐘會向後轉動或者向前跳過一個階段。政府的干預可能引起時鐘跳轉或逆轉。

六個經濟階段與相對應的投資產業

產業輪動的過程中，下游需求會引發上游產業的連鎖反應：經濟復甦階段的主要特徵是對利率敏感的下游產業復甦，繁榮階段的主要特徵是在經濟中占比較高的中游重化工產業崛起，經濟週期過熱階段的主要特徵是上游能源和原物料產業以及其他瓶頸產業＊表現過熱，經濟蕭條階段的主要特徵則是大多數產業景氣下滑，只有防禦類產業相對景氣。

美國投資技術分析大師馬丁・普林格（Martin J. Pring）研究美國的產業輪動，發現輪動的規律是：由以利率敏感型和防禦型產業為代表的經濟週期早期的領導產業，逐步過渡到像非必需消費、醫療保健和技術（主要指電腦、電子元件產業等）這樣的經濟週期中期的領導產業，而像工業、原物料和能源類的收益驅動型產業則出現在經濟週期後期。普林格強調，他是根據歷史資料研究出產業輪動規律，而且是依據不同行業或市場間的相對變化和趨勢來進行分析，不是從絕對視角得出結論，因此不保證能預測未來。

美國產業輪動規律背後的邏輯來自於經濟週期的波動。在不同的經濟週期階段總有相對適合的產業領域，能讓投資人在經濟週期的特定階段受益。

普林格把經濟週期分為六個階段：

階段一：在經濟週期開端出現，這時利率下跌、股票價格衰退，也就是我們說的

「債市多頭、股市空頭」階段。在這個階段，利率敏感型與防禦型產業的股票會帶來相對較高的收益。公用事業、銀行以及房地產就屬於利率敏感型產業，而日常消費產業則有防禦性質。

階段二：對股票市場來說，階段二是黃金階段。經濟週期中期的領導產業比其他產業表現得更出色。與階段一相比，非必需消費和技術產業在這個階段有實質上的進步。投資人應該在階段一就關注這些產業，並準備好在這些產業投入高於平均水準的資金，直到階段二到來。

階段三：所有產業在階段三都可獲利，但收益驅動型產業的表現開始逐步增強。技術、工業以及以資源為主的產業被稱為經濟週期的後期領導產業，或是收益驅動型產業。

階段四：這階段的收益集中在經濟週期中後期的領導產業，技術、非必需消費、原物料、能源產業表現較突出。

---

* 指在產業結構中未得到應有發展，且嚴重制約其他產業發展的產業。

階段五：這階段屬於輕指數、重結構的階段。原物料、能源等上游產業是經濟週期後期的領導產業，能獲得較高的超額報酬。除了日常消費產業之外，大多數經濟週期早期的領導產業可能會在階段五遭受損失。

階段六：這階段股市處於空頭市場，建議降低整體股票持股。在這個階段，整體損失最小的產業有經濟週期早期領導產業中的公用事業和電信產業，以及經濟週期後期領導產業中的能源產業。

中國的產業輪動規律如何？中國產業輪動的基本規律可以概括為：在經濟成長階段，汽車、房地產等前導性產業的興起將逐步帶動機械裝備製造、鋼鐵、化工、建材等中游產業興起，並擴及到煤炭、石油等上游產業，最後擴大到防禦型產業，之後再開始新的一輪週期。與美國的產業輪動規律相比，中國產業輪動規律大致一致，都是從下游逐漸擴及到中游、上游。以產業別來說，醫藥產業的表現很相似，在各階段都有不錯的超額報酬，但是在美國市場整體上漲的階段三相對收益反而最低。美國能源產業聚焦於上游，中國能源產業則偏中下游。美國的公用事業產業是利率驅動型，而中國的公用事業產業則明顯偏向防禦型。另外，中國的食品飲料產業偏向非必需消費，美國食品飲料產業偏向日常消費。

產業輪動背後的驅動力是什麼？

一是利率變動對資源供應鏈的影響。商業週期波動最關鍵的推動力是利率（資金成本）的變動。利率下滑會相對提升可支配收入，進而刺激非必需消費需求，這種趨勢會沿著供應鏈不斷向上延伸。貸款利率降低，會在一定程度上刺激汽車、房地產等具有非必需消費性質的產業，因此這些產業也被稱為利率敏感型產業。汽車、房地產產業可以帶動中游的一些產業，如鋼鐵、化工等，進而又帶動上游的礦業、煤炭、石油等產業。房地產產業可帶動的中上游產業更多，包括建築材料、建築施工、工程機械、耐久財，也可以帶動中上游如鋼鐵、化工、礦業、煤炭等產業。

二是財政政策調控是重要的逆週期調節手段，也是重要的產業驅動力。擴張性的財政政策是政府調控經濟的重要方式。財政政策可以直接支持或鼓勵產業發展，包括透過增加財政支出與發行債券支持固定資產投資，或透過財政補貼或稅收政策鼓勵發展與創新。

第九章

長期思維

大部分人都高估自己在一年裡可以做到的事，
同時又低估自己可以在十年裡完成的事。

—— 比爾・蓋茲（*Bill Gates*）

投資時，為什麼要堅持長期投資？因為投資會犧牲當前的消費，追求的是未來更高的報酬。

投資大師葛拉漢有一句經典名言：「短期來看，股市是一個投票機；長期來看，股市是一台體重計。」意思是短期的資本市場可能不理性，公司的股票可能大幅偏離其內在價值。即使投資人對價值的判斷正確，經濟與市場也可能在非理性的軌道上延續很長一段時間。但長期而言，公司的股價與公司的內在價值會趨於一致。

為什麼要長期投資？

根據美國銀行研究資料，投資股票一天內賠錢的機率為四六％，比猜中拋硬幣結果的機率還低（見左頁圖）。如果自一九二九年來以每十年為一個週期，那麼賠錢的機率降至六％，每個週期內出現負報酬的情況更是非常罕見，二十一世紀初前十年的一系列危機，使得這十年成為除了一九三〇年代之外，唯一一個總投資報酬率為負的十年。歷史另一個重要的教訓是，過去一百年，在一輪又一輪不穩定和市場拋售行情之後，迎來的是經濟重新調整和重新形成企業獲利成長的新週期，隨著時間推移，投

投資週期延長，股票投資虧損機率逐年降低

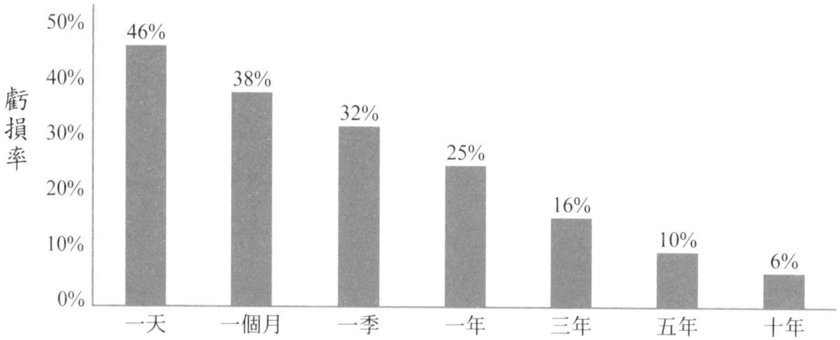

資報酬不斷穩步上升。

奧地利經濟學派從另一個角度說明為什麼投資人必須長期投資。奧地利經濟學派指出，生產是一個過程，從土地、天然氣等原料到供應鏈末端被消費的最終產品上市，這個過程需要分階段進行。因此，投資應關注長期報酬，忽略當前消費所帶來的滿足感以及相應的必要投入（如時間等）。一開始投資時，投資人應該節流並犧牲眼前的回報。只有把目標看得長遠，不被剛開始投資時遇到的困難打敗，才能獲得報酬。

穩定且高效的生產流程與投資之間的共同點在於「犧牲」。儘管犧牲有違人性，但這卻是投資的關鍵。深入了解經濟運行以及人類的行為模式，將有助於我們克服本性，尤其是在投資界通常極度短視的情況下，我們更應該學會犧牲眼前利益。

從總體的角度來看，長期投資之所以重要，是因為長期投資能讓投資人的財富增值。長期投資策略可以幫助投資人掌握長期趨勢，以獲取非流動性溢價以及長期複利。與此同時，注重長期投資的公司也能為社會帶來更多價值，在收入、研發支出與獲利方面的表現更出色。

根據麥肯錫統計，二〇〇一到二〇一五年，具有長期視野的企業獲利率比重視短期績效的企業高出八一％，研發支出更高，平均創造的就業機會更多，而且更容易成功。以外資在中國的投資為例，寶僑、可口可樂、歐萊雅、星巴克、沃爾瑪等獲得巨大商業成功的企業平均花七到十一年才達到收支平衡。相較之下，僅重視短期績效會破壞公司的投資和發展潛力，而且不注重長期投資將產生深遠的影響，包括GDP成長放緩、失業率上升、投資報酬率下降。麥肯錫一項研究顯示，重視短期績效可能導致美國減少五百多萬個就業機會、GDP下滑超過一兆美元，也會使資產價值損失超過一兆美元。因此，重視短期績效不僅會損害投資人的長期財富累積，還可能危及社會成長。

二〇〇八年全球金融危機之後，麥肯錫與加拿大退休金計畫投資委員會（Canada Pension Plan Investment Board, CPPIB）對全球超過一千名的董事會成員與公司高層主管進行問卷調查，發現六三％的受訪者認為過去五年短期業績壓力增加；七九％的受訪者感受到必須在兩年內證明財務表現強勁的壓力；四四％的受訪者表示在制定策略時，時間少於三年；七三％的受訪者表示應有三年以上的時間來制定策略；八六％的受訪者認為拉長商業決策時間將有效幫助企業發展，包括財務報酬更高、創新力更強等。

受訪者認為，幫助企業重新聚焦於長期策略的方式包括：建立專注於策略的董事會，確保董事會至少將五〇％的時間用於討論長期問題，優化企業內部用來追蹤長期策略發展的評估系統。這代表如果投資人能與投資標的公司長期密切合作，並按照上述方式推動公司變革，就很有可能獲得超額報酬。可喜的是，這個結論已獲得研究證明：一九九九到二〇〇九年，美國股市中達成這類密切合作的企業成功率是一八％；密切合作一年後，投資標的公司的超額報酬率達到七％，如果未達成密切合作，投資標的公司沒有顯著的負面影響。

趨勢的形成需要時間，而且一旦形成便難以改變。長期投資本身是一種價值觀。如果以五到十年的視角來做投資（而非以天為單位），投資人一定能夠穿透小週期、看透大週期，得到指數級的回報。

巴菲特的長期投資心法

巴菲特是典型的長期主義者。他的投資風格冷靜，而且非常堅定執著，持有許多股票長達十幾甚至幾十年。這不代表巴菲特在投資過程中不做思考，而是他在堅持價值投資理念的同時，也堅持追求長期報酬。

關於長期投資，巴菲特有幾點心得：

第一，人生就像滾雪球，重點是找到潮濕的雪和夠長的坡道。巴菲特用滾雪球來比喻透過複利的長期作用累積巨大財富，「潮濕的雪」比喻企業具備較強的獲利能力，能夠在經濟週期的不同階段保持穩定，甚至提升獲利水準；「夠長的坡道」比喻企業所處的產業發展空間大，企業發展的天花板還沒到來。巴菲特強調只有找對雪地才能滾雪球，要掌握市場方向，就要了解什麼地方的雪最厚，只有具備發展空間且獲利能力強的企業才能讓投資人的財富滾雪球。

第二，延遲滿足。為有價值的長遠結果放棄即時滿足，這樣的自我控制力和忍耐力，是投資人必須具備的素養。簡單來說，就是用當下的快感來換取未來的收益。

心理學當中有很多關於延遲滿足的研究，最著名的是棉花糖實驗。棉花糖實驗是史丹佛大學心理學教授沃爾特・米歇爾（Walter Mischel）於一九七〇年代在幼稚園進行有關自制力的一系列心理學實驗。在這些實驗中，孩童可以選擇立刻得到一份獎勵（有時是棉花糖，有時是餅乾或巧克力），也可以選擇等待十五分鐘，在研究人員返回房間後得到兩份獎勵。研究人員發現，能為獎勵忍耐更長時間的孩童通常有更好的人生表現。

長期投資很重要的一點就是要懂得延遲滿足，堅定的追求指數報酬，而不是眼前的回報。很多成功的企業家都把這點做到極致。例如字節跳動的創辦人張一鳴，儘管他的產品能滿足使用者的即時需求，但是他本人非常擅長延遲滿足。張一鳴說：「一生碌碌無為的人，大多是因為沒有延遲滿足感。延遲滿足感，展現在公司經營就是指一些公司不急著賺錢，而是繼續燒錢去擴大規模，之後就會有更大的成就。」

第三，深耕產業。每個產業和企業都獨一無二，投資人很難對投資的產業及企業有全面、深入且專業的分析。身為不專業的通才，投資人應找到值得關注的產業，並將大部分資源，特別是時間，用於最具吸引力的產業。暢銷書作家麥爾坎・葛拉威爾（Malcolm Gladwell）曾在《異數》（*Outliers*）中提出著名的「一萬小時定律」，說明鑽研任何產業都需要時間，一個人經歷一萬小時的努力後，就可能成為產業專家。人們往往高估短期可以獲得的成就，低估長期能達到的高度，所以必須深耕、堅持。

第四，系統思考。葛拉漢在《智慧型股票投資人》中說明如何用量化的方式評估股票，他認為投資應該是系統化行為。站得高，才能看得遠，只有建立起系統性思維，才能在市場低迷時想到「更大的大局」。投資一家企業也必須具有系統性思維，才不會被企業一時的經營波動或交易價格的漲跌動搖。對於長期投資人來說，整體投資布局也是成功的重要關鍵。

從華為看長期主義

華為是一家追求長期主義的企業，三十多年來都沒有轉型，從華為的價值評價與價值分配，可以看出華為管理哲學中的長期思想。《華為基本法》提到，對員工和主管「工作態度和工作能力的考評側重在長期表現上」，以及「我們不會犧牲公司的長期利益去滿足員工短期利益分配的最大化」。公司考慮的是長遠利益，是不斷提升企業的長期競爭力，員工考量的是短期利益，因為員工未必會一直在華為工作。要解決這個矛盾，就必須在長遠利益和眼前利益之間找到平衡。因此，華為實施員工虛擬股權激勵計畫，員工透過當前的工作表現得到薪資、獎金、醫療保障，從公司未來的發展中獲得股權激勵，避免員工過度關注短期目標。

許多大公司往往以追求短期利益為目標，這讓長期主義成為既少見又寶貴的思考方式。大公司有著複雜的委託代理關係，因此需要各種指標來評估員工的績效表現，然而，這些指標會刺激員工做出短期行為。企業應該建立一種重視長遠利益的企業文化，不要只強調短期績效指標，以幫助公司避開金融市場的波動與情緒。

波浪式前進的長期投資

根據一九五〇年以來美股資料統計，在十年滾動視窗（Rolling Window）*內，複合報酬率最高的一百檔股票在其「輝煌十年」內平均經歷十個月的下跌，平均跌幅為三二・五%。而在此之前的十年中，這些龍頭股平均下跌二十二個月，平均累計下跌五一・六%。

* 是一種分析方法，用於計算特定時間內的數據，並隨著時間推移不斷更新。

即使是市場上最成功的公司，在長期的市場週期內也曾經歷過股價從局部高點跌到低點。以蘋果公司為例，蘋果在一九八〇到二〇一九年為股東創造一兆六千四百億美元的財富，其中有一兆四千七百億美元是在二〇一九年前的十年中累積起來。然而，蘋果公司曾有多次股價跌幅超過七〇%。另一個長期投資的典範亞馬遜也有類似情況，市值在長期攀升的過程中，也曾多次大幅下修。

那麼，如何判斷一家公司、資產管理者或資產所有者具有長期思維？可以觀察他們是否專注於正確的事，以及決策的合理性，例如公司是否專注於經營策略和競爭優勢，是否在資本配置、團隊人才和文化建設等相關決策中有所行動；資產管理者是否專注於投資理念與流程，以及如何在逆境當中堅守投資決策；同樣的，資產所有者是否關注自己承擔風險的能力，以及與投資經理人一起長期投資的能力，這可以從他們如何配置資產、選擇外部資產管理機構以及如何應對危機的方式得知。

個人如何長期投資

對於長期投資人來說，多元化投資與專注股票投資是重要的原則。多元化投資為投資人提供改善風險和收益結構的「免費午餐」，而專注股票投資則為投資人提供累積更多財富的可能。耶魯大學捐贈基金投資長大衛・史文森認為，偏重股票類資產的多元化策略是一種適合多數投資人的長期策略。長期並非指簡單長期持有，而是從長期的角度來評估各類資產的報酬與風險。然而，關鍵的問題是理論與實務之間有巨大差距。雖然很多人都知道長期投資的重要，但短期決策仍然盛行。這就是為什麼要貫徹長期主義必須要做到延遲滿足，而且不斷自律修行。

散戶目前仍是中國股市的主力，然而，中國散戶的股票投資週期通常比較短，即便是以基金投資的方式間接投資股票，散戶持有的基金時間也相對比較短。另外，散戶在股市中的投資行為有投機性強、頻繁交易、追高殺低等特徵，短期的股價可能因為突發事件和市場非理性情緒影響而波動。從長期投資的角度來看，投資的關鍵在於尋找可持續、可預測性更強的成長驅動力，也就是要選擇基本面能穩健改善的公司和資產為投資標的。

根據二〇二一年支付寶理財平台與十家基金公司合作發布的基金投資人調查報告，截至二〇二一年第一季，十五年來中國股票類主動式管理基金的累計漲幅高達九一〇・七%，年化報酬率為一六・七%，但同一時期，散戶的平均年化報酬率只有八・九％。調查發現，個人投資公開基金的獲利狀況與持有基金的時間呈正比。持有基金少於三個月的投資人逾九成虧損，而持有基金超過一年的投資人，近九成獲利。除了市場行情外，散戶追高殺低、頻繁交易也是造成「基金賺錢、投資人不賺錢」的主因。散戶在投資金融產品時的短期行為（例如頻繁買賣基金）會導致資產管理者為滿足流動性需求而採取短期投資策略。許多基金保持較高的換手率以應對投資人頻繁申購與贖回，難以實現長期投資和價值投資的理念。另外，基金的波段操作導致大量資金短期內湧入某個熱門產業，迅速推高產業整體價格，為市場穩定帶來潛在風險。

資產管理者如何長期投資

資產管理者，也就是受託接受資金並進行投資，為投資人創造報酬的專業投資機構。自二〇一五年起，企業創投基金（CVC）、凱雷集團（Carlyle）、貝萊德投信（BlackRock）、KKR等龍頭大型私募投資機構相繼設立長期基金，認為長期投資成長性較強的企業，可有效降低投資組合變動與再投資風險，更好的保護投資者利益。與傳統私募基金十年左右的存續期相比，長期基金的存續期通常超過二十年。傳統的私募基金必須透過大規模的業務轉型或其他增強競爭力的方式來提升企業價值，為出售股權變現創造條件；而長期基金的投資標準更高，投資於現金流可預測、非週期性產業的優質企業，如此一來私募投資機構就能與優質企業共同成長，擁有更具彈性的管理費用結構與更好的收益報酬。

對公開基金而言，基金經理人每年、甚至每季都要承受打敗市場的壓力。市場上有關「明星基金經理人」的報導，讓短期勝出的基金經理人受到大眾追捧。不過，短期成功往往只是曇花一現。在短期贏家市場中，基金經理人肩負著龐大的壓力，股票的錯誤訂價必須在短期內修正，而且要迅速調整投資組合，將出售的股票替換成新的投資標的。但在長期投資的理念下，延長投資換手的時間，基金經理人可以增加許多投資機會。而且隨著短期參與者減少，不僅長期投資的機會增加，還將更容易發現錯誤訂價的股票，成功投資的可能性也就愈來愈高。

資產所有者如何長期投資

資產所有者是指持有大量資金的機構。世界上最大的資產所有者包括退休基金、保險公司、主權財富基金和共同基金（直接或透過美國企業退休金計畫等產品彙集個人投資人的資金）。資產所有者代表長期存戶、納稅人等投資。在許多情況下，資產所有者對客戶的受託責任時間跨越數代人，因此有足夠的資金規模和時間聚焦在長期投資。這些大型機構投資人通常也認同「注重價值投資，設定長期目標」的投資理念。例如，新加坡淡馬錫公司的營運目標就是發揚企業價值觀，提高股東長期投資報酬。

目前，許多大型投資機構已經在公開市場股票上採取長期投資策略，主要方式有兩種，一種是採用系統化的方式行使股東權利，透過改善公司治理提升長期業績，其中具代表性的機構是美國加州公務員退休基金（The California Public Employees' Retirement System, CalPERS）；另一種是採用類似私募基金投資策略的投資方式，投資後積極參與公司管理，代表性機構是加拿大退休金計畫投資委員會。

大型機構投資人的中長期投資策略也與創投趨勢相符。近年來，創投基金投資的企業，上市的時程變得更長。二〇〇〇年之前，創投基金投資的公司，例如 eBay、Salesforce 和 Google，從創業到公開上市，時間約六到八年，亞馬遜甚至只花了三年。而之後投資的公司如 Uber、Airbnb、Lyft、Dropbox、Eventbrite，上市的時間則延長為十到十二年。

此外，要推動長期策略，機構投資人還必須確保內部投資人員與外部基金經理人都致力於長期投資。投資基金的收費結構大多是每年二%的管理費和二〇%的績效費，但這樣的收費結構難以激勵基金經理人專注於長期投資。安永會計師事務所調查發現，儘管機構投資人希望薪水只占基金經理人年薪的三八%（其他以股票、遞延現金、股票期權等形式兌現），但實際上薪水卻占七四%。近年來，許多機構致力於減少固定管理費用，鼓勵經理人長期投資。加拿大退休金計畫投資委員會已經嘗試一些新方法，例如允許公開市場股票基金經理人至少投入資金三年，支付較少管理費用、但較高的績效費用，一部分與績效相關的獎金或薪資延遲發放，以便建立更穩定的長期績效表現。

新加坡政府投資公司（Government of Singapore Investment Corp, GIC）是長期投資的典範。根據GIC年報，截至二〇二二年三月三十一日，GIC過去二十年和過去十年的名目年化報酬率分別是七%和六・四%，資產組合收益的年化波動率分別為八・七%和六・六%，是亞洲及全球大型機構投資人的標竿。GIC自一九八〇年代成立後，就致力於確保新加坡的外匯準備保值、升值。投資目標方面，GIC明確表達專注於價值投資與長期投資策略，並以二十年預期報酬率做為績效評估的關鍵指標。公司治理方面，顧問委員會關注持續幾十年的長期趨勢，績效評估與五年、十年和二十年的預期報酬高度相關。內外溝通方面，GIC積極參與投資企業管理，關注企業的長期戰略，並在與投資人溝通的過程中淡化短期績效考量。

加拿大退休金計畫投資委員會的前執行長馬克・懷斯曼（Mark Wiseman）和麥肯錫公司前董事長多明尼克・巴頓（Dominic Barton）是聚焦資本長期表現的積極宣導者。根據加拿大退休金計畫投資委員會公布的二〇二二年年報，過去五年年化報酬率達一〇%，過去十年年化報酬率更高達一〇・八%，業績表現亮眼。加拿大退休金計畫投資委員會集中投資於具有長期穩定報酬的股權投資，同時長期持有房地產、私募股權基金、基礎建設等另類資產。

長期投資的五大優勢

長期投資策略有五大優勢：

第一，有效化解投資風險。短期內，優質公司的股票價格也可能大幅波動，但長期來看，這只是漲勢中的小波動，對於長期投資來說，優質公司的股價總是會回歸到它的內在價值。

第二，有助於抵禦價格波動。長期持有一家優秀企業的股票，甚至長期進行固定投資是一種習慣，外部股市波動不會影響企業的內在價值。長遠來看，投資企業的長期經濟利益會彌補短期價格波動為投資人帶來的損失。

第三，避免投機。長期投資可以遠離投機炒作，使投資人更加關注投資標的的成長性，減少投機心理，不為眼前的利益而做決策，避免因進場時機錯誤帶來損失。

第四，有助於了解投資標的。投資人在做長期投資決策時，會花更多時間去全面了解產業發展狀況、公司前景和投資產品，讓投資決策更加謹慎。

第五，分享企業的成功。長期投資的最大優勢在於投資人可以從不斷發展的企業中持續分享發展成果，促使資本市場良性運轉。

不少研究認為專注於長期策略的公司能獲得更好的業績，這類公司的管理層通常著眼於未來三年、五年甚至十年的價值創造。顧問公司Willis Towers Watson研究發現，二〇〇一到二〇一四年，專注於長期策略的公司比其他公司表現更好：業績成長平均逾四七%，利潤成長平均超過三六%，市值成長平均超過七十億美元。

長期主義對我們的人生規劃一樣重要，它能使我們屏棄短期思維，用更長遠的目光看待事物發展，不被短期的一時利得影響，進而在這不斷變化的世界中找到相對確定與相對正確的事物。擁抱長期思維，才能成為最後的贏家。

第十章

網路思維

如今，我們逐漸認識到，沒有什麼事情會獨立發生。
大多數事件都與複雜宇宙的其他部分相互關聯、互為因果或相互作用。
我們生活在一個小世界，這裡的萬事萬物都彼此聯繫。
我們開始領悟到網路的重要。

——巴拉巴西（*Albert-László Barabási*）

「網路」是一個隨著電腦誕生而被廣泛使用的詞語，是由若干節點和連結這些節點的線路構成，表示許多物件相互聯繫。隨著網際網路發展，目前人們說的網路不單指網際網路，還包括各式各樣的社會形態。網路在幫助我們理解社會關係方面扮演重要的角色，過去由於科技以及地理條件的限制，網路僅能局部存在，難以擴展；但隨著科技發展，網路也從最初的區域網路發展成今天的萬人互聯、萬物互通。現在許多社會活動與經濟活動都可以透過網路完成，因此運用網路思維與網路模型來分析這些活動，對解決問題來說很有幫助。

網路思維是指從一個中心節點向外擴散思考，將有關的內容連接起來，形成一個巨大的網路。常見的網路結構包括隨機網路結構、地理網路結構、冪律網路結構和小網路結構。網路思維在生活中很常見，例如在社會網路中，一個人的行為或信念通常會影響朋友的行為或信念，其自身又會受到朋友影響，相互作用。

網路思維隨著網路浪潮興起逐漸進入社會大眾視野，最初，網路思維指的是以網路模式思考，後來網路思維一詞的用途愈來愈廣，已經滲透到各個學科和產業當中，包括貿易網路、社群網路和供應鏈網路等。投資學也應用網路思維：在尋找投資機會時，以網路思維來思考，可以找到新的機會和成長點；在做投資決策時，透過網路思維思考，可以推演出某個事件對市場的影響，以判斷是否該進行投資。

過去幾十年，社會學家和複雜科學專家逐步探索，並揭開網路世界隱藏的五大核心法則。

網路法則一：「六度分隔」理論

人類社會是世界這個巨大動態網路系統的一部分，每個人都是社會系統中的一個節點，而人與人之間的關係和互動會形成一個巨大的社會網路。人們食衣住行、生老病死，在此過程中與自然形成索取、回饋關係，置身於大自然迴圈的大網路中，萬物互聯。沒有一個群體能脫離這個網路而生存。

然而，社會學家研究後發現了一個驚人的法則：無論人類社會多龐大，其實任兩個人都可以透過六個以下的中間人取得聯繫，這就是「六度分隔」理論。一九六七年，美國社會心理學家史丹利・米爾格蘭設計一個明信片實驗。米爾格蘭先隨機選擇一些居住在內布拉斯加州和麻州的人，然後請他們透過自己熟識的人，將明信片傳遞給一個指定的股票經紀人。這些被選中的人並不知道股票經紀人的具體資訊，他們只能依靠自己的人際關係網來尋找可能認識那位股票經紀人的人，然後將明信片傳遞下去。實驗的目的是觀察這些明信片最終需要透過多少中間人才能送到指定的股票經紀人手中。分析實驗資料後，米爾格蘭得出一個驚人的結論：平均下來，每張明信片只需要透過六個中間人就能送到股票經紀人手中。這個發現揭開人際關係的奇妙連通性：儘管世界看似龐大而複雜，但人與人之間的距離卻比我們想像的要近得多。

網路技術興起進一步縮短人與人之間的距離。二〇一六年二月，臉書研究團隊分析近十六億位使用者的資料，發現任兩個人的平均間隔為三・五七人。如果只考慮美國使用者的話，這個數字會降到三・四六人。追蹤研究發現，這個「間隔」從二〇一一年開始有持續下降的趨勢。大家可能會感嘆地球村愈來愈小。

「六度分隔」理論對我們的現實網路有什麼影響呢？

隨著連結機率的增加，群集（cluster）的數量也會隨之成長。當眾多獨立群集相互連結，達到一個臨界點時，系統將達到全面互聯的狀態。

這就是為什麼有的粉絲專頁沒什麼人看，有的粉絲專頁卻有超大流量。只要努力讓連接的節點和群集愈來愈多，關注率和閱讀數就會出現指數成長。在物理中，連結是以相變（Phase Transition）＊的形式出現，例如零度時，液態水會變成固態的冰。

在網路中我們也能看到這種相變，也就是很多孤立的點變成團。

網路法則二：強連結與弱連結

美國史丹佛大學社會學系教授馬克・格蘭諾維特（Mark Granovetter）提出人際關係強度的概念，並透過互動頻率、感情力量、親密程度、互惠交換四個因素測量聯繫的強度。根據這四個因素，人際關係強度可以被劃分為強連結、弱連結和無連結。

強連結通常代表兩個人經常互動，可能發生在個人與核心家庭成員、摯友、工作夥伴、主要客戶之間。而弱連結則發生在透過交流和接觸產生、但彼此連繫較弱的人際關係上。弱連結通常互動次數少、感情較淡、親密程度低、互惠交換少等。

一九六〇年代末期，格蘭諾維特研究發現，人們在找工作的過程中，平時很少聯繫、甚至不太熟悉的人反而更能夠發揮作用。這是由於強連結群體往往具有高度重疊

＊又稱物態變化，指物質在外部參數的連續變化之下，從一個相態變為另一個相態，最常見的就是物體的三相變化，如液體、氣體、固體。

的人際網路，因此，他們透過強連結所了解的資訊通常也會重複。強連結群體容易形成一個自我封閉的系統，強化原本的認知，形成同溫層，降低接觸其他觀點的機會。而那些久不見面的朋友可能掌握很多你不了解的資訊。由於弱連結的分布範圍較廣，它比強連結更能充當社會網路中資訊流動的橋梁。正由於這些「弱連結」，資訊才能在不同的社會圈子中流動，進而創造出更多的社會資源流動機會。這就是「弱連結的力量」。後續的更多研究發現，弱連結形成的團隊往往具有更強的創新能力，大約是強連結團隊的一．一八倍。更進一步來看，如果這個團隊成員在團隊成立之前完全不認識，那麼這個團隊的創新能力還會再更高一些。

在闡釋「弱連結」時，《鏈接：商業、科學與生活的新思維》（*Linked*）的作者巴拉巴西給出一個解釋：找工作時，你通常會透過弱連結，因為你在強連結當中往往找不出新資訊，但透過弱連結你可以獲取來自其他圈子的新資訊。人們從弱連結當中獲得更豐富的資訊，弱連結是合夥創業的最佳選擇。

社群網路是弱連結的集大成者。社群網路平台如 Twitter（現改名為 X）是以資訊做為連接點，讓人與人之間形成一種弱連結，人們透過資訊建立聯繫，這種方式可以讓資訊傳遞得更快速、更廣泛。網際網路為原本素不相識、地理和社會距離都很遙遠的人們提供互相交談和結識的機會，非常適合建立弱連結，對於強化整體社會的資訊共享精神具有非常積極的意義。因此，應進一步挖掘網路社群分享資訊的潛力，透過提升網路誠信水準等方式，積極為各種網路弱連結的建立創造條件。另外，對於有利於展開網路社群、建立各種新社會聯繫的網路平台、網路工具，應給予政策、資金、技術上的支持。

我們常常說「得強連結者得天下」，但當下，在社群網路愈來愈受到人們關注之時，我們已經進入「得弱連結者得天下」的時代。

網路法則三：「結構洞」*理論

美國芝加哥大學社會學教授羅納德．伯特（Ronald Burt）在《結構洞：競爭的社會結構》（*Structural Holes: The Social Structure of Competition*）提出「結構洞」理

＊是一種社會網路理論，指社會網路中缺乏直接連接的節點之間的空隙，這些空隙代表潛在的聯繫機會和資訊流通的缺口。

論。他認為「結構洞」是社會網路中的空隙，社會網路中某個個體與一些個體直接聯繫，但與其他個體卻沒有直接聯繫，也就是沒有直接關係，從網路整體來看好像網路結構中出現洞穴。如果個體之間缺少直接聯繫，必須透過第三者才能聯繫，那麼第三者就在關係網路中占據了一個「結構洞」。

那麼「結構洞」的本質是什麼？伯特認為，個人在網路中的位置比擁有關係的強弱更重要，位置可以決定個人的資訊、資源與權力。因此，不管關係強弱，如果存在「結構洞」，那麼將沒有直接聯繫的兩個個體聯繫起來的第三者便擁有資訊優勢和控制優勢，可以獲得更多服務與回報。

伯特認為，經濟實務中，個體置身於一個特定的競爭環境裡，目標是利潤最大化。利潤等於投資金額乘上報酬率，假設投資十萬元，報酬率是一〇%，那麼利潤就是一萬元，所以競爭的焦點就成為「報酬率」的高低。競爭個體為不同群體建立聯繫關係時，就相應獲得更多的資訊掌控權和進度控制權。擁有愈多的「結構洞」橋節點（bridge），就擁有愈多參與競爭的機會，報酬率也愈高。所以「結構洞」玩家獲得最大社會資本報酬率的法則，就是把有限資源精準投注到關鍵的社會資本當中。

在現實生活中，關於「結構洞」理論中「第三者」的例子有很多，例如銀行、顧問公司、獵頭公司等。銀行的市場價值來自於在市場中所處的特殊位置。由於銀行擁有「特許經營權」，而這種經營權在市場中具有稀缺性，所以銀行在儲蓄需求方和信貸需求方兩個龐大群體之間擁有「結構洞」。一方面，銀行可以從個人或組織源源不斷的獲得資金，另一方面，又可以自主決定將這些資金放款給市場中數量眾多的企業或個人，而貸款人與存款人之間都不會有任何直接的聯繫，銀行只要在市場中建立起足夠的「信用」，就可以讓存款人和貸款人透過這個「結構洞」實現各自的目標。隨著時間推移，銀行做為「結構洞」的載體，擁有存、貸款人的資訊和資源愈來愈多，進而形成以存貸金融業務（「結構洞」）為核心的生態體系。銀行擁有的資訊、資源愈多，主動配置資源的能力就愈強，獲得的服務和回報也會呈指數增加。

因此，一個組織占據的「結構洞」愈多，市場地位就愈重要，調動人際關係提供服務的能力也愈強。透過人際關係網路「結構洞」的設計，組織可以改變人員的習慣並提高效率，此外，這些「結構洞」可以提高人員偶遇的機會，促進跨界交流，激發組織的創意思考，提升組織成員的創造力，形成組織競爭優勢。「結構洞」的重要性讓我們意識到：能否成功不取決於你知道什麼，而取決於你認識誰。所以一個人是否能透過社會資本網路獲取準確有用的資訊，以及是否能優先傳遞資訊，非常重要。

資本和知識的深化使產業鏈呈現網路化趨勢，而做為重要節點的企業，可以從價值、知識和創新三個層面整合產業鏈，占據及跨越產業鏈中的「結構洞」，形成核心競爭力，並在產業鏈價值分配中獲得主動權，推動產業鏈的升級及產業鏈之間的耦合，增強產業鏈整體優勢，以追求價值最大化，並獲得快速成長。

網路法則四：無尺度網路*

研究複雜網路的學者發現，現實世界中的許多複雜網路，例如網際網路、社會網路等，各節點擁有的連接數（又稱為「度」）服從冪律分布。也就是說，大多數「普通」節點擁有的連接數很少，而少數「熱門」節點擁有的連接數很多。它們連成的網路稱為無尺度網路，網路中的「熱門」節點稱為樞紐節點。

例如在社會網路中，大多數節點的度很小，而少數節點的度很大。微博上一些擁有龐大粉絲的網紅，他們在資訊傳遞的過程中擁有很大的話語權。又例如在網路上，各網站透過網頁連結建立關聯。大部分網站只有少數的站外連結，但少數網站有相當多的站外連結，例如一些入口網站。

巴拉巴西發現，現實世界中的網路遵循生長機制和偏好連結兩個定律運行。每個網路都是從一個小核心開始，接著增加新節點而擴大。然後，這些新節點在決定連向哪裡時，會傾向選擇擁有更高連結數的節點。生長機制讓較成熟的節點具有明顯的優勢，讓這些節點擁有更多的連結數。偏好連結也有「富者愈富」的現象。偏好連結幫助連結數較多的節點增加連結數，如此一來後來者的連結數就會相應減少，導致網路中節點連結數呈冪律分布。

網路法則五：梅特卡夫定律＊＊

＊指一種特定類型的網路結構，特徵是大部分節點與極少節點連結，但有少數節點與非常多節點連結，這一概念在社會學中可以用來分析社會結構、權力分配、資訊擴散等現象，揭示了現實社會中不平等和中心化的特徵。

＊＊即網路的價值與連結用戶數量的平方成正比。網路擁有的用戶愈多，價值就愈高。當規模達到一個臨界點後，價值就會呈現爆炸性的成長，也就是所謂的網路效應。

梅特卡夫定律是一個關於網路價值和網路技術發展的定律，內容是一個網路的價值可以用該網路內節點數的平方來表示，而且該網路的價值與聯網的用戶數平方成正比。公式如下：

$$V=KN^2$$

其中，V代表網路價值，N代表網路節點數，K代表價值係數。這個看似簡單的公式在網路時代受到人們高度推崇。

羅伯特・梅特卡夫（Robert Metcalfe）一九四六年出生於紐約市布魯克林區，年輕時是一個標準的學霸，取得麻省理工學院工程學與管理學雙學士學位，後來又獲得哈佛大學博士學位。博士畢業後，梅特卡夫加入當時的科技巨頭全錄公司。在全錄工作期間發明了當今電腦區域網路使用最廣泛的協定之一：乙太網，讓他年紀輕輕就一躍成為「電腦先驅」。三十三歲時，梅特卡夫把技術轉成商品。一九七九年，他創辦了著名的3Com公司，主要業務是通訊基礎設施服務。

後來，馬克・安德森（Marc Andreessen）創立網景（Netscape）通訊公司，發布網景瀏覽器，用戶數一路狂飆。安德森在評論網景的飛速發展時，稱「梅特卡夫定律是一盞明燈」。之後隨著網際網路在美國強勢崛起，這個起初描述硬體網路價值的定律逐漸延伸到整個網際網路領域。無數網站的創辦人將梅特卡夫定律寫進他們的商業計畫書，這個定律在一定程度上成為網路領域無數創業者和從業者的信念燈塔。

網路思維在公司發展中至關重要。透過網路思維，公司能夠更好的解決供應鏈問題，更快的向供應商傳遞公司的資訊，提高公司影響力，整個產業的供應鏈也會隨之得到重組，變得更有效率；透過網路思維，不同產業能夠建立不同的合作網路，進而擴展產業間的合作，使產業間的交集愈來愈多，促進各產業發展；透過網路思維，公司可以不斷擴展業務範圍，打破各項業務之間的技術壁壘，促進產品的開發，最終使整個產業以全新技術開發產品，使未來的新產品可以更好的滿足使用者需求。

網路思維可用於投資活動中的總體金融風險分析，讓金融體系的整體風險得到控制，也可以用於產業鏈分析和企業競爭力分析，讓企業做好投資決策，也能應用在企業經營管理與策略分析。

第十一章

心理學思維

心外無物，心外無事，心外無理。

—— 王陽明

瑞士著名心理學家榮格（Carl Jung）曾說：「我們的外部境遇其實都是內心世界的向外投射。」中國明代思想家王陽明則走得更遠，提出：「心外無物，心外無事，心外無理。」兩位大師其實都指向一點：在個體心中，客觀世界其實是人類接受外部資訊後的主觀感受，這代表探究人類心理與認識客觀世界一樣重要。那麼，在投資世界中，人類是不是完全理性呢？大量的實證研究和實驗證據都表明，現實世界的投資人並非完全理性，頂多只能做到有限理性。市場也並非完全隨機，而是具有複雜適應性系統的所有典型特徵。

康納曼的兩套大腦思維模式

美國心理學家丹尼爾・康納曼（Daniel Kahneman）認為，在漫長的演化過程中，人類大腦形成兩套思維模式，即系統一和系統二。系統一的運行無意識且快速，處於自主反應狀態。例如回答「二加二等於？」人們聽到提問後會立即且自然的得到答案。系統二的運行比較費腦力，需要將注意力集中到大腦，往往會讓人因此忽略其他事情。系統二通常與行為、選擇和專注等主觀體驗有關，例如進行複雜的運算。系統一和系統二高效分工，各司其職。當人們遇到系統一無法解決的問題，或是需要控制自主反應、糾正直覺錯誤，又或是需要按照規則執行多重任務時，系統二就會發揮作用。系統二非常耗費能量，因此大多數時間人們會使用系統一思考，這就導致人們會跟著直覺做出非理性決策，進而產生錨定效應、心理帳戶、稟賦效應等行為偏誤。

行為金融學中的兩種偏誤

正因為投資人的行為在許多情況下並不符合完全理性的假設，行為金融學便應運而生。行為金融學在傳統金融學的基礎上融合了心理、行為等因素，認為金融市場許多現象只能用參與者的非理性來解釋，也就是說金融市場不是效率市場。行為金融學探討許多非理性特徵，包括心理帳戶與沉沒成本、損失厭惡、相信投資經歷、記憶偏誤、過度自信與頻繁交易、羊群效應等。行為金融學將這些特徵分為兩種，一種是資訊處理偏誤，另一種是行為偏誤。

資訊處理偏誤是指人們有可得性偏誤（availability bias），也就是傾向依賴容易被記住的資訊，並信以為真。例如投資人在投資股票時，往往會偏好選擇自己熟悉的幾檔股票。在接觸資訊階段，人們容易受初始效應（primary effect）和近因效應（recency effect）影響，會有先入為主或後入為主的傾向；在資訊加工階段，會出現代表性偏誤（representativeness bias），也就是在不確定的條件下，人們會根據已有的代表性特徵下判斷，歷史資訊引起的代表性偏誤，解釋了投資人追高殺低的原因；在資訊輸出階段，人們往往會過度自信、忽略風險，導致過度交易；在資訊回饋階段，人們也很難糾正之前出現的偏誤，主要原因來自自我歸因、後見之明、認知失調、確認性偏誤、神奇式思考（magical thinking）。自我歸因讓投資人把好的投資結果歸因於自己，把不好的結果歸咎於市場等外界因素，這讓投資人很難發現投資失敗的真正原因。後見之明使投資人只記得自己正確的預測，而不記得錯誤的預測。認知失調使投資人曲解、規避與自己預想不一致的資訊。確認性偏誤使投資人只篩選對自己觀點有利的證據和訊息。神奇式思考使投資人誤將某些相關性理解為因果關係，並依此做出決策。

行為偏誤的特徵包括：

一是**錨定效應，也就是決策者會過度受到先前取得的資訊（稱為錨點）影響**。在錨定效應下，投資人往往會將一開始買進的價格當為參考值，傾向做出「出盈保虧」

的操作。例如，投資人對風險的看法是「面臨有風險的可能損失」還是「面臨有風險的可能報酬」，可能會影響投資人的決策。再舉個簡單的例子，去麥當勞時如果店員問要雞腿漢堡還是牛肉漢堡，顧客可能自然會選擇其中一款；如果店員問要漢堡還是可樂，可能本來只想買杯飲料的顧客也會被錨定而選擇購買漢堡。這實際上就來自人的框架偏誤（framing bias）。*

二**是損失厭惡**。「吃到嘴裡的肉吐出來」和「吃不到葡萄說葡萄酸」，哪一種情況讓人更痛苦？心理學實驗表明，損失帶來的痛苦值大約是同等獲利帶來的快樂值的兩倍。在這種情況下，投資人會過度關注短期的獲利可能性，同時誇大損失的可能性，使投資決策趨於保守。同時，損失厭惡的心理也會使投資人在發生損失時難以及時停損。實驗顯示，許多參與者願意選擇無風險（也就是一〇〇％的機率）獲得七千元，而不選擇有八〇％的機會贏得九千元的賭博，儘管選擇獲得九千元的期望值為七千二百元，高於七千元。基金投資中有一個有意思的現象：投資人通常不會在虧錢的

* 指人們在做決策時，會受到訊息呈現方式的影響，也就是相同的問題或情境，在不同的表達框架下，可能會導致不同的判斷和選擇。

狀況下贖回。如果基金的每股淨值從一元跌到六、七角，投資人不會贖回基金，但當淨值漲到一・〇三至一・〇五元時，絕大部分的投資人都跑了。

三是過度關注機率較低的事件，例如買彩券、投資絕對收益高但發生機率低的商品。康納曼認為，過度自信導致投資人對機率事件產生錯誤預估。人們對於機率較低事件發生的可能性產生過高的期待，但容易低估中等偏高機率事件發生的機率，對於機率超過九〇%的事件則認為一定會發生。許多事情的發生完全是因為運氣和偶然，但我們卻總是憑藉一些表面資訊，靠直覺推斷事件的內在規律，結果產生認知和判斷上的偏誤。

四是框架效應。康納曼和阿莫斯・特莫斯基（Amos Nathan Tversky）的研究顯示，正面的資訊描述會引發投資人積極正面的反應，進而產生正框架效應；負面資訊描述則會帶來相反的結果。投資中的框架效應隨處可見。例如，兩檔基金條件類似，假設我們使用蒙地卡羅方法（Monte Carlo methods）＊計算出A基金未來獲利的可能為八〇%，B基金未來虧損的可能為二〇%，人們通常願意選擇A而非B，儘管兩者的獲利機率完全一樣。

五是心理帳戶。投資人做決策時，除了真實帳戶外，還會建立一個心理帳戶。很多人會將不同收入來源的資金，例如薪資收入、理財收入等放進不同的心理帳戶，並賦予不同的風險容忍度，例如，對薪資收入的處置較謹慎，對意外之財或理財收益的處置比較隨意。

期望理論是行為金融學中較具影響力的理論模型，透過結合兩種偏誤來分析金融市場的決策行為。期望理論認為，人們在做選擇時，遵循的是特定的心理過程，而不是像預期效用理論假設的，依照各種理性的公理。期望理論將金融市場的怪象歸因於確定效應（Certainty Effect）、反射效應（Reflection effect）和分離效應（Separation Effect）。確定效應是指相對於不確定的結果，人們比較重視結果確定的事，這導致人們傾向於接受確定性的獲利。反射效應是指在面對損失時，人們傾向選擇冒險，而在面對獲利時則傾向規避風險。分離效應是指在決策過程中，一個期望可以被拆分成多種因素來考量，而這可能導致決策者在不同的情況下做出不一致的選擇。這種現象最終可能導致框架效應，也就是決策結果受到問題呈現方式的影響。

* 是一種隨機抽樣的數值計算方法，常用於模擬資產價格、風險評估、投資組合回報等。

結論是，人類有各式各樣的認知偏誤，有的偏誤與行為模式有關，例如非線性機率權重、理想化、損失趨避等；有的偏誤與思考習慣有關，如後見之明偏誤（hindsight bias）、選擇性記憶等；還有些偏誤與觀點有關，例如過度自信、逞強、心理帳戶、保守主義等。在這些認知偏誤的影響下，投資人往往會做出不理性的決策。

動物精神，導致經濟動盪不安

動物精神是與「人類精神」相對的概念，指的是經濟活動中人們不理性的行為，是導致經濟動盪不安的原因。諾貝爾經濟學獎得主喬治・艾克羅夫（George Akerlof）和羅伯・席勒認為，「動物精神」是人類經濟行為的根本動機。「動物精神」的五大因素：信心及其乘數效果、公平、貪腐與矇蔽誤導、貨幣幻覺和故事，會對經濟活動產生重要且深遠的影響，進而引發經濟「非理性繁榮」。主要原因包括：

一是**人們通常對經濟比較有信心，信心再進一步帶來放大效應**。在總體經濟的發展過程中，多數投資人對總體經濟都有因不確定性認識偏誤帶來的盲目樂觀，雖然也會有不同的聲音提醒投資人要警惕風險，但這種聲音往往會被選擇性忽略。整個社會都在不斷擴大消費、投資，使總體經濟看起來更加繁榮：正如人們預期的那樣。

二是公平會讓人們削弱甚至忽視理性思考。在現實世界中，對人們來說，出於公平因素考慮的非理性經濟動機遠比理性的經濟動機重要，這就使薪資水準會朝人們認為公平的方向變化，而不是根據經濟發展等其他客觀因素來調整。

三是貪腐與矇蔽誤導。在實際生活中，往往事後才能發現被貪腐與矇蔽誤導。導致腐敗的根本原因往往是不健全的制度和未經妥善規劃的機制，矇蔽行為通常來自於投機。雖然事後回顧總是會發現經濟風險背後有許多腐敗和詐欺的行為，但是在經濟危機爆發前，在腐敗和欺詐行為的干預下，總體經濟中的積壓矛盾會暫時得到緩解。

四是動物精神理論的一大基礎：貨幣幻覺，讓人們難以認清名目貨幣的實際購買力，忽視通膨和通縮對經濟的巨大影響，無法理性的根據經濟發展的實際狀況做出正確的經濟決策，進而無法有效管理和控制自身的經濟行為，所以會不理性增加消費和投資，推動整體經濟「非理性繁榮」，最終造成經濟和金融的異常波動。

五是生活中的故事往往會成為人們決定經濟決策的基礎。金融市場上常流傳許多「成功者」的勵志故事，刺激人們超出理性判斷，進行投資。整體來看，人們通常對已開發國家的高福利制度抱有憧憬，但開發中國家如果不切實際，盲目的以擴大赤字來提高民眾的福利水準，雖然短期內可能會大幅改善人民生活，但無法長期持續。財政赤字過度增加會為開發中國家帶來非理性繁榮，也會增加經濟的不確定性。

如果總體經濟受上述動物精神五大因素持續影響，當社會經濟資源達到極限時，人們就會遭遇許多經濟問題，甚至碰上金融危機。

「烏合之眾」的群眾心理

除了個人心理，群眾心理也有一定的非理性特徵。群眾心理偏誤在投資時更致命。群眾心理學經典作品《烏合之眾》概括群眾心智的內在規律，其中最重要的發現就是群眾心理一些匪夷所思、超乎想像的非理性特徵。

第一，群眾有精神統一性。聚集在一起的人們，情緒和思想會不約而同指向同一個方向，原本的個性會逐漸消失，形成一種短暫、但具有非常明顯特徵的集體思維。可以想像，如果太特立獨行，最後可能會被孤立，因此個體不會希望自己在群體中表現得跟大家不一樣，這說明了為什麼依賴群眾思維不見得是好事。一家投資公司如果過分追求精神思想上的統一，通常就離失敗不遠了。瑞・達利歐強調，要有教士般的熱忱和殺手般的冷酷，要坦誠，直言不諱的說出自己的觀點並努力說服別人。在投資機構裡，成員之間要能坦誠相待，即使彼此觀點不同，也要公開討論分歧之處，同時保有自己的獨立思考，這對機構運作而言非常重要，卻常常被許多團體忽視。

第二，群眾的集體智慧低下。在群體當中，由於個體喪失理性，群體成員無法將理性個體的智慧匯聚在一起。這可以解釋大家為何會爭相模仿別人的做法，例如搶購，實際上大家並不知道囤貨到底好不好，但當有人囤貨時，許多人都會跟著這樣做。這也可以解釋前面所說的合成謬誤，對個人來說最好的選擇是搶購，但對整體社會來說，這麼做卻可能造成供應不足等問題。

第三，群體當中會形成激發、傳遞和接受的機制。群體中的個體被某種情緒刺激，最後被情緒控制，然後情緒相互傳遞，最後控制整個群體。一旦群體受到情緒操控，就很容易受到外部控制，並跟從指揮行動。金融市場也是如此。新概念出現並被愈來愈多人接受之後，大家就會往同一個方向衝，市場泡沫就迅速膨脹。

第四，群體當中容易出現三個特徵：衝動性、服從性和極端性。衝動性，是指在外界強烈的刺激下迅速展開行動。服從性，是自願服從外來指揮、追隨他人的特性。極端性，是會出現過激的行為。

第五，在群體當中，整體思維往往偏向表象化，充滿了強烈的想像力。受到這種思維的影響，社會往往創造出一個虛構的故事，任由大家想像，於是一群人就群情激憤，付諸行動，遊行、示威、暴動都跟這種群眾思維有關。一些企業在行銷產品時也很喜歡利用群體思維，所以出現很多收「智商稅」的產品。投資也是一樣，在市場寬鬆時，大家喜歡聽故事，故事愈表象，愈能觸動群眾的心理。很多廣告故事都很簡單、直接，網路上許多影片也有這樣的特點，實際上就是迎合這個群眾心理的特徵。

威廉·伯恩斯坦（William Bernstein）在《群眾的幻覺：揭露人們在投機美夢中愈陷愈深的理由》（*The Delusions Of Crowds*）中指出，人類的群體非理性行為儘管看起來千變萬化，但都來自於共同的社會與心理機制。首先，群體不理性行為會出現並長期存在，是因為人類普遍希望改善今生或來世福祉。更重要的是，這些非理性行為會在社會中傳播並擴散，與人類長期演化過程中逐步形成的四種基本行為模式有關：一是相信敘事勝於事實和資料；二是幻想有某種不存在的「模式」存在；三是確認偏誤，也就是將事物合理化，使其符合個人價值或情感取向；四是模仿他人。由於這些行為模式早已在人類幾萬年的演化進程中深深的鐫刻在我們的基因當中，無論社會如何發展和進步，各種各樣的群體狂熱行為總會不斷出現。

第十二章

價值思維

股票市場上充斥著一群人，他們知道所有東西的價格，
卻不知道它們的價值。

—— 菲力浦・費雪（*Philip Fisher*）

消費者購買商品時會關注價格，有些消費者甚至會思考這個商品是否物有所值。我們知道價值是價格的基礎，價格圍繞著價值上下波動。購買一件商品的核心概念是擁有這個商品的價值，價值的生命力很長，價格只不過是價值的貨幣表現形式。我們可能早就忘記一本書的價格，但一本好書帶來的價值卻讓人念念不忘。因此，許多投資人都在投資過程中逐漸建立起價值思維，了解價值的意義是每位投資人的必修課程。

認識兩種價值投資思維

價值思維，是指投資時要選取現有價格或未來價格低於現有內在價值的公司。因此，價值思維可分成兩種，也就是基於目前價值的靜態價值思維和基於未來價值的動態價值思維；前者觀察市場價格與內在價值哪一個高，關注的是企業目前的價值，後者觀察企業未來主動創造價值的能力，關注企業的未來價值。

靜態價值思維

價值思維在時代變遷中不斷創新與發展。早期的價值投資是基於企業資產負債表，透過計算企業資產價值，發現價值被低估的企業。通常金融危機爆發後，由於悲觀情緒蔓延，不少企業的股價低於實際帳面價值。此時靜態價值思維者從企業資產負債表著手，研究企業帳面資產，分析銷售收入、現金流等核心財務指標，計算出公司的投資價值，並比較投資價值與目前股價之間的差異。運用靜態價值思維的投資人希望在市場出現錯誤價格時買進股票，也就是以低於實際價值的價格投資高品質的企業。巴菲特早期投資遵循的就是靜態價值思維，這個投資方式也被稱為「撿菸蒂」投資法。

運用靜態價值思維的投資人比較關注企業目前的價值，認為企業的未來價值難以判斷。在目前股價基礎上發現價值被低估的企業，是靜態價值思維的關鍵。

事實上，基於靜態價值思維的投資，收益往往十分有限。第一，股票價格顯著低於企業內在價值的投資機會較少。第二，投資人賺取的是實際價值與股票價格之間的差價，沒有更多的空間。進入一九八〇年代，隨著美國經濟復甦，這種尋找被市場低估企業的做法，與當時高速發展的經濟形勢不一致。此外，隨著金融市場制度規範不斷完善以及電腦應用的普及，價值被低估的公司愈來愈少，發現這些公司的難度也愈來愈大。因此，價值投資的理念也逐漸改變。購買評價合理、穩定成長的優秀企業，並與被投資企業一起成長，成為價值思維的新內涵。

動態價值思維

如果說靜態價值思維是觀察市場價格與企業內在價值哪一個高，並關注企業目前的價值，那麼動態價值思維就是觀察企業未來主動創造價值的能力，關注企業未來的價值。與靜態價值思維者不同，動態價值思維者認為能預測未來，選擇與具有長期成長性的企業共同成長，因此他們期望能發現企業價值，並協助企業創造更大的價值。

針對動態價值思維，巴菲特歸納出四個具體觀察：

第一，股權思維。股權思維的重點是「股票是企業所有權的一部分」，強調每一位投資人的重要性。巴菲特曾在致股東們的一封信中寫道：「一個投資人，哪怕他持有的股票僅僅是一家傑出公司的一小部分，他也應該同樣具有堅忍不拔的精神，就像一個企業家擁有整間公司一樣。」巴菲特表達的是，即使投資人是在次級市場投資，也應該像在初級市場投資一樣做研究。股價只是一個數字、一個公司經營狀況的外在表現，投資人只有做到忘記股價，才能超越其他大多數投資人。

此外，巴菲特還曾經做了一個比喻，「一匹能數到十的馬是一匹不凡的馬，但絕非一個卓越的數學家」，強調在選擇投資標的時不應把目光聚焦在個股，要同時注重產業的重要性。

第二，安全邊際。企業營運效率與產業平均值之間的差距稱為安全邊際。安全邊際不僅關注內在價值與市場價格之間的落差，也考慮企業資產品質與獲利能力。此外，管理階層的特性與企業文化、決策者的學習能力、決策者對公司未來發展的預測能力等，都應該考慮在內。安全邊際通常以目前的銷售金額與能達到損益平衡的銷售金額之間的差額來評估，反映出公司管理的風險水準。一個企業的安全邊際愈大，就愈能抵禦市場衰退，生產經營的風險也就愈小。

巴菲特非常關注投資標的的安全邊際，曾說道：「我們堅持買進時的安全邊際，至於透過大額舉債從事併購的企業，我們毫無興趣。」巴菲特相信證券的內在價值僅僅是一個粗略的估算，一定會有誤差，因此任何投資都必須建立在適當的安全邊際基礎上。巴菲特總是避免投資高風險槓桿產品，他認為槓桿只會加速事物的變化，而不管多大的數字，只要乘以零，結果必然是零。

第三，市場先生。巴菲特不相信效率市場理論。巴菲特認為，如果他的競爭對手完全相信效率市場理論，而且認為思考純屬浪費時間的話，這就是他最大的優勢。針對金融市場的波動性，巴菲特曾說：「投資成功的關鍵是在好企業的價格遠遠低於其市場價值時出手。只有那些正準備在近期賣掉公司股票的人才應該看到股價上升而高興，未來的潛在購買者應該要更歡迎股價下跌才對。」巴菲特認為，市場波動是投資人情緒波動所導致的正常現象，投資人不會永遠理性，因此市場不可能永遠有效率，正因如此，聰明的投資人會以平常心抓住價格低於價值的投資時機。

第四，能力圈。能力圈是巴菲特非常重視而且反覆強調的一個投資原則，核心概念是圍繞自己最熟悉的領域來投資，也就是清楚自己的能力範圍，並始終保持優勢。巴菲特說過「集中投資能良好的降低風險」、「我們會堅守在一些容易了解的產業」，這些都展現出能力圈的投資思維。此外，巴菲特還認為一個人的專業知識和經歷有限，即便是他，在某個特殊時期能充滿信心投資的企業也頂多只有三家。一般投資人如果能潛心研究自己擅長的產業，就能更精準的衡量投資風險。

企業如何創造價值

企業創造價值的財務特徵是：投資資本報酬率（Return on Invested Capital, RO-

IC）持續高於資金成本；企業能夠持續創造價值的財務特徵是，ROIC穩定高於產業平均成本和資金成本。要做到這點，企業必須在產品、通路和品牌等方面擁有競爭優勢。企業的競爭優勢分為先天優勢與後天優勢，具有先天競爭優勢的企業往往具有獨特的資源，例如形成自然壟斷或擁有特許經營權；而後天競爭優勢則是企業憑藉技術、經營、產品創新等在日常經營中累積的實力。在擁有競爭優勢的基礎上，企業保持競爭優勢愈久，投資價值愈高。

企業創造價值反映在財報上，主要表現為「兩高」，一是企業的ROIC高於加權平均資金成本（Weighted Average Cost of Capital, WACC），二是企業的ROIC持續高於產業平均投資資本報酬率。WACC是企業股東投入和借款的成本，是衡量企業資本成本的重要指標。如果一家企業的ROIC低於WACC，代表企業給股東和債權人的報酬低於企業資金成本，這家企業顯然不值得投資。從同業比較的角度來看，如果一家企業的ROIC高於產業平均水準，代表企業有持續創造價值的財務特徵，競爭優勢持久。因此，ROIC、WACC是判斷企業內在價值的重要指標，當ROIC高於WACC，企業獲得真正的價值成長，該企業才有投資價值。那麼，如何讓ROIC高於WACC呢？關鍵在於保持企業的競爭優勢。

企業的先天競爭優勢

企業的先天競爭優勢主要來自於自然壟斷、監理需求以及國防安全等因素。當大量固定成本與少量邊際成本並存時，企業容易形成自然壟斷。自然壟斷企業多分布在能源、電力、管線等基礎建設領域，主要提供民生必需用品。在這種情況下，如果企業按照邊際成本訂價，可能難以彌補前期大量的固定成本投入，但如果按照平均成本訂價，又會因產量過低而無法滿足民眾的日常需求。因此，自然壟斷企業往往會獲得政府的大量補貼與管制，甚至是由政府直接經營。政府幫助企業擴大生產規模、達到產業壟斷，透過規模效應降低企業生產成本。

同樣的，政府基於監理與安全需要，往往以發放牌照、賦予特許經營權等方式加強企業管理，以確保國家安全與經濟社會穩定。例如，金融產業的「特許經營權」主要涵蓋銀行、保險、基金、券商、期貨、金融租賃等領域，由金融監理部門核准。此外，涉及國家安全以及重大民生等領域的企業，例如國防軍工企業、血液製品企業，也都有先天競爭優勢。

企業的後天競爭優勢

這是企業在日常經營中形成的競爭優勢。與先天競爭優勢不同，後天競爭優勢帶來的壟斷是相對的，市場中既有壟斷，又有企業之間的相互競爭。

後天競爭優勢主要來自產品、通路與品牌，產品優勢是企業後天競爭優勢的前提。優質產品或服務可以精準的滿足使用者需求、有效的接觸到使用者，同時成為使用者的消費首選。品質、創新力、高性價比、良好的使用者體驗都是優秀產品的核心推動力。自二〇〇七年蘋果發布首款手機以來，便以極致的用戶體驗與技術創新，迅速占領手機市場，成功贏得消費者喜愛。

優質的產品能幫助企業建立起不可取代的市場地位。全球許多國家都想要發展自己的民航機產業，但是民航機市場長期以來只有波音、空巴兩家企業，其餘航空公司只能生產短程航線的中小型民航機，無法與波音、空巴競爭。

通路優勢是企業後天競爭優勢的保障。好的行銷通路可以幫助企業迅速推廣產品。例如，銷售通路是中國最大飲料生產商娃哈哈的核心競爭力。娃哈哈依靠著名的「聯銷體」模式，綁定經銷商利益，在中國深耕近一萬家經銷商、幾十萬家批發商，可以在一週內把產品運送到偏遠農村的每一個賣場。進入網路時代後，去中間商、垂直型電商、供應鏈生態系統等方式又成為新的通路潮流。格力電器曾建立與經銷商利益共享的銷售網，然而從二〇一九年開始，格力逐漸取消省級經銷商，執行長董明珠甚至親自直播帶貨，鼓勵零售商直接從格力進貨，省略中間商，建立新的銷售通路。

品牌優勢是企業後天競爭優勢的基礎。品牌是消費者對企業的直接認識，是企業對消費者的承諾，也是企業文化的具體展現。品牌可以滿足消費者的心理需求，為消費者與企業之間建立情感連結。以奢侈品為例，消費者追求特定奢侈品不僅是因為認可品牌價值，也是展現個性、表達自我情感的方式。例如，香奈兒的目標客群往往較有時尚活力，愛馬仕的顧客比較偏重經典傳統。擁有近一百四十年歷史的可口可樂幾乎快成為飲料的代名詞，陪伴幾代人成長，承載了消費者的經典回憶。一旦品牌在消費者心中占據主導地位，產品的價格彈性會減弱，產品價格變動對需求量的影響變小，可確保公司的收益成長與現金流持續穩健。

護城河理論

巴菲特的核心觀點是：價值投資的關鍵在於評估企業是否具有持久的競爭優勢，而競爭優勢能否持久，關鍵則是企業是否擁有寬廣的護城河，護城河能為企業帶來出色的資本報酬率。

什麼是護城河？護城河指企業的競爭優勢和防止對手進入市場的壁壘。護城河可能是內部管理優勢、公司與競爭對手不同的地方，也可能是服務品質或價格優勢、產品特點或產品在消費者心中的獨特性。儘管投資人無法察覺，但護城河隨時都在變動。

護城河有五個主要來源：第一，無形資產，例如可口可樂和蘋果手機擁有的品牌和專利。第二是成本優勢，是指以低於同業的成本生產產品或提供服務，進而賺取更多利潤，例如格力電器。第三是轉換成本，也叫客戶忠誠度，指的是讓客戶捨棄某一個品牌、選擇其他品牌的成本。客戶忠誠度愈高，轉換成本就愈高，例如微軟。第四是網路效應，隨著使用者數量增加，用戶本身獲得的價值也同步增加，像即時聊天軟體QQ、微信。第五是有效規模，在市場區隔中，現有廠商能賺取合理的利潤，但新的競爭對手加入後，利潤就會下降，進而降低後進者的興趣。一九八〇、一九九〇年代，中國彩色電視製造業曾吸引大批企業加入，但隨著網路時代來臨與民眾消費結構改變，電視業整體毛利率不斷下滑，愈來愈多企業衰退、甚至退出市場。

過去二十年已有許多研究分析企業護城河與企業價值、財務表現、投資報酬之間的關係，大量研究結果顯示，護城河愈寬，公司業績愈好。

價值投資的大師心法

無論是葛拉漢、費雪還是巴菲特或方舟投資（Ark Invest）的凱西・伍德（Cathie Wood），每個人對價值思維的理解不盡相同。實踐價值思維沒有固定的投資方式，不同投資人會根據自己的價值觀決定想要採取的投資策略，因此了解和掌握投資方式背後的投資思維，遠比了解投資方式更重要。時代在發展，科技在進步，價值思維在核心思想不變的情況下不斷被賦予新的內涵，這就是價值思維永保活力的關鍵。

費雪：長期持有＋研究

菲力浦・費雪是成長股投資策略的先驅，被稱為「成長型價值投資之父」。巴菲特早年信奉「撿菸蒂」式的投資，後來受到費雪與蒙格的影響，才形成今天的護城河理論。

費雪非常重視企業的內在價值，與葛拉漢發現價值被低估的企業不同，費雪的投資風格是發現「好的企業」並長期持有，並關注企業的成長邏輯、發展前景、商業模式等，透過企業的高成長性獲得超額報酬。費雪一生沒有持有太多檔股票，但他一旦

女股神：只投資顛覆式創新

方舟投資執行長凱西・伍德與巴菲特不同，伍德非常信奉顛覆式創新與指數成長，堅持做多科技股，充分發揮動態價值投資思維。方舟投資的網站首頁醒目的寫著：「我們只投資顛覆式創新。」二〇一五年公司成立後，方舟投資就投資八、九檔ＥＴＦ，橫跨生命、醫藥、太空、人工智慧、自動車等顛覆式創新領域，最成功的投資案是大筆投資比特幣和特斯拉，讓方舟投資在短時間內一舉成名。

伍德認為要做到顛覆式創新需要時間，一項新技術從發明到應用，通常需要七年以上的時間，因此投資人必須有耐心長期持有企業的股票。長期投資是區分價值投資思維與其他投資思維的重要關鍵，了解時間對投資的影響，有助於投資人掌握價值思維的關鍵意義。曾經有人把伍德稱為「女股神」，但很顯然，她和巴菲特遵循不同的投資哲學。遺憾的是，隨著近年來週期輪動、經濟成長放緩、政策緊縮，成長股股價開始大幅下滑。但長期來看，專注於發掘最具創新價值的少數公司，無疑是正確的投資策略。

柏基集團：持久業績＋品牌價值

柏基集團一直信奉長期全球成長股票策略，認為真正的投資是長期投資於少數最具競爭力、創新性的優質企業，並且積極支持能引領世界變革的企業。平均來看，柏基集團持有一檔股票的時間長達五到十年，短期內的業績爆發並不是柏基集團的目標，可持續的業績成長、恆久的品牌價值與創新驅動力才是柏基集團的關注焦點。

柏基集團認為，投資失敗損失的只是本金，但成功挖掘出一檔成長股，帶來的報酬卻無限大。這種對投資「不對稱性」的信奉，使柏基集團選擇重壓亞馬遜、特斯拉、阿里巴巴等高成長股。這個投資思維與二八定律吻合，也就是說，柏基集團的價值思維是找到最具創造價值潛力的關鍵少數，並以合理的價格投資。

私募基金：六步驟創造企業價值

如果說價值思維的出發點是發現價值，那麼最終目標便是創造價值。創造價值是指充當企業成長路上的孵化器，和企業一起成長以創造更大的價值。投資一家公司不僅要關注企業目前與未來的價值，更重要的是要參與公司，創造未來的價值。

目前，全球私募基金在投資後管理*、創造價值等方面已經逐步系統化，不再像一九八〇年代時只依靠槓桿或「低買高賣」賺取收益。如今，私募基金在準備投資企業時，從調查階段就開始尋找幫助企業創造價值的方法。在持有股票階段，制定一百天計畫、年度計畫等投資後管理計畫，以量化指標衡量企業績效，推升企業價值。在價值創造上則是在人力資源、數位化轉型、降低成本且增加收入、優化資產負債結構、轉型變革等方面協助企業增值。創造價值的具體方式包括：

第一，人力資源賦能。私募基金，尤其是創投基金，投資後管理最重要的事就是協助被投資公司培養優秀人才，當被投資公司人才告急時，一些基金甚至會派出投資經理參與經營管理。此外，不少新創公司或家族企業常有職能空缺或職能重疊問題，私募基金就必須大刀闊斧的調整、優化這些企業的組織架構。

第二，數位化賦能。數位轉型不但能提升企業營運效率，甚至能為公司的商業模式帶來重大革新。不少傳統企業透過數位化轉型，迎來企業的「第二曲線」。二〇一五年，老牌「鞋王」百麗公司曾一度業績下滑，但高瓴資本透過數位化賦能幫助百麗

* 指的是在私募股權基金或創投等投資活動中，投資完成後，對被投資企業進行的各種管理與監理工作。

業務重生：消費者走進任何一家百麗專賣店，不管是在哪一雙鞋前面駐足良久，或是試穿哪一雙鞋，這些資料都會被蒐集、彙整並傳輸到後台，用來分析消費者偏好，並為接下來的產品設計與供應鏈管理提供決策的依據。在設計方面，百麗分析上萬個女性足部3D掃描資料，研發出最合腳、最舒適的女鞋。同時，不少傳統實體零售商也透過布局電商平台、垂直電商和O2O，開發出新商業模式、新業態。

第三，成本控制賦能。在私募股權投資領域，巴西3G資本創辦人豪爾赫・保羅・雷曼（Jorge Paulo Lemann）把成本控制做到極致。3G資本透過不斷優化整合、併購重組，花了三十多年，把巴西一家啤酒廠成功打造成百威英博這家世界級的頂尖企業。3G資本成功的祕訣在於成本控制：收購公司後實施零基預算，也就是每一筆錢都要覆核是否應該支出。最極端的時候，影印機使用人數有多少、每人每年用多少影印紙都要核算。

成本控制賦能在大家都不看好的產業也能發揮作用。投資人向來不太偏愛航空業，但廉航卻能打破航空業不獲利的「魔咒」。廉航的生存法則就在於成本控制，例如，採用單一類型的機隊以節省維修費用，並靈活調度飛機；以點對點的中短程航線為主，以降低重複學習成本並培養客戶忠誠度；由航空公司直接銷售機票，以節省銷售費用；採用精簡人員、提高飛機使用頻率等高效率營運模式。

第四，提升收入賦能。提升收入賦能包括幫助被投資公司推動市場行銷、通路管理、產品訂價、交叉銷售、客戶拓展、地域擴張、產品創新、產品延伸等一系列提升產品銷售的措施。不少被投資公司在由家族負責經營時，管理方式較鬆散，私募基金可發揮專業優勢，協助被投資公司為產品合理訂價，並協助開發新產品。私募基金本身的生態圈以及跨區域投資的優勢，也可以幫助被投資公司開拓新市場、拓展新客群。

第五，資產負債管理賦能。私募基金擅長財務管理，能協助被投資公司優化營運資金管理、資產負債結構，並協助稅收規劃以及退休金規劃等。

第六，轉型賦能。私募基金甚至可以協助被投資公司改變商業模式。例如，把線下業務變為O2O業務，把B2B（企業對企業電子商務）業務變為B2C（企業對顧客電子商務）業務等。後續的併購整合不但能透過收購帶來獲利，還能帶來規模經濟效益。

第十三章

需求思維

優秀的企業滿足需求，傑出的企業創造市場。

——菲利浦・科特勒（*Philip Kotler*）

結婚為什麼一定要拍婚紗照？洗頭為什麼要用潤髮乳？已經有肥皂為什麼還要買沐浴乳？不知道消費者是否曾有上述疑問。無疑的，我們有很多消費習慣充斥著商家的身影。儘管迎合消費者需求是每一家企業的必修課，滿足消費者需求是企業生產的前提，但能夠挖掘消費者需求、創造消費者需求的企業卻不多見。

偉大的企業必須建立需求思維，滿足、引導消費者需求，建立新的消費市場。奧地利經濟學派理論大師米塞斯在《人的行為》中指出，在市場經濟中，要獲得並保有財富，除了成功的為消費者提供服務外，別無他法。為消費者提供的服務愈成功，賺的錢愈多。資本家、企業家和農場主都不能決定必須生產什麼，產品生產取決於消費者偏好。企業生產產品不是為了自己消費，而是為了將產品投向市場，販售產品。因此身為投資人，核心工作就是尋找能滿足消費者需求的偉大企業，並長期伴隨這些企業成長。

消費者需求是經濟運行的基礎

消費者需求理論是經濟學的重要內容。消費者需求，是指在一定的價格條件下，消費者願意購買的商品數量。左右消費者需求的核心關鍵有二：一是消費者的實際需求，二是消費者願意且有能力支付的貨幣數量。前者取決於消費者實際需要的商品價格，後者取決於消費者的實際收入水準。因此，我們可以把消費者需求函數記為：

$$x=x(p, m)$$

在此函數中，p為商品價格，m為消費者收入。在個體經濟學中，消費者的最佳選擇取決於消費者的收入與商品價格，所有消費者的需求加總就是市場的總需求。由於每個人對商品的需求取決於商品價格以及收入，所以總需求取決於商品價格與收入分配。

消費、投資與出口是GDP的重要組成，也是推動經濟成長的動力。消費需求作為最終需求，對經濟成長發揮關鍵作用。需求決定生產規模，消費是社會再生產的終點與新起點。需求增加會帶來投資擴張與就業增加，就業增加則有助於提高人民可支配所得，進一步促進消費成長，進而不斷推動經濟向前發展。馬克思認為，一切生產的最終目的都是消費。沒有消費就沒有生產。消費者花費的每一分錢，決定生產的方向和所有商業活動的細節。這個流程被稱為市場民主：每一分錢代表一個投票權。

消費者需求決定產業發展

一九五〇年代，美國著名心理學家馬斯洛（Abraham Maslow）提出人本主義心理學體系，開創現代心理學的第三思潮。＊馬斯洛需求理論認為，人的需求會從基本需求過渡到高等需求，在不同階段，不同需求會占據主導地位。在消費者需求變化的過程中，滿足消費者最主要需求的產業會獲得更快速的發展。

馬斯洛需求理論與需求結構有關，基本前提包括：第一，人類行為由動機引導，動機源於需求；第二，人的需求會分階段出現。馬斯洛需求理論不斷發展演化，目前已擴展為八個層次，包括生理需求、安全需求、社交需求、尊嚴需求、認知需求、審美需求、自我實現需求和超越需求。

從總體經濟的角度來看，消費者的需求轉變決定產業發展，並主導經濟週期。消費者需求總是在持續變化，一開始，消費者只考慮產品有無，之後便開始注重品牌，進而要求客製化、量身訂做，最後升級為簡單化、健康化。如今「新消費」正在朝客製化、健康化、簡單化的方向發展。

在選擇投資領域時，投資人可以結合時代背景與馬斯洛需求理論，分析產品對應的是哪一個層次的消費者需求。頂級奢侈品，例如名錶、豪車，往往用於滿足尊嚴、自我實現等較高層次的需求。音樂劇、脫口秀演出、電影、書籍等文化類產品，主要是滿足消費者認知、審美等精神層面的需求。而生活必需品，像是空調、食品、自行車等，則大多是滿足生理、安全等較低層次的需求。

成功案例：亞馬遜

對廠商來說，產品生產建立在消費者需求之上。二十世紀以來，愈來愈多女性加

* 作者注：佛洛伊德提出精神分析理論，開創心理學第一思潮；華生提出行為主義，開創心理學第二思潮。

入婦女解放運動，爭取女性權利以及男女平等。一九二〇年代，可可・香奈兒（Coco Chanel）設計的小黑裙契合時代背景，把女性從緊繃、複雜服飾的束縛中解放出來，滿足女性追求獨立的需求，賦予女性全新的自由魅力，最終成為跨時代的經典。

美國亞馬遜公司一直把滿足顧客需求視為優先，並以此為基礎發展公司業務。在紀錄片《亞馬遜帝國：傑夫・貝佐斯的崛起與統治》（*Amazon Empire: The Rise and Reign of Jeff Bezos*）中，亞馬遜高階主管指出，在召開高層會議時，亞馬遜總會留一把空椅子，代表客戶，不管是創辦人貝佐斯還是整個團隊，都用這樣的方式來提醒自己要將顧客視為北極星、視為商業發展路上的引路人。

創業初期，貝佐斯就認為只有透過網路平台才能提供客戶多元化選擇，準確的滿足客戶需求，並為客戶提供量身訂做的專屬服務。因此，貝佐斯成立電子書銷售平台，開發一系列功能，例如一鍵下單、願望清單分享、個性化推薦、即時更新訂單、電子書線上試讀等功能，滿足客戶多元化、個性化的購物需求，讓亞馬遜快速成為圖書銷售領域龍頭。貝佐斯一直堅持以客戶為中心，相信亞馬遜的成功來自於客戶。網路能發揮作用，是因為有廣大的消費者與生產廠商參與，他們的需求在平台上彙集，如果沒有消費者，平台將一無是處。

七大需求特性，決定投資前景

對於投資人來說，從產品的需求角度來了解目標客群非常重要。

第一，消費者的時間和購買力構成最終的需求。不同類型的商品之間有替代關係，但人的時間與購買力有限，例如使用抖音就不能使用微信，增加運動可能就會減少逛公園的時間。

第二，不同需求層次對物質性和精神性商品的需求不同，通常精神屬性愈強的商品價格敏感性愈低，特別是具有生理依賴性的精神性消費商品，生命週期往往更長，例如酒精、香菸、遊戲等。換句話說，在某種程度上，能夠讓人產生多巴胺並進而上癮的商品就是最好的投資標的。過去六十年，從投資報酬的角度來看，菸草公司菲利浦莫里斯（Philip Morris）是全世界投資報酬表現最好的公司之一。

第三，客製化與普及性。顯然，普及性愈好，投資風險愈小，而客製化商品需要更高的單價或更大的利潤才能撐起獲利空間。例如，Uniqlo 走大眾化路線，具有很強的普及性，而香奈兒則是專注於小眾市場的奢侈品牌。通常規模最大的商業模式往往聚焦於大眾市場，創新是企業獲取更多利潤的關鍵。例如，蘋果公司以科技感引領的精簡存貨單位（Stock Keeping Unit, SKU）為公司帶來極高的毛利率。

第四，重決策與輕決策。對於重決策的產業和產品，消費者會依賴品牌，並關注口碑、知名度與品牌形象。例如，教育和室內裝潢就屬於重決策產業。

第五，客戶忠誠度和轉換成本。通常，學習成本高的產業，客戶忠誠度更高。例如，由於轉換成本高，次級市場用戶對彭博、萬得資訊平台有很強的忠誠度。

第六，消費者的認知度、忠誠度和品牌形象。例如白酒市場的發展領先紅酒市場，具有明顯的競爭優勢。

第七，購買頻率高低。購買頻率較低的產品往往需要較高的單價與毛利率來維持獲利，消費者對品質、體驗和服務的要求更高，出錯的代價更高。

兼具物質性與精神性的產品通常是較好的投資標的。精神屬性愈強的商品，競爭門檻也愈高。當一個產品具有多重屬性時，投資人就必須分析哪種屬性更具優勢。例如，高級白酒既滿足客戶生理需求，也滿足客戶的精神需求，也就是社交需求，而後者通常更為重要，這就是高級白酒價格一漲再漲的關鍵原因。同樣的，奢侈品價格受品牌驅動，品牌的認知度、商品形象使其具有較強的精神屬性，消費者希望透過奢侈品獲得社群的認同與尊重。正因為奢侈品兼具精神與物質屬性，才讓ＬＶ、愛馬仕等品牌成就如此龐大的商業帝國。因此，需求思維是企業家和投資人都應該具備的思維。

需求締造偉大的商業傳奇

優秀的商家滿足消費者需求，卓越的商家創造消費者需求，而能夠合理引導消費者需求的企業，則往往能締造偉大的商業傳奇。我們每天使用的肥皂其實就是企業家不斷引導所培養出來的生活習慣。

十九世紀化學工業進步，廠商開始大規模生產肥皂，但當時大部分人沒有使用肥皂的習慣。為了打開市場，廠商投入大量的行銷廣告，強調「日常生活中每個人都會接觸大量病菌，必須用肥皂清潔」，甚至宣傳使用肥皂是文明的象徵。另一方面，廠商成立各種清潔協會，發起洗手活動，還與學校合作，鼓勵學生飯前洗手。為了進一步推銷肥皂，一些大品牌如寶僑、高露潔等更針對家庭主婦投資拍攝電視劇，並在播放電視劇時插播大量廣告，因此有了「肥皂劇」的說法。總之，這些廣告都在強調日常生活中我們需要清潔，而清潔的關鍵就是使用肥皂。

舒膚佳進入中國之前，中國肥皂市場已經競爭激烈，當時的銷售冠軍是力士。面對競爭紅海，舒膚佳敏銳的抓住「除菌」這個概念，提出「有效除菌護全家」，此外還透過「中華醫學會認證」等方式增加權威性，創造出新的藍海市場。

此外，企業還應學習挖掘消費者沒有被滿足的需求。在大數據時代，資料的重要性不言而喻，貝佐斯早在二〇〇六年就開始透過蒐集客戶瀏覽紀錄、個人信用情況、購買紀錄等，預測客戶需要什麼、想買什麼以及購買能力，並以此為基礎來引導消費者購買商品，之後再不斷改善產品及服務，為消費者帶來良好的購物體驗，吸引更多消費者消費。在不同的業務領域，不論是 Prime 會員訂閱制、雲端服務，還是針對不同賣家提供不同的物流模式等，都可以看出亞馬遜始終以用戶為中心，盡可能挖掘客戶需求，並致力於提升客戶的消費體驗。

除了廠商引導消費需求，相反的，消費者也會不斷提出新的消費需求。即使沒有供給，需求也仍然存在。

發明汽車前，人們也有交通需求，只是當時的生產力與科技無法滿足人們的需求，所以在農業時代，人們以走路、乘坐馬車為主。進入工業時代之後，發明了火車、汽車，大幅改善人們的旅遊條件。但是人類對交通的需求沒有停止，總是想再快、再舒適一點，所以便發明了飛機。

人們的需求始終存在，並不會因為發明某種產品而停止需求，發生改變的只是不同時代滿足這種需求的不同產品。需求是消費者根據自身需要自發形成的，無論廠商是否提供相關產品，需求一直存在。

人們很少會滿足於當下的消費現狀，總是希望有更優秀的產品，滿足自己更高的需求，所以廠商必須拿著放大鏡，不斷挖掘消費者內心的需求，以實現企業的長遠發展。

第3部

投資世界的總體典範轉移

典範一改變，世界也隨之改變。

在典範革命之後，科學家面對的是一個不同的世界。

—— 湯瑪斯・孔恩（*Thomas Kuhn*）

第十四章

大國興衰的週期大變局

其興也勃焉，其亡也忽焉。

——《左傳・莊公十一年》

在人類歷史的浩瀚長河中，大國的興衰如同潮汐，此起彼落。「其興也勃焉，其亡也忽焉」，這句話精妙的描繪大國興衰的瞬息萬變。大國在時代的浪潮中崛起，又在歷史的塵埃中悄然落幕。

大國興衰，是歷史發展的常態，是時代變遷的見證。大國興衰的歷史永遠不會停止，就像一部波瀾壯闊的史詩一般，不斷上演著興替更迭的宏大敘事。

大國興衰，主導投資世界

從長週期的角度來看，大國興衰是主導投資世界總體典範的關鍵因素。美國橋水基金創辦人瑞・達利歐在研究全球總體策略投資時，也發現歷史事件、大國興衰背後的世界秩序演化規律，於是開啟他對國家興衰的歷史探究之旅。他在《變化中的世界秩序》（*Principles for Dealing with the Changing World Order*）中提出，大國起落興衰的關鍵在於時間週期。大國國祚通常會延續兩百五十年，經濟、債務和強勢的政治週期則持續五十到一百年。瑞・達利歐試圖量化國家的綜合實力，提出決定大國興衰最重要的八大因素，包括教育、競爭力、科技水準、經濟產出、貿易市占、軍事力權一五〇〇—一九九〇》（*World Economic Primacy: 1500-1990*）中，嘗試用達爾文的演化論來看待國家的興衰，認為「物競天擇，適者生存」。國家跟個人一樣，都有從朝氣蓬勃到衰老死亡的生命週期，導致國家衰敗的內部原因包括規避風險、過度消費、創新能力下降、生產率降低、政府和公司官僚增加、既得利益集團抵制改革等；外部原因包括戰爭、過度擴張、殘酷競爭等。但國家跟個人不一樣的是，在受到適當的外部刺激後，能透過有效的內部調整改變國家的命運。

以《大棋局：美國的首要地位及其地緣戰略》（*The Grand Chessboard: American Primacy And Its Geostrategic Imperatives*）一書奠定地緣政治學地位的美國戰略思想家茲比格涅夫・布里辛斯基（Zbigniew Brzezinski）則從地理因素出發，提出各國政治博弈的邏輯。

地緣政治派認為，地理因素會影響甚至決定國家的政治行為，並形成「大陸均勢說」、「心臟地帶說」、「邊緣地帶說」、「陸權海權空權」、「高邊疆理論」等方法論。地緣經濟派認為，從地緣的角度來看，每個國家在國際競爭中都會保護自身利益，透過經濟手段或策略參與國際競爭，並調解國際關係。在人類歷史上，世界主要經濟強國大多位於相近的緯度，因此國家的興衰在很大程度上取決於地理位置。

美國著名政治學家薩謬爾．杭亭頓（Samuel Huntington）另闢蹊徑，創造文明衝突論，提出文明的發展水準是決定一國興衰的關鍵。這個理論認為，「冷戰」後，世界劃分成八個主要的文明區塊，國家逐漸根據自己的文明特徵來界定自身利益，與和自己有共同根源和文化的國家合作結盟，並經常與擁有不同文化的國家發生衝突，「冷戰」後發生衝突的原因不再是意識形態不同或經濟因素，而是文化差異。

從經濟學角度來看，近現代經濟成長理論把一國的經濟成長歸因於人口、科技創新、投資、制度、財產權、社會分工、教育（人力資本投資）、比較優勢、產業政策、發展規劃、財政貨幣政策、民生必需品供給、智慧財產權保護、對待冒險的態度、競爭與壟斷等各方面，並形成重商主義、古典主義、凱因斯主義、結構主義、新自由主義等不同的經濟學派，歸納出經濟起飛、發展重工業、進口替代、出口導向、「華盛頓共識」和「北京共識」等經濟發展模式。美國新制度經濟學家道格拉斯．諾思（Douglass North）提出，經濟成長不僅受到資源、技術和投資等因素影響，也會被制度環境影響；制度環境影響個人和企業的行為選擇，決定創新以及資源配置、市場運作等方面的效率和效果。相關利益者之間的互動與權力鬥爭推動制度的建立與改變，包括政府、法律體系、社會組織、文化傳統等因素，都對制度產生重要的影響。

因此，制度變遷對經濟發展與國家興衰至關重要，改變制度環境，可以激發經濟活力，提高資源配置效率，促進創新。

政治學則試圖研究哪些政治制度能促進社會穩定與經濟發展，這涉及一系列的問題：誰獲得資源或利益、誰有支配權力、權力如何配置、誰來監督等等。

美國經濟學家戴倫・艾塞默魯（Daron Acemoglu）和詹姆斯・羅賓森（James Robinson）在《國家為什麼會失敗》（*Why Nations Fail*）中指出，制度決定命運。一個國家的政治、經濟和社會制度，是決定國家發展的關鍵因素。艾塞默魯與羅賓森將制度分為兩種：包容性制度和剝削性制度。包容性制度允許人們參與經濟和政治活動，保護產權，鼓勵創新和競爭，並提供平等的機會。這種制度為廣大民眾提供發展的機會，可以激發經濟活力與社會創新。剝削性制度則相反。剝削性制度限制人們的參與權利，損害產權保護，有權力集中和腐敗的現象。這種制度會導致不公平的資源分配與經濟衰退。國家的發展由制度的性質決定，改善制度環境與實施政治經濟改革，國家可以轉變命運，長期穩定發展。

瑞・達利歐綜合各家學派提出的「驅動力」理論則認為國家興衰的決定因素有兩種：一是先天性的決定因素，二是人力資本決定因素。先天性的決定因素包括國家地理位置、自然資源、氣候以及人種特徵。例如，太平洋、大西洋將北美大陸和歐亞大陸隔離開來，美國有得天獨厚的發展優勢，還坐擁各種自然資源。這種優越的先天條件為美國成為世界霸主提供最有力的自然條件。如果一個國家的先天條件對國家未來發展的支持有限，那麼人力資本在很大程度上決定了這個國家的發展上限。人力資本可以定義為「人們如何互動」，並受到人性和文化背景影響。

瑞・達利歐從國家興衰的週期中進一步細分出三大週期。第一個週期是金融週期（例如資本市場週期）；第二個週期是內部秩序和混亂週期，主要受一國內部的合作程度與權力和財富鬥爭影響，這類鬥爭源自於財富與價值觀的差異。第三個週期是外部秩序和混亂週期，這與各國在財富和權力鬥爭中的競爭實力有關。而大國之間的鬥爭主要包括經濟戰、科技戰、地緣政治戰、金融戰和軍事戰五種。

金融表現根植於國力基礎

大國的興衰對資本市場、匯率市場的影響直接而深遠。從過去五百年間各國金融市場資產價格的變化可以發現：從十六至十七世紀西班牙強盛時期，西班牙的貨幣大幅升值，黃金和白銀持續流入。十七至十八世紀，荷蘭取代西班牙的世界霸主地位，期間荷蘭盾大幅升值，荷蘭股票市場也大漲。十八至十九世紀，英國逐步成為世界霸主，英鎊升值，英國股票市場也跟漲。二十世紀至今，美國逐步成為世界頭號強國，美國股市上漲，美元相對於英鎊也持續升值。

由此可見，在大國興衰的長週期中，金融市場資產的表現與國家綜合實力的成長密切相關。

第十五章

全球財富分配的週期轉折

所有經濟史都是社會有機體緩慢的心臟跳動。
財富的集中和強制再分配，
便是這個有機體巨大的收縮與擴張運動。

——威爾・杜蘭特（*Will Durant*）

人類社會中，財富是社會發展的血液。財富的集中與再分配不僅僅是數字的增減，更是社會有機體自我調節與平衡的必然過程。正如美國歷史學家威爾・杜蘭特所說：「所有經濟史都是社會有機體緩慢的心臟跳動。財富的集中和強制再分配，便是這個有機體巨大的收縮與擴張運動。」在這個過程中，財富過度集中通常會加劇社會階級之間的矛盾，而之後不論是透過政策調節還是社會運動而來的財富強制再分配，都是對財富分配不均的修正，藉以重新激發並釋放社會活力。

美國社會歷史學家威廉・斯特勞斯（William Strauss）和尼爾・郝伊（Neil Howe）在《第四次轉折：世紀末的美國預言》（*The Fourth Turning: An American Prophecy*）中把社會變遷劃分為四個階段，認為四次轉折構成一個包括生長、成熟、熵增與消亡（或再生）的四階段社會週期。

在歷史循環中，財富分配扮演著重要的角色。在生長階段，社會財富的成長主要來自於新興產業的發展。在這個階段，由於主要目標是促進整體社會的繁榮和發展，因此財富分配可能相對公平。隨著社會進一步成熟，財富分配開始逐漸不平等。在成熟階段，社會內部的競爭日益激烈，資源和機會的分配開始集中在少數人手中。這群人因為掌握更多資本、技術和資訊，獲得更多的財富和權力。進入解體階段後，社會的不平等現象進一步加劇，社會內部的矛盾和衝突逐步浮現，財富分配不均達到頂點。到了危機階段，財富分配的轉捩點可能導致社會動盪，進而打破原有的財富分配結構，政府被迫調整政策來改變財富分配的方式。與此同時，社會內部的矛盾與衝突可能導致人們採取行動，促使政府與企業改善財富分配狀況。

當前全球貧富差距拉大、社會階層僵化、資源分配不均等問題日益嚴重，我們正處於全球財富分配的週期轉捩點。

財富分配，邁向「第四次轉折」

人類社會的發展伴隨著財富的集中與再分配，如今，人類正面臨從財富累積轉向財富分配的「第四次轉折」。

一九八〇年代以來，許多國家實施一系列放鬆管制和自由化政策，收入與財富分配不均現象日益加劇，但不同國家的程度不同，表現的形式也不同：有的國家不平等程度明顯惡化，例如美國、俄羅斯和印度；有的國家不平等加劇的程度相對平緩，例如歐洲多個國家（除俄羅斯）和中國。

雖然大多數國家內部的不平等現象加劇，但過去二十年，全球各國之間的貧富差距趨緩：最富有的一〇%國家平均所得與最貧窮的五〇%國家的平均所得之間的差距，從五十倍左右下降到略低於四十倍。但與此同時，國家內部的不平等現象卻明顯增加，一些國家最富有的一〇%與最底部的五〇%人群之間，平均所得差距幾乎翻了一番，從八・五倍增加到十五倍。這代表儘管經濟成長前景樂觀，但全球各地的不平等現象仍十分嚴重，國家內部的不平等甚至比國家之間的不平等更令人憂心。

在這些國家當中，最令人關注的是美國貧富差距持續擴大。一九六〇、一九七〇年代，美國收入差距相對穩定，但一九八〇年代以來，美國所得分配不均狀況日趨嚴重。美國人口普查局指出，反映所得差距的吉尼係數（Gini Coefficient）已經從一九六八年的〇・三八六，上升到二〇二二年的〇・四六四，超過吉尼係數的國際警戒線〇・四。二〇二二年其他已開發國家的吉尼係數大多在〇・三五左右，甚至低於〇・三。

美國的所得與財富分配不均有以下特點：

一**是薪資所得差距大**。根據美國研究機構伊奎勒（Equilar）統計，二〇二一年，美國上市公司執行長收入的中位數達兩千萬美元，較二〇二〇年成長三一%，而一般員工所得的中位數則從二〇二〇年的六萬九千美元，增加至二〇二一年的七萬二千美元，約成長四%。根據美國經濟政策研究所資料，一九七八至二〇二〇年，美國執行長收入成長一三二二%，同時期一般員工的收入僅成長一八%。

二是富裕族群的所得成長遠高於低收入族群。根據美國人口普查局資料，一九七〇到二〇二〇年，收入前二〇%家庭的平均所得成長了一八二%，到二〇二〇年達二十五萬三千美元，而中產階級和最後二〇%家庭的平均所得成長僅一三三%和一一三%，二〇二〇年收入分別為七萬二千美元和一萬五千美元。一九七五年，收入前二〇%家庭平均收入是後二〇%家庭平均收入的一〇·三倍，到二〇二〇年則增加為一七·四倍。

三是富裕族群所得占社會整體收入的比例明顯上升。美國人口普查局資料顯示，無論是所得前二〇%群組還是前五%群組，家庭所得占社會整體收入的比重都呈上升趨勢。一九七〇年占比分別為四三·三%和一六·六%，二〇二〇年已上升至五二·二%和二三%。中產階級和低收入族群的所得占比均有所下滑，中產階級所得占比從一九七〇年的五二·七%降至二〇二〇年的四四·七%，收入後二〇%的低收入族群所得占比則從四·一%降至三%。一九九三年以來，占總家庭數六〇%的中產階級家庭收入占比始終低於前二〇%的族群，而且程度日益加劇。超級富豪的收入占比創下二戰後新高。世界財富與收入資料庫（World Inequality Database）的數據顯示，二十世紀以來，美國前一%超級富豪的所得占比趨勢先降後升。一九二八年占比曾一度高達二二·三%，二戰後隨著機會平等、經濟平等價值理念的發展，累進稅、遺產稅、強勢工會和金融管制等經濟制度抑制了財富集中，到了一九七〇年，前一%超級富豪的收入占整體社會總收入的比例降至一〇·七%。但之後比例又逐步攀升，到二〇二一年已增加至一九·一%，五十年間幾乎翻了一倍。

四是財富懸殊程度日益加劇。聯準會資料顯示，前一%最富裕的家庭擁有超過二〇%的家庭總財富，而且比例還在逐年攀升。根據聯準會統計，一九八九年，前一%家庭擁有的財富比例僅二三·六%，但二〇二一年卻達三二·三%的歷史新高；後五〇%家庭（約六千三百萬個家庭）在一九八九年擁有三·七%財富，但二〇二一年的數字卻掉到二·六%。

五是中產階級減少。從二戰結束到一九七〇年的二十多年間，美國培育出規模龐大的中產階級。之後，儘管美國經濟繼續成長，但中產階級的規模不僅沒有擴大，反而明顯下滑。生活在中等收入家庭的美國成年人占比，從一九七一年的六一%下降到二〇一九年的五一%，高收入家庭比例從一四%上升到二〇%，低收入家庭比例從二五%上升到二九%，中產階級規模持續縮減。

六是階級僵化嚴重。根據美國經濟學家拉傑・切蒂（Raj Chetty）的研究，收入高於父母的美國人比例，從一九四〇年代的超過九〇%，下降到一九八〇年代的約五〇%。其中，中產階級家庭降幅最大，年輕人增加收入的機會愈來愈少，原因不在於經濟成長放緩，而是財富分配不均。美國前總統歐巴馬的經濟顧問委員會主席亞倫・克魯格（Alan Krueger）認為，美國社會的高度不平等造成代際流動水準較低，形成一條「蓋茨比曲線（Great Gatsby Curve）」*，一個人的經濟狀況主要是由父母的經濟地位決定。

七是貧困問題沒有得到有效解決。一九五九至一九六九年，全美貧困率（poverty rate）下降十個百分點以上，之後一直在一二・五%左右徘徊。根據美國人口普查局資料，二〇一〇年美國貧窮人口達四千六百二十萬人，貧困率高達一五・一%，為一

* 描述經濟不平等與社會流動性之間關係的曲線，顯示不同國家或地區的所得不平等程度與代際社會流動性之間的關聯。

九五九年以來最高。二〇二〇年的貧困率達一一・四％，比二〇一九年的一〇・五％上升了〇・九個百分點。目前，美國仍有三千七百萬人生活在貧困線以下。

為何財富會集中與重分配？

美國歷史學家威爾・杜蘭特從歷史學的角度追溯財富分配週期。他在《歷史的教訓》（*The Lessons of History*）中提出：從人類社會的發展角度來看，財富集中是自然且不可避免的趨勢；每個人在天賦、基因等處都有差異，在一個競爭的市場環境中，財富就會不斷集中。美國布魯金斯學會的學者艾普斯坦和艾克斯特爾的「糖域實驗」也得出類似結論：貧富差距是「天賦、位置、運氣、選擇」的綜合結果。杜蘭特認為，當財富集中到了極限，就必須尋求財富重分配。例如，古希臘時期長老院透過和平談判，緩解貴族與平民之間的矛盾；法國巴黎公社由於談判失敗而借助暴力來緩解矛盾。中國的歷史同樣如此，每一次社會矛盾、財富分化到極端時，就會爆發革命，改朝換代。因此可以說，社會發展的動力來自於財富的集中和重分配。

根據古典經濟學理論，資本累積與勞動參與是經濟成長的基本要素。經濟成長的成果一部分分配給勞動者，另一部分則由資本所有者享有。但托瑪・皮凱提在《二十一世紀資本論》中指出，資本的投資報酬率高於經濟成長率，也高於勞動所得成長率，因此，所得差距必然會擴大。頂級富豪的財富年成長率為七到八%，而全球GDP年成長率為二到三%，平均所得年成長率僅為一到二%，因此有錢人愈來愈有錢，窮人愈來愈窮。從過去幾十年的數據來看，美國所得愈高的人，收入的成長速度也愈快，前〇・〇〇一%族群的所得成長率超過六%以上。現實生活中，有錢人往往有更好的投資管道，但一般人卻沒有錢投資，或是只能將存款放在銀行，利息甚至無法抵抗通膨，導致所得差距愈來愈大。

一九八〇年代以來，高所得族群收入激增，使大部分國家的人民所得差距擴大，而全球化與金融化則為精英階級帶來超額的報酬。在全球市場競爭不斷加劇的情況下，各國政府採取一系列吸引外資的措施，包括關稅競爭、放鬆監理、依賴市場訂價、國有財產私有化等。隨著貿易限制放寬，企業有機會開闢海外市場。為了追求更廉價的勞動力、更寬鬆的稅收與監理環境，已開發國家企業轉向海外直接投資，導致國家「資本外逃」。結果是去工業化進程削弱了這些國家工人的議價能力，降低工人平均薪資。而這些國家的跨國企業在全球雇用更廉價的勞動力，享受更優惠的稅收政策，甚至獲取全球市場的壟斷地位。公司的股東與高階主管收穫頗豐，成為經濟全球化的「贏家」。

商品和資本頻繁跨境流動，推動各國金融市場進一步開放。金融化以四種方式影響民眾的所得差距。第一，金融化改變公司理念。公司管理階層不再重視生產投資與創新，而是專注於短期內提升公司股價。因此，管理階層通常選擇以裁員或減薪等方式削減生產成本，或是回購股票，如此一來，受益最多的是企業的所有者。

第二，在薪資停滯不前的經濟體中，金融化為社經地位中上的群體提供了新的投資方式。他們開始透過股票、房屋出租等方式累積財富，進一步擴大與底層民眾的所得差距。

第三，儘管少部分投資人可以從股票的劇烈波動中獲取大量財富，但金融危機的代價卻由政府與民眾承擔，受害者主要是勞工階級與中小企業。在經濟衰退時，大量中小企業倒閉，勞工階級面對低薪資與高失業率的雙重打擊，陷入經濟危機的國家也不得不低價出售資產。

第四，金融化與全球化，削弱政府對富人和資本利得徵稅的能力。根據經濟合作暨發展組織（ＯＥＣＤ）報告，儘管ＯＥＣＤ成員國中高所得族群的所得占比不斷增加，但針對高所得族群的有效稅率卻從一九八一年的六六%下降到二〇一八年的四三%。一方面是由於跨國企業讓商品生產變得更分散，讓各國政府在審計企業利潤和資產時面臨更大挑戰；另一方面是，與勞動所得相比，資本所得對稅收更加敏感。高所得族群不僅可以雇用法律和稅收專家來合理避稅，還可以轉移資產使政府難以徵稅。

科技進步帶來的財富分配不均

科技進步是導致財富分配不均加劇的另一個因素。長期來看，科技進步對經濟、社會的發展有利，然而在短期內，卻會對就業和薪資成長帶來不確定的影響，特別是一些已開發國家，由於擁有較強的科技創新能力與雄厚的資本，因此科技進步更容易對經濟和社會產生影響，並重塑收入的分配結構。例如一些新興產業的快速發展尤其依賴高科技人才和新技術，這些產業不斷提高薪資水準，並運用激勵手段以吸引人才、提升人力資本水準。但與此同時，勞動市場的結構無法及時調整以適應產業結構的急速變化，這對傳統產業勞工的就業和薪資帶來了不同程度的影響。生產線的工人、辦公室的文職人員，以及從事重複性和常規性工作的員工，容易被採用新技術的機器取代，這些中產階級一旦失去工作，即使之後重新就業，薪資水準和就業穩定性也無法與之前相提並論，造成就業市場「兩極化」現象，並導致中產階級規模縮減。

此外，每次經濟危機都加劇了貧富差距，讓階級分化問題更嚴重。美國經濟學教授提摩西・史密丁（Timothy Smeeding）認為，經濟危機期間，富裕階層的財富損失最多，但是從比例來衡量，其實受薪階級的損失最大，主要原因是經濟危機對房市帶來的衝擊。二〇〇八年的經濟危機嚴重打擊受薪階級，到二〇一三年，美國失業率仍然有八%，獨棟住宅的房貸違約率高達一〇%。反觀股市（富人財富最集中的地方），二〇一三年就完全恢復。全球金融危機爆發十年後，股市更從二〇〇八年低點回升三一六%。

對於受薪階級來說，經濟危機最直接的表現在於消費需求下降、企業倒閉、大規模裁員和減薪。二〇〇八年全球金融危機後，就業市場發生巨大改變，創新技術顛覆個別產業，導致企業裁員，大量沒有技術門檻的工作消失、低技術要求的工作機會減少，但工程、商業和技術類工作機會與需要大學學歷的工作增加，薪水也成長。

疫情同樣加速擴大貧富差距。新冠疫情引發的經濟衰退導致大量失業，低收入者經濟狀況進一步惡化。同時，量化寬鬆政策推升股價和房價飆漲，使擁有更多資產的富人獲得爆發式的財富增值。聯準會關於家庭財富的報告顯示，二〇二一年第四季，美國最富有的一%族群總財富達到破紀錄的四十五兆九千億美元，財富從二〇二〇年初至二〇二一年底新冠疫情較嚴重時期，增加了十二兆美元以上，成長逾三〇%。

財富分配週期對經濟的影響

收入與財富分配不均會降低經濟成長速度與經濟效率。OECD研究顯示，所得不均對於中期的經濟成長會帶來顯著的負面影響。據估計，在美國、英國和義大利等已開發國家，如果所得不均情況緩和，那麼整體經濟成長在過去二十年裡會高出六到九個百分點。國際貨幣基金組織（International Monetary Fund, IMF）的研究則發現，當所得不均程度加劇時，經濟成長的持續週期會變短，即使將其他因素（如外部衝擊和總體經濟狀況）納入考量，這個結論依然成立。整體而言，如果所得差距縮小十個百分點，則經濟成長時間預計將增加五〇%。

所得不均對經濟有許多負面影響，首先，所得不均會導致總需求疲軟。在經濟學理論當中，邊際消費傾向（marginal propensity to consume）隨著收入增加而遞減，如果把財富增值部分也算作所得，這種遞減會更明顯。

假設將經濟體分為富人與窮人族群，富人的邊際消費傾向為〇．四，窮人的邊際消費傾向為〇．八，隨著富人收入占比提升，整體社會的消費傾向就會降低。當富人獲取收入的比重從一〇％增加到九〇％時，整體社會的消費潛力指數會從〇．七六下降到〇．四四，下滑幅度高達四二．一％，貧富不均導致經濟成長潛力被不斷壓縮。此外，貨幣政策制定者應對疲軟需求的方式不當，也可能加劇這個問題。透過降低利率、放鬆管制，貨幣政策非常容易催生資產泡沫，而這些泡沫的破裂反過來又會導致經濟衰退。

其次，不公平的薪資制度在擴大所得差距的同時，也會降低一般員工的工作效率。諾貝爾經濟學獎得主史迪格里茲（Joseph Stiglitz）認為，如果工人的薪資低到只能勉強維持基本生活開支，他們的工作效率會降低，因為工人會投入部分精力來處理物資匱乏的問題，而這些精力原本可以用於工作。

再者，財富集中導致資源和機會的分配失衡，富人更容易獲得創新所需的資源和機會，而窮人卻處處受限，不利於社會創新。這種機會不平等可能導致低收入族群無法充分發揮創新潛力，進而限制社會創新的範圍與多元性。

最後，所得與財富分配不均會導致更多的尋租行為*。在經濟高度不平等的社會中，富人的話語權、對政治決策的影響力愈來愈大，他們會利用社會地位遊說政府，進而獲得超額報酬與額外的利益。尋租行為不僅會帶來社會不公平問題，也會降低經濟效率。

所得與財富分配不均問題持續擴大，還會對社會穩定帶來衝擊。貧富差距擴大社會各階層的矛盾，導致民粹主義盛行、逆全球化浪潮愈演愈烈、極端主義政黨上台，並影響全球政治經濟穩定，甚至使一些國家頻繁出現社會動亂。社會貧富懸殊帶來的最直接後果是社會分裂。這種分裂一開始的表現是收入和財富上的差距，然後是勞動力素質上的差距，接著是生活方式的不同，最後是價值觀的差異。這時社會將處於容易發生社會衝突的狀態，而且衝突將持續不斷。從二〇〇八年全球金融危機爆發開始，美國等已開發國家抗議財富分配不均的遊行示威接連不斷。例如，二〇一一年從美國開始並蔓延全球的「占領華爾街」運動反對社會財富分配不均，不滿政府補貼大

＊指各方利用資源來爭取政府特權、補貼或其他有利條件，以獲得經濟利益的行為。

企業，並呼籲政府增加民生支出，強化所得重分配的施政措施。二〇二〇年美國員警暴力執法事件引發「黑人的命也是命」的全美抗議運動，這不僅是一場反種族歧視的抗議運動，也是基層民眾對財富分配不均的抗爭。當社會貧富差距過大、制度性的分配不公，社會矛盾就會變得更明顯，小衝突很容易就會升級成大規模衝突。

如今，貧富差距導致的惡果開始浮現。在川普投入第三次競選之後，市面上有一本名為《絕望者之歌》（*Hillbilly Elegy*）的暢銷書，講述社會、地區和階級衰落如何影響那些一生下來就深陷其中的人。這本書反映出美國社會的分裂，大家忽然發現，美國中西部地區的人民生活也很糟糕，像書裡一樣成功脫離貧困向上流動的案例屈指可數。《絕望者之歌》描繪出美國中西部地區常見的失業、酗酒、吸毒等場景，即使是芝加哥這樣的大城市，安全問題也非常嚴重。所以沉默的大多數人用選票說話，選擇民粹主義派的川普。

在英國，人們將不滿歸咎於加入歐盟後，其他國家的勞動力搶占英國民眾的工作機會，因此用選票選擇「脫歐」；法國則出現「黃背心運動」。人們正透過民粹主義、逆全球化、極端主義甚至是戰爭，試圖緩解財富分配不均問題。在中國，政府試著透過共同富裕、精準扶貧來面對財富分配不均，而在西方國家，除了選舉之外，政府也試圖透過徵收富人稅等方法來解決問題。美國曾有人提出要課徵巴菲特稅，法國也曾經提議針對收入超過一百萬歐元的民眾，就超出部分徵收七五%的稅。但徵稅是一個非常困難的過程，當法國富人得知會被徵收新稅後，就紛紛移民出走，讓法國最後不得不放棄激進的稅改方案。

總之，財富分配是全球性的重要議題，與全球經濟演變、地緣政治等問題密切相關。尤其是新冠疫情後，全球貧富差距加大，為全世界帶來潛在的風險。

財富分配週期對金融市場的影響

不平等加劇在某種程度上會導致國家金融體系不穩定，主要原因有二：

一方面，由於薪資成長緩慢，中低收入族群往往會依賴債務融資滿足消費需求，而富人過剩的儲蓄則為中低收入族群提供融資的資金來源，進而推高借款者的財務槓桿。如果經濟發生不利變化，例如失業率或利率上升，借款者可能無力償還債務，導致債務違約風險增加。這將對金融機構的資產品質帶來負面影響，並可能引發金融危機。另一方面，富人日益成長的資產增值需求推動了結構性信貸市場的快速發展，大規模的資產證券化加劇金融市場的不穩定。此外，富人為了追求高報酬，可能會參與高風險投資，導致市場過熱並形成泡沫，進一步增加金融市場的不穩定。

富人階級不斷成長的資產增值需求使傳統債券的報酬率降低，促使富人尋找報酬率更高的資產，使得資產價格居高不下，未來上漲潛力有限，進而導致可以合理配置的資產選擇不多，也就是「資產荒」。從邏輯上來看，「資產荒」是低利率的結果；從利率因素來看，利率是資金的價格，資金的價格由資金的供需決定。供給端主要由央行控制，需求端主要由投資需求和消費需求構成。但考慮到投資最終也需要由消費者買單，因此有效需求（effective demand）*決定了資金價格。如果有效需求不足，最終就會導致流動性陷阱。進一步放鬆貨幣政策或許無法有效刺激經濟，但貨幣一旦收緊，經濟就會立即陷於停滯。從本質上來看，貧富差距擴大是需求難以擴張的主因之一。

在財富分配的週期中，財富集中會導致消費需求分化，奢侈消費與一般消費差距擴大。富人擁有更多可支配所得，更傾向購買奢侈品、奢華旅遊等消費品和服務，在一定程度上刺激相關產業的發展。而普通消費者面臨收入成長緩慢、消費能力受限的情況，會更加謹慎的消費，減少非必要支出。

相較之下，貧富差距的縮小通常意味著中低收入階級消費能力相對提升，與民生消費息息相關的產業（菸草、汽車、耐久財、網路零售等）往往成為受益者。彭博資訊觀察美國歷史上三個貧富差距快速縮小時期的消費股股價表現發現：二〇〇〇到二〇〇一年股價漲幅最高的產業為菸草（一五〇%）、耐久財（九四%）、綜合消費者服務（六八%），二〇〇七至二〇〇九年漲幅最高的行業為汽車（四五二%）、媒體（七〇%）、個人用品（三〇%），二〇一二至二〇一三年漲幅最高的產業為汽車（一七〇%）、網路零售（一二三%）、媒體（一二一%）。

* 指人們有能力且願意購買的需求。

第十六章

全球貨幣金融週期的轉換

金融週期是價值與風險的認知、對風險的態度以及融資限制之間的自我強化互動。

——克勞迪奧・波瑞歐（*Claudio Borio*）

金融是現代經濟的核心。經濟是肌肉，金融是血脈，兩者共生共榮。全球金融的擴張與收縮為市場帶來週期性波動，而伴隨著金融系統的順週期波動，金融市場的摩擦會進一步放大經濟衝擊，讓市場產生經濟週期性的繁榮與衰退。

四種貨幣金融週期理論

貨幣金融週期是什麼？學術界和實務界尚未有統一的定義。根據貨幣金融週期理論，金融變數的擴張與收縮是總體經濟波動的主因，理論還將金融影響總體經濟的機制從傳統的利率途徑擴大到信用與資產價格上，這些因素在全球的交互作用，最終形成全球金融週期。

關於貨幣金融週期，主要有四種代表性理論：

一是瑞典經濟學家克努特・維克塞爾（Knut Wicksell）提出的「貨幣累積過程」。維克塞爾認為，自然利率（neutral rate of interest）是企業的平均投資報酬率。當央行利率低於自然利率時，企業傾向借入資金並擴大再生產，使經濟成長形成正向循環。當央行利率高於自然利率時，由於借貸成本高，企業傾向減少借貸，使經濟成長形成負向循環。

二是美國經濟學家海曼・明斯基（Hyman Minsky）提出的「明斯基時刻」（Minsky Moment）。明斯基認為，金融體系具有內在不穩定性和順週期性，在經濟前景看好時，投資人傾向承擔較大的風險，願意增加負債規模，不斷擴大槓桿。一旦投資資產遭遇損失，放款人會儘快回收貸款，進而導致資產價值崩潰，出現去槓桿的「明斯基時刻」。

三是聯準會前主席柏南克（Ben Bernanke）提出的「金融加速器理論」，著重從信用角度解釋金融對實體經濟的影響。經濟衰退期間，銀行因壞帳增加而收緊信貸，與此同時，貸款人因財務狀況惡化造成信用下降，導致銀行更加不願放款，因此造成市場流動性危機，形成惡性循環，最終影響家庭和企業的消費與投資，加速經濟衰退。

四是野村證券綜合研究所首席經濟學家辜朝明提出的「資產負債表衰退理論」，是從資金需求角度研究金融對實體經濟的影響。當資產價格大跌時，企業或個人會將大部分的新增收益用於還債而不是再投資，導致信貸需求停滯或減少，中央銀行刺激信貸的政策操作失效，經濟出現惡性循環。

一般而言，金融週期的期間明顯比經濟週期長。根據歷史經驗，經濟週期通常為三到四年，而金融週期則通常為十五到二十年。換言之，一個金融週期可以包含多個經濟週期，當經濟週期與金融週期同步時，就會放大經濟擴張或收縮的幅度，而當經濟週期與金融週期不同步，總體經濟政策就可能面臨挑戰。

目前國際上普遍認為判斷金融週期階段的兩個核心指標是廣義信貸規模和房地產價格，前者代表融資條件，也就是流動性，後者代表資產價格，反映投資人對風險的認知態度。由於房地產是信貸的重要抵押品，因此廣義信貸規模與房地產價格之間會相互放大，進而引發自我強化的順週期波動。

整體來看，在金融週期上升階段，流動性與金融監理偏寬鬆，資產價格持續上漲。但如果金融資產上漲速度過快，金融風險將不斷累積。以中國房地產市場為例。二〇〇八至二〇一七年，以七十個大中城市房價指數為基準來看，中國房地產價格出現三次大漲，分別是二〇〇九到二〇一〇年、二〇一二到二〇一三年、二〇一五到二〇一七年。以中原地產二手住宅價格指數來衡量，二〇〇八年十月至二〇一七年五月，上海、北京、深圳、廣州的房價指數分別上漲二・六、三・一、三・二與三倍。

反之，在金融週期的衰退階段，流動性整體偏緊縮，金融監理趨嚴，資產價格持續下滑，金融風險不斷浮現、修正，尤其是當金融週期與經濟週期衰退期重疊時（例如在二〇一八到二〇一九年），消費者或企業的感受將更強烈。再以中國房地產市場為例，二〇一七至二〇二〇年，七十個大中城市房價指數的成長速度出現下跌後低檔盤整趨勢。如果從中原地產二手住宅價格指數來看，二〇一七年五月至二〇二〇年十二月，上海、北京、深圳、廣州房價指數的變化幅度分別為負三％、負一三％、四四％與一八％。

在金融週期衰退的過程中，金融風險逐步浮現，高槓桿資產和商業模式幾乎都會受到衝擊，投資人的資產安全受到嚴重挑戰。此時，投資人尤其注重流動性強、確定性高的金融資產，以獲取明顯的「流動性與確定性溢價」。例如：同一個城市裡，蛋黃區的房地產流動性明顯高於邊緣區域，同一個地區中，小坪數住宅的流動性高於大坪數住宅；高評級信用債的流動性高於中低評級，利率債的流動性高於信用債，績優股的流動性高於小型股；有穩定收益的基礎建設和房地產類資產優於收益波動性大的股票類資產，現金流穩定的公用事業公司股票優於現金流不穩、風險較高的成長型公司股票。

貨幣金融週期的驅動力

聯準會貨幣政策的溢出效應

學術界發現，全球金融週期與美國的貨幣政策週期高度一致，全球金融週期就是金融波動從美國擴散到世界各地的過程。

聯準會貨幣政策透過三個方式影響全球金融週期：第一，美元是全世界貿易、金融和準備資產的重要計價貨幣，聯準會的貨幣政策影響以美元計價的資產報酬與負債成本，進而影響個人、企業和國家決策。第二，美國在全球經濟中扮演主導角色，貨幣政策會透過資本流動對其他國家產生溢出效應。近年來聯準會的量化寬鬆政策退場，導致全球資本逃離開發中國家，就是一個典型的例子。除了影響跨境資本流動之外，跨國企業的轉移訂價（transfer pricing）*、國際銀行的內部訂價、全球的美元離岸資金池這些因素都會互相作用，進而產生變化。第三，美國居於全球經濟與金融秩序領導地位，會藉由國際合作，確保貨幣政策落實。無論是聯合國、國際貨幣基金組織等全球組織，還是七大工業國組織峰會（G7）、二十國峰會（G20）等正式協商平台，美國都強勢主導，協助美國將政策目標有效傳遞到全球體系當中。此外，消費者或企業行為也會將美國的金融狀況擴散到其他國家。全球投資人的行為受美國貨幣政策影響，他們的集體行動會影響全球資本流動與資產價格。

儘管聯準會的貨幣政策普遍被視為是推動全球金融週期的主因，但這種相關性卻高度不穩定。在二〇〇八年全球金融危機爆發前，聯準會寬鬆的貨幣政策，暗示更加疲軟的全球金融週期，而在後危機時代，寬鬆政策卻預示更強勁的全球金融週期。許多學者認為，變化的主因在於貨幣調控機制的改變。二〇〇八年之前，聯準會的利率調控幾乎主導貨幣政策，然而全球金融危機後，聯準會導入前瞻性指引**和非常規貨幣政策，貨幣政策調控方式變得更多元，使得單一利率指標無法完全反映整體貨幣政策。因此，應該從聯邦基金利率、前瞻性指引和大規模資產購買計畫等多元角度評估聯準會的貨幣政策。從不同角度思考貨幣政策，可能會得到截然相反的結論。近幾年興起的收益率曲線控制（Yield Curve Control，YCC）和現代貨幣理論，更將焦點

* 指跨國公司在不同國家或子公司之間進行商品、服務或資產交易時所設定的價格。

**屬於非傳統貨幣政策，旨在強化央行與外界的溝通，試圖藉此引導外界對貨幣政策的預期。

從單純的貨幣政策轉移到貨幣—財政、貨幣—政治議題方面。此外，還有其他因素可能會影響全球金融週期，例如歐洲開始展現出作為區域經濟中心的特徵、總體審慎政策（Macroprudential Policy）的廣泛實施、非銀行金融機構（影子銀行）興起等。

反映貨幣金融週期的兩大指標

總量分析主要觀察與實體經濟密切相關的貨幣與信貸指標。觀察貨幣供給可以判斷貨幣政策寬鬆程度，觀察信貸狀況可以衡量經濟中長期趨勢，有助於描繪出整體貨幣金融週期。

短期來看，在統計標準不變的狀況下，貨幣供給量作為貨幣政策的中間目標（intermediate target），可用來判斷總體經濟的貨幣政策寬鬆程度。以中國為例，原因有二：一是貨幣供給量可以反映貨幣流動性，二是自一九八四年以來，貨幣供給量一直是中國貨幣政策的中間目標。儘管中國已不再公布廣義貨幣供應量（M2）和社會融資規模的目標，但利率變動還是無法有效影響經濟活動，貨幣政策仍必須依賴供給量調控。因此，在假設統計標準不變的狀況下，可以從貨幣供給量判斷短期貨幣政策寬鬆程度。

中長期來看，信貸獲取能力對實體經濟有重大影響，可以用來觀察貨幣金融週期的中長期趨勢。諾貝爾經濟學獎得主史迪格里茲指出：「貨幣之所以重要，是因為它與信貸之間的關係，信貸獲取能力的變化對經濟活動有重要的影響。實質利率變化對經濟波動的影響似乎較為有限。」從數量來看，信貸規模成長幅度與GDP成長之間的差距是反映整體貨幣政策寬鬆程度的典型指標。從價格來看，貸款加權利率成長率與生產物價指數（Producer Price Index, PPI）成長率之間的差異，則能反映中長期貨幣政策總量寬鬆程度。

貨幣金融週期的市場影響

利率變動影響經濟成長速度

自然利率是理想中均衡狀態下的利率，也就是實際經濟成長與經濟成長潛力達成平衡時的均衡利率，是均衡政策利率的參考基準，長期實質利率可視為自然利率的近似指標；均衡是一種理想狀態，也是一種長期的概念，可以過濾短期波動的影響。

自然利率是長期概念，因此必須從長期經濟成長的角度來理解。影響經濟長期成長的三個因素是人口、資本、總要素生產率，其中對自然利率影響最大的是人口。舉例來說，歐洲、日本由於人口老化，自然利率不斷下滑，政府因此啟動負利率政策。「自然利率」與「經濟成長潛力」一樣無法直接觀察，要觀察自然利率，必須透過特定的推算估計方式。

按照理想的「實際利率」圍繞「自然利率」上下波動來制定貨幣政策有一定的難度，但這個理論的確為貨幣政策提供指導方向。首先，政策制定者必須分析實質的經濟成長狀況，並將之與經濟成長潛力相比。當實質經濟成長落後經濟成長潛力時，經濟處於衰退週期，需採取貨幣寬鬆政策以刺激經濟活動，此時實質利率低於自然利率；當實質經濟成長領先經濟成長潛力時，經濟處於過熱週期，需緊縮貨幣政策以減緩經濟成長，此時實質利率高於自然利率。

信貸供給推動經濟週期輪動

信用可得性是金融領域中一個重要的問題。信用可得性取決於金融機構、借款企業雙方的客觀條件、決策，以及市場環境與衝擊等因素。金融機構會評估借款企業的資產狀況、信用狀況、財務管理制度，以確定是否放款、放款額度、利率、抵押條件等。因此，信用可得性也有週期變化，是影響金融週期的重要關鍵。

當儲蓄較多時，如果經濟衰退，政府會放鬆信貸，降低利率，刺激消費與投資，推動經濟復甦；當儲蓄較少時，如果通膨壓力增加，政府會收緊信貸，減少投資與消費，促使經濟降溫，進而保持儲蓄總量的相對平衡。

實際的信貸週期通常呈波浪式狀態。由於政府不希望信貸市場低迷，因此在實際的信貸週期中，政府會大幅縮短緊縮的週期，因此通常在經濟進入衰退期後，政府就會立刻推動銀行採取信貸擴張政策，促使經濟迅速回溫。此時，儲蓄可能還來不及回補上一輪的虧損，新一輪的負債週期就開啟。這種信貸擴張與收縮的過程通常會形成短期債務週期。

貨幣金融週期的跨境效應

全球金融週期對各國總體經濟和金融穩定有極大影響。如果一個國家的金融狀況受全球金融狀況的影響過大，就會嚴重削弱國家貨幣政策的獨立性。此外，如果資本接收國（recipient country）的金融週期與全球金融週期互相影響，資本接收國可能會發生金融危機，因為資本接收國過度寬鬆的金融狀況，再加上全球金融寬鬆政策，會發揮加乘作用，導致過多資本湧入、貨幣大幅升值，導致資本接收國的信貸過度擴張，並引發資產泡沫。一旦全球金融狀況逆轉，金融失衡風險也將浮現，資產泡沫破滅和金融部門去槓桿將導致國內金融狀況惡化，嚴重時就會引發金融危機。隨著全球金融體系關係愈趨密切，局部區域的金融動盪會更容易擴散到其他國家，形成更大規模的金融危機。

二〇〇八年全球金融危機爆發後，美國等主要已開發國家的央行資產負債表空前擴張，各國基準利率降到低點，促使資本在全球尋找更具吸引力的收益，導致大規模資金湧入新興市場。二〇一三年，聯準會考慮逐步退出量化寬鬆貨幣政策，引起市場恐慌，新興市場資產遭到拋售，大量資本從新興經濟體外流。新冠疫情期間，為因應疫情衝擊，各國政府實施大規模貨幣刺激方案，從二〇二〇年三月至二〇二三年底，一些已開發國家的央行擴大資產負債表規模，其中，聯準會、歐洲央行與日本央行的資產負債表擴張幅度均超過三〇％，擴張規模合計約八兆美元，並導致大量跨境資本湧入中國。隨著通膨加劇、就業狀況改善，聯準會等主要央行開始釋出量化寬鬆貨幣政策退場的訊號。自二〇二二年至今，聯準會已升息十幾次，導致全球金融環境緊縮、流入中國的跨境資本發生逆轉，嚴重衝擊中國經濟。

貨幣金融週期對金融市場的影響

從行為金融學的角度來看，金融市場具有無生產過程和財富即時兌現的特點，容易激發人們對財富的貪婪。在「動物精神」的驅使下，投資人對未來的盲目樂觀和過度自信會引發「羊群效應」，導致大量資本流入金融市場，使金融市場的資本報酬率高於實體經濟。因此，原本擬投資於實體經濟的資金開始湧進金融市場，進一步導致金融市場中「非理性繁榮」與實體經濟中資金短缺兩種現象並存。當經濟系統受到負面衝擊時，投資人開始對未來感到悲觀，大量賣出金融資產，並再次引發「羊群效應」，導致金融資產價值大幅下跌。最終，企業可用於質押的金融資產價值嚴重縮水，進一步限制企業的融資能力。

此外，企業間的借貸關係也會隨著合作夥伴的變動而自發性調整，當經濟體系遭受負面衝擊時，高資產負債率企業的違約風險會波及與其有借貸關係的其他企業，間接增加其他企業違約、甚至破產清算的機率。

因此，在金融週期上升階段，企業資產負債表逐步擴張，但由於信貸政策寬鬆，企業很少會在這個階段面對債務違約風險。由於在金融週期上升階段企業累積了大量債務，當金融週期到達頂點時，信貸緊縮政策透過金融加速器機制以及「費雪效應」

（Fisher Effect）*不斷被放大、擴散。不僅如此，信貸緊縮政策還會使投資人對未來金融市場產生悲觀預期，大量賣出金融資產並引發「羊群效應」，最終導致金融資產價值大跌，企業的金融資產嚴重縮水。因此，信貸緊縮政策經過一系列連鎖反應作用，使企業難以從外部獲得融資，限制企業「借新還舊」的能力，導致企業違約風險增加，進而使企業在金融週期的高峰期更容易出現債務違約的狀況。

投資人風險偏好的影響

除了貨幣政策之外，投資人的風險偏好同樣是金融週期的主要驅動因素。風險偏好與全球金融週期有明顯的負相關。當全球投資人的風險態度趨向保守時，金融資產的風險溢價較低，良好的經濟環境也會激勵投資人或企業採取過度樂觀的行為，增強其借款意願。銀行等金融機構在全球風險較低、資產價格上升的環境下，整體的資產負債表更健康，會更積極的放款，並從事激進的投資行為。二〇〇八年之前，大部分金融機構都透過風險價值（Value at Risk, VaR）來控制、管理風險，全球經濟金融風險減少，為放寬風險控管提供條件，讓銀行類金融機構有更大的空間放款，讓非銀行類金融機構更樂觀的評估投資機會。

因此，全球經濟金融風險降低，使金融機構更願意承擔風險，減少金融資產的風險溢價、提高金融機構的槓桿率，導致信貸過度擴張並推高資產價格，最終形成泡沫，加速跨境資本的全球流動。由全球經濟金融風險變化引發的全球金融體系的順週期行為，成為驅動全球金融週期的重要因素。

中美金融週期不同步的全球危機

金融週期與經濟週期交互作用，會使政策調控和投資所面臨的環境更複雜。當經濟週期衰退、金融週期上升時，實施擴張性貨幣政策固然可以恢復經濟成長，但也可能導致資產價格上漲過快，反之亦然。要解決上述政策衝突，就必須在總體經濟政策之外引進總體審慎監理政策，例如同時實施擴張性貨幣政策與緊縮性監理政策，前者可以恢復經濟成長，後者可以防止資產價格上漲過快。

數據顯示，最近一輪中國金融週期的低點大概在二〇〇八年，高點大概在二〇一

* 由經濟學家歐文・費雪（Irving Fisher）提出，認為通膨率上升時，利率也將上升。

七年。美國上一輪金融週期的高點在二〇〇八年。次貸危機爆發後，聯準會在二〇〇八至二〇一三年間採取零利率政策，並實施三輪量化寬鬆政策以應對危機。二〇一四年，聯準會停止量化寬鬆政策，並從二〇一五到二〇一八年多次升息。二〇一七至二〇一八年聯準會則是實施較溫和的縮表政策。但由於美國股市在二〇一八年出現大幅度的波動，聯準會停止升息，甚至重新開始降息。

新冠疫情爆發打亂聯準會貨幣政策正常化的節奏。二〇二〇年三月起至二〇二二年三月，聯準會不僅重新將聯邦資金利率（Federal Funds Rate）調降至零，而且實施更大規模的量化寬鬆政策。聯準會的總資產已經從二〇二〇年初約四兆美元，逼近二〇二二年初的八兆美元。自二〇二〇年下半年至二〇二一年上半年，美國股市與房市價格的漲幅都相當顯著。可以說新冠疫情爆發，讓美國進入更明顯的金融週期景氣上升階段。

換言之，二〇二二年之前，美國處於金融週期的景氣擴張階段，而中國則處於金融週期的衰退期。中美金融週期不同步為中國總體經濟成長與金融穩定帶來挑戰。整體而言，這代表中美利差拉大，只要國際金融市場的波動性較低，大規模的跨境套利資金就會流入中國，一方面加劇中國國內資產價格的波動性，另一方面也會加大人民幣的升值壓力。而如果人民幣有效匯率（Effective Exchange Rate）上升過快，又會對中國經濟成長造成一定的壓力。如何應對中美金融週期不同步所帶來的衝擊，將是中國未來幾年的挑戰。

新興經濟體的金融衝擊

二〇二二年全球股債匯「三殺」，全球股市下跌約二〇%，債券也有兩位數跌幅，跨境資本流動大幅減少，銀行信貸標準緊縮，反映出全球金融週期衰退的典型特徵。二〇二二年，美國金融情勢指數（Financial Conditions Index, FCI）由歷史低點回升，收緊程度和速度僅次於二〇〇八年全球金融危機時，背後原因是聯準會劇烈波動的貨幣政策。

每當美國金融條件緊縮，一些經濟基本面脆弱、高度依賴外部融資的新興經濟體就會有大規模資本流出、貨幣貶值、外債償還壓力，甚至爆發金融危機。根據彭博資訊的資料，二〇二二年以來，隨著美國金融條件快速緊縮，全球金融週期進入衰退階段，新興經濟體再度面臨貨幣貶值等壓力。二〇二一年五月至二〇二二年九月，美元指數由八十九升至一百一十四，升幅高達二八%，與二〇一四年中至二〇一七年初美元指數升幅相當；但同期摩根大通新興市場貨幣指數下跌一七％，跌幅卻明顯小於二〇一四年中至二〇一七年初的二九％。

這段時期新興經濟體貨幣貶值幅度相對較小，有三個原因。一是新興經濟體外匯準備持續成長，有更多資本應對資金外流問題。二是許多新興經濟體央行搶在聯準會之前啟動升息，搶得先機。三是依賴商品出口的新興經濟體受益於全球大宗商品價格上漲。

雖然這一波金融週期衰退對新興經濟體的影響較小，但一些經濟實力偏弱、外部融資依賴度高的新興經濟體，仍然面臨龐大的償債壓力。

第十七章

全球人口週期的變局

相較於政府政策和金融市場變動，
人口趨勢更能決定一個國家的經濟快速成長和繁榮週期何時到來、維持多久。

——哈瑞・丹特（*Harry Dent*）

人既是消費者，也是生產者，人口變數事關經濟成長與民生福祉，是生產函數中的核心變數。美國經濟學家哈瑞・丹特認為人口趨勢，特別是出生率下降和高齡化現象同步加劇，能夠決定一個國家的經濟命運；相較於政府政策和金融市場變動等因素，人口趨勢更能決定一個國家的經濟快速成長和繁榮週期何時到來、維持多久。通貨膨脹通常出現在大量年輕人進入勞動市場時，通貨緊縮則是出現在老年人口大量增加時。英國經濟學家查爾斯・古德哈特（Charles Goodhart）和馬諾吉・普拉丹（Manoj Pradhan）則認為，過去持續約三十年的低通膨乃至通縮，主要是世界人口與全球化帶來的紅利。但隨著人口高齡化與逆全球化的雙重影響，這個趨勢正在逆轉。人口高齡化導致勞動參與率和勞動生產率降低，產量減少，進而可能引發通膨和利率高漲，還可能使高負債經濟體陷入困境，導致民粹主義興起。

當前，全球人口正面臨千年未有之大變局，人口大爆發期正接近尾聲，人口從高成長轉向低成長，部分國家超級高齡化、生育率低，人口週期正出現大轉折，全球經濟面臨巨大挑戰。

人口的週期變化特徵

人口週期是指人口經歷老一代陸續死亡、新一代不斷出生、世代更替的人口再生產過程及其引發的經濟社會變化。受經濟社會發展影響，個體生命週期發生明顯變化，例如，根據聯合國發布的《二〇二二年世界人口展望》，一九五〇到二〇二一年，全球平均壽命從四十六・五歲上升至七十一歲；同時，個人生命週期變化又對經濟社會發展產生反作用。目前全球的人口週期呈現六大特徵*：

一**是生育率持續下滑**。隨著經濟社會發展水準提高，生育率持續下滑。

人口再生產共經歷三個階段，高出生率、高死亡率、低自然成長率；高出生率、低死亡率、高自然成長率；低出生率、低死亡率、低自然成長率。根據影響生育率變化的主因，可將人類歷史劃分成四個階段：高死亡率驅動階段、死亡率下降驅動階段、功利性生育消退階段、成本約束的低生育率階段。而隨著養育孩子的直接成本和機會成本上升、功利性收益下降，世界各國的生育率均呈現下滑趨勢。根據聯合國統

* 作者注：參考任澤平撰寫的《中國人口的危與機——人口週期研究》一文，本書作者對資料進行了更新。

計，一九五〇到二〇二一年，全球總和生育率（Total Fertility Rate，TFR）從四・八六降至二・三二。一旦少生的觀念和文化形成，生育率陷入低迷後將難以逆轉。目前為止，世界上沒有一個國家可以在生育率降至低點之後，成功恢復到可以維持人口更替的水準（二・一左右）。

二**是嬰兒潮週期性出現直到消失**。出生人口在二、三十年後會成為婚育人口，生育後代，因此，嬰兒潮會在二、三十年後出現回聲嬰兒潮（Echo Boomers）。因總和生育率下降，出生人口高點也呈現下滑趨勢。例如日本出生人口在一九四九年、一九七三年分別達到二百六十九萬人、二百一十一萬人的高點，相隔二十四年，之後四十多年未出現嬰兒潮。一九四九年以來，中國出現三次嬰兒潮，分別在一九五〇到一九五八年、一九六二到一九七五年、一九八一到一九九一年。中國出生人口在一九六三年、一九八七年分別達到三千萬人、二千五百五十萬人的高點，相隔二十四年，但高點逐漸下滑。第四輪嬰兒潮本來應該在二〇一〇年前後出現，但因為生育率快速下降而消失。

出生人口萎縮後續將造成勞動年齡人口萎縮。如左頁圖所示，從勞動年齡人口（十五到六十四歲）占總人口比重來看，日本在一九九〇年代達到高點後開始下降，

勞動年齡人口占總人口比重

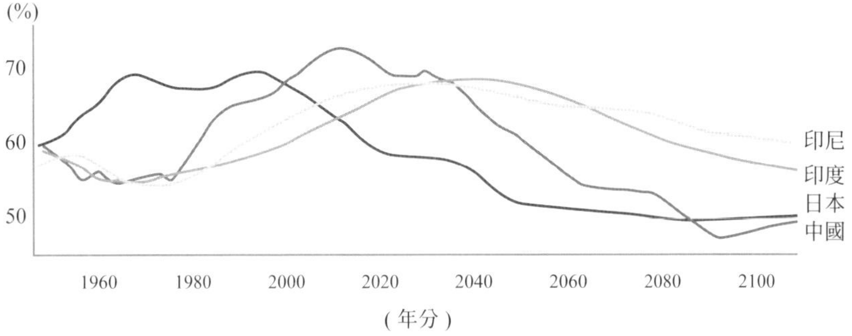

資料來源：聯合國《二〇二二年世界人口展望》
注：二〇二一年之後資料為聯合國預測資料

中國在二〇一五年左右達到高點，而印尼、印度預計在二〇三〇年達到高峰。因此，產業轉移的趨勢和方向將不可避免。

三是高齡化趨勢。目前，全球人口正步入高齡化階段。首先，老年人口規模龐大。根據聯合國資料，二〇二一年，全球六十五歲以上人口為七億六千一百萬人，二〇五〇年，這個數字將增加到十六億人。八十歲以上的人口成長速度更快。

其次，高齡化速度加快。全球六十五歲以上人口的成長速度超過年輕族群。二〇一八年，全球六十五歲以上人口數史無前例的超過五歲以下人口。此外，預計八十歲以上人口將成長近兩倍，從二〇一九年的一億四千三百萬人，成長至二〇五〇年的四億二千六百萬人。

第三則是全球人口壽命延長。由於健康狀況

世界人口年齡結構變化

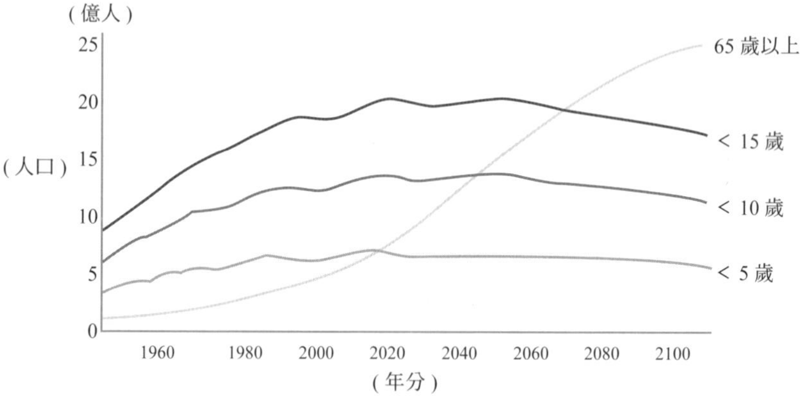

資料來源：聯合國《二〇二二年世界人口展望》

與醫療條件改善、受教育機會增加及生育率降低，人們的壽命正在延長。二〇二一年出生的嬰兒平均壽命可望達到七十一歲，與一九五〇年出生的嬰兒相比增加近二十五歲。根據國際定義，二〇〇〇年中國就已進入高齡化社會。過去半個世紀裡，日本人口也發生重大轉變。一九五〇年，日本超過一半的人口年齡在二十五歲以下，到二〇二一年，二十五歲以下人口占比降至二一%；相反的，六十五歲以上人口占比卻成長五倍多，從一九五〇年的不到五%，成長到二〇二一年的近三〇%。世界人口年齡結構變化如上圖所示。

四是人口萎縮是大勢所趨。保持人口規模不變的總和生育率更替水準為二・一左右，當總和生育率低於二・一時，人口總量就會出現負成長。從國際經驗來看，人口數量的變化通常會在二十到四十年之後才會出現。日本總和生育率在一九七四年降至二・一以下，二〇一〇年人口開始負成長；蘇聯總和生育率在一九六七年降至二・一以下，俄羅斯一九九四年人口開始負成長；中國總和生育率在一九九〇年跌破二・二，二〇二二年人口開始負成長。

從全球來看，歷史上人口規模總體持續上升，但未來也很可能陷入萎縮。根據聯合國資料，從西元元年到西元一〇〇〇年，全球人口從二億三千萬人增加至二億七千萬人，一五〇〇年、一八二〇年、二〇〇〇年分別增至四億四千萬人、十億四千萬人、六十一億四千萬人，二〇二二年達七十九億人。然而，全球人口成長率在一九六二年左右達到高點，為二・二%，現在的年成長率僅為當時的一半。

五是人力資本素質不斷提升。經濟社會發展和收入增加促進人口教育程度提升。根據聯合國資料，一九九〇到二〇二一年，美國二十五歲以上人口平均受教育年限從十二・三年增加至十三・七年，英國從七・九年增加至十三・四年，日本從九・六年增加至十三・四年，中國則從四・八年增加至七・六年。中國人力資本水準和已開發國家相比仍有較大差距，但從絕對規模來看，中國高學歷人口規模居全球之首，具有明顯的人才優勢。

六是人口遷移從都市化向都市圈和城市群擴展。人口遷移的基本邏輯是跟著產業、往「高處」走，人口流動將使得區域經濟貢獻與人口占比逐漸趨於一致。工業發展需要集中生產資源，因此工業化帶動都市化，人口大規模從鄉村向城市聚集；服務業發展比工業發展更需要資源集中，所以在都市化中後期，人口主要聚集到經濟發展成熟的大城市，以及大都市圈和區域中心城市。

從全球的角度來看，人口從中低收入國家遷徙到高收入國家，而且隨著全球都市化進入中後期，不同規模的城市人口成長將從過去的同步成長轉變成差異化成長，人口從鄉村和中小城市遷徙到大城市，而中小城市人口成長停滯甚至淨流出。例如美國人口以往聚集在傳統工業主導的「鐵鏽帶」(Rust Belt)*，之後轉向聚集至能源、現代製造業和服務業主導的西海岸、南海岸；日本在一九七三年左右，人口從原本向東京圈、大阪圈、名古屋圈聚集，轉向單獨朝東京圈聚集。

人口週期對經濟成長的影響

勞動力是經濟發展的關鍵因素，人口影響經濟成長則是牽涉到供需兩方：在供給端，人口數量與品質會影響勞動力、資本、技術三大生產要素；在需求端，人口會透過生命週期不同階段的消費行為，影響經濟成長。

從供給端來看，勞動年齡人口變化會影響勞動力供給和資本累積。工業化初期是勞動力資源相對豐富、撫養負擔輕的黃金時期，對經濟發展十分有利，這就是「人口紅利」。這種人口結構一方面為經濟成長提供充足的勞動力，另一方面提高資本累積率，也就是人口紅利所發揮的經濟效應。改善資源配置的方式可以有效釋放人口紅利，並在經濟體參與全球化的過程中發揮相對優勢，進而延緩資本報酬遞減的過程，為經濟成長注入更多動力。

當工業化發展到高峰，福利水準提升、社福體系完善以及生活成本大幅增加，使經濟體進入生育率明顯下滑的階段，人口開始轉向高齡化。隨後，人口結構的變化使得撫養比逐步上升，進而帶動要素價格（factor price）發生明顯變化，人口紅利減

＊ 鐵鏽帶過往是美國工業重鎮，但隨著製造業衰退和經濟結構發生改變，繁榮不再。鐵鏽帶通常指伊利諾州、印第安那州、愛荷華州、密西根州、俄亥俄州、賓夕法尼亞州、威斯康辛州及紐約州。

弱。在高齡化的過程中，勞動年齡人口到達高峰並出現負成長，對經濟的衝擊主要表現在供給面，也就是勞動力短缺、人力資本提升的速度減緩、資本報酬率下滑和資源重新配置空間縮小，導致經濟潛在成長率下滑。

此外，勞動力從農村轉向城市，也會影響勞動力供給與勞動生產率。在劉易斯（William Arthur Lewis）的二元經濟模型（Dual Sector model）理論中，從已開發國家的發展歷程來看，開發中國家的發展過程在某種意義上是工業化的過程。

一個經濟體在發展初期有二元經濟結構，一個是以傳統農業為主、透過傳統生產方式生產的「維持生計部門」，一個是以工業部門和城市為核心、借助現代方式生產的「現代部門」。由於人口多、成長快，並受邊際生產率遞減影響，農業部門邊際勞動生產率非常低，甚至為零，因此出現大量剩餘勞動力，此時只要工業部門能夠提供大於維持農村最低生活水準的基本工資，就會有大批的農村勞動力湧向工業部門。農村剩餘勞動力流向「現代部門」，改善勞動力供給結構，不僅能減少資本邊際報酬遞減的影響，還能提高資源配置效率與勞動生產率。

人口品質方面，人力資本的累積推動創新和技術的進步。

人力資本以知識或技術的方式呈現，具有非競爭性以及非排他性，個人知識或技術提升將帶動社會整體知識或技術的發展，並透過提升總要素生產率，進而推動經濟成長。

一九八〇年代，美國經濟學家羅伯特・盧卡斯（Robert Lucas）分析人力資本累積的意義，認為勞動力品質是經濟成長的關鍵驅動力，並參考柯布–道格拉斯生產函數（Cobb–Douglas production function）改良人力資本模型。盧卡斯的人力資本外部效應模型，假設人力資本的成長率與人們為了提升知識或技能所投入的時間成正比，個人能力的提升既能提高自己的生產效率，也能提升整體社會的生產率。

從需求方面來看，個體生命週期不同階段的消費傾向與消費結構不同，人口年齡結構變化會對總需求產生影響。根據美國經濟學家法蘭科・莫迪利安尼（Franco Modigliani）的生命週期假說，個人的消費水準不僅依賴當下的收入，也受到長期預期收入影響，因此人們會根據一生的預期收入分配不同年齡階段的收入，透過改變投資與儲蓄的比例來平衡消費，以確保個人的需求和願望得到最大滿足。

美國經濟學家貝瑞・博斯沃斯（Barry Bosworth）等人統計全球八十五個國家不同年齡階段人口的投資與儲蓄變化，資料顯示，投資高峰期往往出現在二十到三十五歲，而儲蓄高峰期則出現在四十到五十五歲，而且這個規律在亞洲國家更明顯。

總人口到達顛峰之後將出現人口負成長以及更嚴重的高齡化問題，這會從需求面，特別是消費方面對經濟造成衝擊。二〇〇五到二〇一二年，中國經濟高速成長，雖然人口的年均成長率只有〇・六%，但由於每人年均消費成長高達九・七%，消費總規模的年均成長率仍高達一一・二%。二〇一二到二〇一九年，中國經濟成長速度趨緩，每人年均消費成長率掉到六・四%，雖然人口仍然保持成長，但消費規模成長率變低，年均僅八・六%。一旦人口成長率轉負，消費總量必然受到更大的衝擊。

人口週期對金融市場的影響

人口結構的變化會影響市場對金融資產的需求。莫迪利安尼將個人儲蓄的生命週期理論應用於整體社會的儲蓄行為，認為儲蓄率會隨著勞動年齡人口增加而提升，隨著被撫養人口增加而下滑。

人口年齡結構是影響儲蓄率的重要因素，因為大部分儲蓄主要來自十六到六十歲的族群，老年人不僅不再儲蓄，反而會動用過去的儲蓄用於生活支出，所以老年人口增加，儲蓄率必然會下降。從投資需求的角度來看，高齡人口消耗儲蓄，他們會賣出金融資產來維持消費平衡，導致金融資產價格下跌。

年齡不同、承受風險的能力不同，也會有不同的投資需求。生命週期假說分為投資假說和風險規避假說。從投資假說來看，二十到四十歲是核心族群，他們處於家庭形成期階段，住房是投資重點，剛性需求帶動房價上漲。相反的，當人口逐漸高齡化，住房需求趨於穩定並呈現邊際遞減，將帶動房價下降。從風險規避假說來看，投資人規避風險的意願隨著年齡成長而增加，高齡長者不願意讓儲蓄和勞動收入暴露於風險之中。另外，隨著預期壽命增加，家庭持有的金融資產當中，流動性資產占比逐漸提高，資本性金融資產的占比逐漸下降。

人口結構的變化也會讓金融市場的產業出現差異。從生命週期角度來看，結婚意願降低、出生人口下降、人口高齡化會逐漸改變需求端的經濟結構。由於結婚生子意願下降，購房需求可能減少，連帶讓家具、家電以及建材等消費性需求受到影響，母嬰產品消費需求也會下滑。高齡族群在房地產、交通、通訊等方面的消費需求減少，消費主要集中在醫療、公共基礎建設以及其他消費品，這將進一步推動必需性消費、醫療健康等產業興起。

新加坡淡馬錫公司將壽命延長視為未來四大長期趨勢之一，長壽所帶來的需求將創造新的投資機會。淡馬錫生命科學投資總裁兼全球企業發展（新加坡）聯合主席高偉達博士認為，人們愈來愈長壽，為了確保能持續享有健康、愉快的生活，因此會增加醫療需求。隨著商業模式數位化與創新解決方案的興起，醫療服務將朝可負擔、以價值為導向的模式轉變。淡馬錫看好這個趨勢，並積極投資於創新醫療方案與關鍵的新一代療法，以滿足老年人的需求。

人口年齡結構變化影響金融市場發展，進而對金融結構產生影響。從總體經濟角度來看，隨著人口走向高齡化，股票市值與私人信貸在金融市場中的比重逐漸下滑，經濟體更偏向銀行導向的金融體系；從風險偏好的指標來看，股票市值與銀行存款在金融市場中的占比也下滑。

以日本為例，面對高齡化與泡沫危機，日本企業開始減少投資，緊縮業務，但製造和消費產業反而開始逆勢擴張。其中，製造產業中出現的熱門股票，主要是抓住了製造業升級的趨勢。人口高齡化導致日本勞動力資源不足、成本上升，迫使製造業轉向自動化升級，在此趨勢下，日本政策積極引導，為先進製造業提供資金及減稅政策，讓製造業蓬勃發展。雖然較基礎的消費電子產業衰退，但先進製造業卻持續成長。以先進製造業中的工業機器人為例，日本應對人口高齡化的措施之一，是利用工業機器人填補勞動力缺口，並運用「服務機器人」為老年人提供服務。人口高齡化刺激機器人需求成長。如今，發那科（FANUC）與安川電機兩家日本企業不但躋身「全球四大機器人」家族，發那科的機器人市占更衝上全球第一。

另一方面，消費產業的崛起則是因為抓住產業格局重塑的機會。日本高齡化加速，經濟發展趨緩，人民所得收入長期停滯不前，上班族的平均薪資下滑進一步導致貧富差距擴大。中產階層加速「M型化」以及民眾的消費決策，進一步分化消費行為。日本經濟學家大前研一曾指出，消費者一邊追求無品牌、高性價比的商品，一邊也會追求奢侈品，這樣的消費模式為產業格局帶來改變的機會，卻也壓縮中價位商品的市場空間。

雖然高齡化為消費市場帶來負面影響，但是能抓住消費市場兩端的企業卻都能逆勢成長。例如，主打高性價比商品的Uniqlo，或是聚焦高價商品的企業例如資生堂、花王等。

第十八章

全球價值鏈重組的週期變革

今天，我們處在歷史的十字路口。
決策者關注全球價值鏈在推動發展中扮演的角色，
就必須面對新的挑戰，
也就是適應一個新興經濟體引領全球生產與貿易的新世界。

——蓋瑞・傑芮菲（*Gary Gereffi*）

不知道大家是否發現，愈來愈多國際品牌服飾由越南製造，中國製造的比例正在下降。面對中國勞動力成本上升，一些跨國服裝巨頭選擇將產線從中國遷往越南或其他國家。相反的，汽車產業曾被西方國家主導，但現在中國製造的新能源汽車卻能走向海外，暢銷全球。中國的貿易結構正在發生變化，全球價值鏈正經歷週期性變革。了解產業鏈、價值鏈調整的原因，抓住價值增值的核心關鍵，研判未來發展趨勢，總結成功企業制勝經驗，是週期性變革下產業鏈、價值鏈研究的切入點。

何謂全球價值鏈

全球價值鏈描述一個產品在不同國家的製造過程。過程中，各國根據製造優勢分工，單一企業專注於某個特定生產步驟，而非最終的完整產品，也因此，產品的價值創造遍及不同的國家，不是由單一國家或企業完成。

全球價值鏈是一個全球性的跨企業網路，連接生產、銷售、回收處理等製造過程。許多學者從不同角度、不同的製造流程描述全球價值鏈，儘管描述不同，但核心概念一致，也就是一國的出口產品零組件並非全部由本國生產，最終產品包含許多由國外生產的中間產品。從生產的角度，這個生產流程被描述為「全球產業鏈」、「全球供應鏈」，從分工角度被描述為「垂直整合」、「產品內分工」、「國際外包」、「全球生產分工」，從貿易角度被描述為「中間產品貿易」。「全球價值鏈」這個描述更強調整體生產鏈的每一個步驟，以及生產鏈當中不同節點對生產價值的貢獻。

與傳統生產活動相比，全球價值鏈有兩個特徵：一是高度專業化，二是企業間維持長期合作關係。根據出口占工業總產值的比重來衡量，參與全球價值鏈的產業通常有電子、汽車和機械等，而農業、批發和零售業通常為本土產業。

全球價值鏈可以根據產業特徵來分類，例如麥肯錫方法將其分為六類，其中四類與生產有關，兩類與服務有關，包括：

（一）全球創新價值鏈，主要有汽車、電腦、電子以及機械等產業，這些產業催生出價值最高、貿易規模最大、知識最密集的商品貿易價值鏈。

（二）勞力密集型產品價值鏈，主要包括紡織、服裝、玩具、鞋與家具製造業，特點是貿易規模龐大，勞力密集度高，目前中國是全球最大的勞力密集型產品生產國。

（三）資源密集型產品價值鏈，主要包括礦業、能源和基礎金屬等產業。

（四）區域生產價值鏈，主要有金屬製品、橡膠和塑膠、玻璃、水泥和陶瓷、食品和飲料等以當地生產為主的產業。

（五）**知識密集型服務價值鏈**，主要包括專業服務、金融仲介、IT科技服務等高附加價值產業。

（六）**勞力密集型服務價值鏈**，主要包括零售和批發、運輸和倉儲以及醫療照護等產業。

資本和貿易自由化推動全球化分工，全球價值鏈逐漸成為國際生產、貿易、投資的核心，把世界各國納入全球化生產的複雜網路中。跨國企業主導全球價值鏈發展過程，透過拆解價值鏈，把不同生產流程分配給不同國家，將有相對競爭優勢的經濟體納入垂直專業化體系。如今，全球八〇%的國際貿易與全球生產網路有關。

跨國公司主要以兩種方式建構全球價值鏈，一種是生產型驅動，透過投資形成全球價值鏈。這類跨國企業往往擁有技術優勢、謀求市場擴張，透過直接投資（包括綠地投資〔greenfield investments〕＊和併購）的方式控制整個價值鏈。這種模式下的價值增加主要來自研發、關鍵零組件製造等流程。全球創新與知識密集型產業往往會形成以生產為驅動力的價值鏈，例如汽車、飛機、電腦、半導體和裝備製造等產業。另一種是採購型驅動，透過採購和外包形成全球價值鏈。這類跨國企業往往擁有品牌經營優勢，掌握國際行銷通路，與價值鏈上的其他企業彼此互相獨立，透過貼牌代工等方式建立關聯。在這種模式下，價值成長主要來自品牌經營、行銷通路的開發等。勞力密集型產業往往會形成採購型驅動價值鏈，例如服裝、玩具、家具和農產品等產業。

全球價值鏈的發展三階段

二戰以來，全球價值鏈發展大致可分為「慢—快—滯」三個階段：

第一階段是初步形成期（二戰結束至一九八〇年代末），全球價值鏈主要分布在美國、日本以及歐洲等地。二戰後在馬歇爾計畫推動下，美國對西歐各國提供經濟援助以支持戰後重建，帶動國際資本與貨物流動。一九四八年《關稅暨貿易總協定》（GATT）實施，大幅加速國際貿易自由化進程。一九八〇年代，美國、日本以及歐洲多國紛紛放寬資本管制，促使跨境資本流動自由化。同時，技術進步有效降低跨

＊指企業在外國市場進行的新建設投資，也就是直接在當地建立新的生產設施、工廠等，而不是透過收購現有企業或合資成立公司。

國運輸、通訊成本。政策與技術的雙重影響讓垂直化國際生產分工和中間產品貿易興起，全球價值鏈登上經濟全球化的舞台。當時全球價值鏈在區域上仍以美、日、歐為主，全球化程度不高。

第二階段是快速發展期（一九九〇年代初至二〇〇八年全球金融危機爆發前），主要是將新興經濟體納入體系。一九九〇年代，隨著執行《關稅暨貿易總協定》的國際組織升級為世界貿易組織，全球化開始加速。這段時期，先進國家的對外直接投資出現爆發性成長，由跨國公司主導的直接投資「編織」出全球價值鏈網路，新興經濟體加入網路，並成為新的成長力量。在此背景下，全球價值鏈的範圍與深度都有大幅成長，新興經濟體在全球價值鏈中的參與度持續上升，價值鏈快速擴展。中間產品貿易超越最終產品，逐漸成為國際貿易的核心。在這一輪全球化進程中，中國發展為「世界工廠」，成為全球價值鏈和國際貿易的中心。

第三階段是發展停滯期（自二〇〇八年全球金融危機爆發至今）。二〇〇八年全球金融危機後，全球貿易自由化程度下滑，各國在全球價值鏈中的參與度也開始下降。這階段的全球價值鏈發展停滯有許多原因，一是金融危機暴露過去二十多年高速發展所累積的經濟社會問題，特別是財富分配、人口、債務方面的結構性矛盾，激發出保護主義浪潮；二是主要新興經濟體，尤其是中國在產業鏈上占據愈來愈重要的位置，企業也以本地生產取代中間產品，使得本地生產活動取代全球價值鏈生產；三是美國、日本以及歐洲等先進國家嘗試科技創新、推動製造業回流，在一定程度上減少在全球價值鏈中的參與程度。

全球價值鏈的分布特徵

在全球產業鏈快速發展階段，隨著中國在改革開放後主動加入全球產業鏈，以及歐美等先進國家將生產活動外移到生產成本更低的中國，「歐美市場」與「中國製造」完美結合。整體來看，全球化分工的具體特徵是：已開發國家消費，新興市場國家生產；已開發國家生產技術密集型高附加價值產品，新興市場國家生產勞力密集型低附加價值產品。中、美、德三大生產中心逐步成形，成功帶動亞洲（日本、韓國、東協）、美洲和歐洲區域製造業的快速發展。

從產業分布來看，少數製造業主導大部分全球價值鏈的生產活動，不同產業的全球價值鏈之間也有不同的特徵。一些產業長期依賴全球價值鏈，並保持高速發展和成長，例如基礎工業，必須大量進口化學藥品、基本金屬、橡膠、石油等原物料。也有一些產業在全球化初期參與全球價值鏈，但近期卻逐步退出，例如紡織品和皮革產業，價值鏈不斷集中，目前中國已經成為這些產業的最大生產國，而且在生產鏈當中扮演重要角色。

從產業結構來看，全球價值鏈當中製造業比重較大，服務業正迎頭趕上。一九八〇到二〇〇九年，運輸、旅遊、商業服務等服務業出口總額占全球貿易總額比重約二〇%左右，但創造的實際價值在附加價值貿易（Trade in Value Added, TiVA）中的比例從三一%升至四三%。在法國、德國、義大利、英國和美國，服務業貢獻出口增加值的一半以上。即使是傳統製造業產品出口國，如中國，也有超過三分之一的出口增加值來自服務業。全球價值鏈發展不僅與製造業外包業務有關，服務性業務外包也發揮關鍵作用，許多美國製造商的後台業務都已經移到印度。

從國家分布來看，全球價值鏈的生產與貿易活動逐漸集中在少數幾個國家，形成美、中、德三大生產中心。各國參與全球價值鏈的方式不同，根據其聚焦的產業領域和創新能力，各國的參與方式主要可分為四種：提供原物料、參與基礎製造業、參與先進製造業與服務業、展開創新活動。有資料顯示，已開發國家與大型新興國家主要參與複雜的先進製造業與服務業全球價值鏈，其他國家則主要從事原物料出口或參與基礎製造業全球價值鏈。在參與度方面，價值鏈擴張同時涵蓋全球與區域層面，不同區域間的差異較大，例如東亞和歐洲區域內部貿易較多，北美在全球一體化貿易合作中扮演積極角色。歐洲是區域整合最深入的地方，其區域價值鏈整合程度是全球平均的四倍。

全球價值鏈對全球經濟的影響

全球價值鏈提高總要素生產率，提升經濟成長潛力，推動全球經濟成長，然而，全球價值鏈也帶來分配、就業、供應鏈等一系列結構性問題。

全球價值鏈的兩大正面影響

一是促進全球經濟成長。全球價值鏈有效利用全球的閒置勞動力，擴大勞動與資本參與，進而帶動經濟成長。以人均GDP的累計變化來看，參與全球價值鏈的國家都有明顯的經濟成長，對於減少全球貧困發揮重要作用。

二是促進開發中國家的結構轉型。全球價值鏈使開發中國家的勞動力脫離生產率較低的生產工作、投入生產率更高的製造業和服務業活動，促進國家經濟結構轉型。

全球價值鏈的三大負面影響

一是帶來分配、就業不均等結構性問題。生產工作被外包到技術水準低、勞動力薪資水準低的國家，不但壓低製造業薪資，也導致已開發國家出現結構性失業問題。此外，也加劇勞動力市場不平等問題：擁有專業技能的工人薪資愈來愈高，專業技能不足的工人薪資卻停滯不前。

二是增加生態環境成本。全球價值鏈涵蓋大量的中間產品貿易活動，由於貿易規模擴張、運輸距離增加，環境成本也跟著上升。貨物包裝過程會產生更多廢棄物，這個問題在電子產品與塑膠產業尤其嚴重。生產或能源補貼導致的生產過剩也讓自然資源面臨龐大的壓力。

三是增加全球價值鏈的脆弱性。新冠疫情導致全球經濟陸續停擺，凸顯全球價值鏈的脆弱性。大量依賴全球「及時生產系統」營運的企業面臨製造業衰退、供應鏈失靈、生產與銷售脫節等情況。根據麥肯錫報告，二〇二〇年受產業鏈斷鏈影響的全球商品貿易總值達二兆九千萬至四兆六千萬美元，相當於二〇一八年全球商品貿易總額的一六%到二六%。供應鏈斷鏈產生全球性系統風險，使全球性通膨問題加速蔓延。

後疫情時代的全球價值鏈重組趨勢

中國在產業鏈上的崛起改變原有的分工模式，讓美國這個多邊機制的主導者，對全球經貿的態度徹底改變。隨著西方保護主義抬頭、各國國內分配失衡加劇，歐美開始啟動供應鏈縮減與重組，多邊經貿協調機制已名存實亡。新冠疫情爆發更讓全球價值鏈加速重組，以歐美為核心的自由市場全球化時代已經成為過去。

新冠疫情對全球產業鏈帶來全面性的考驗，暴露產業鏈中的安全問題，未來全球產業鏈分布將不單純以效率決定，而是會將公共安全風險、集中度等因素納入考量。全球化帶來的經濟紅利已經到頂，發展模式正在重新調整，預計經濟成長將放緩，但結構性機會仍會存在。在經濟治理、科技進步、可持續發展三大趨勢的共同作用下，產業鏈、供應鏈重組將是未來十年影響全球經濟和投資最重要的因素。全球價值鏈的重組趨勢主要特點如下：

東升西降趨勢

全球最終需求出現從已開發國家轉向新興市場國家的趨勢，經濟模式也面臨再平衡挑戰。以美國為首的已開發國家正透過投資而非消費來調整國內需求，以中國為首的新興市場國家則是透過消費而非投資來調整國內需求。

一方面，歐美花費較長的恢復期才擺脫二〇〇八年經濟危機，而且經濟成長率持續偏低，市場擴張空間有限。同時，歐美跨國公司的國際化水準也達到「天花板」，傳統製造業布局全球的動力減弱。另一方面，中國已於二〇一〇年成為世界第二大經濟體，經濟發展重點也逐漸轉向內需。麥肯錫公司預估，到二〇二五年，新興市場將消耗全球近三分之二的產品；到二〇三〇年，開發中國家的消費總量將占全球一半以上。跨國企業的經營布局傾向靠近市場、就地生產，但如今消費者的地理位置已發生變化，這也將為全球價值鏈的地理分布帶來變化。

加速重組腳步

從地理上來看，主要國家對產業鏈獨立性的要求，可能會促使價值鏈由全球化的「單一鏈條」，轉型為以消費市場為核心的「多鏈區域化」；產品之間的競爭可能會從企業之爭，演變為供應鏈之爭。

從結構上來看，在數位技術的推動下，服務全球化進程快速發展。傳統以製造業產品為核心的生產分工型全球化進入停滯期，尤其是勞力密集型產品的全球化接近「天花板」；而以數位技術驅動的完整價值鏈全球化，尤其是服務全球化正在快速發展。過去十年，服務貿易的成長速度已經超越貨物貿易，例如，電信和ＩＴ服務貿易、商業服務貿易和智慧財產權貿易等領域的成長速度高達二到三倍。

數位技術革命讓服務貿易全球化成為可能。例如，５Ｇ和通訊技術快速發展，使遠端醫療、遠端手術等跨境服務成真。服務全球化對所得分配和產業組織的影響，比製造業全球化更顯著，因為數位化服務的邊際成本極低，消費者只會選擇最好的服務供應商，「贏者通吃」現象將更加突出。此外，數位全球化讓複雜產品的全球化分工更精細，尤其是在前端的研發和設計，以及後端的市場和客戶資訊方面，產品附加價值的創造將更加集中於價值鏈兩端。

生產布局出現新趨勢

疫情衝擊暴露全球產業鏈分工體系的脆弱性，使國家、企業重新審視全球價值鏈風險。

產業鏈、供應鏈重組將是未來十年影響全球經濟和投資最重要的因素。聯合國貿易和發展會議（United Nations Conference on Trade and Development, UNCTAD）提出影響國際生產的三大趨勢：經濟治理、科技進步、可持續發展。這些趨勢將不斷對全球生產活動帶來深遠影響。總體來看，較確定的變化趨勢包括：減少實體生產設施的投資、價值鏈縮短、附加價值更集中。隨著推動全球生產的動力減弱，開發中經濟體吸引跨國公司投資的機會將減少。

具體來看，在關鍵重要產業和長供應鏈產業，跨國公司的生產布局將出現本土化、多元化、複製化傾向。

一是在關鍵產業製造流程，跨國公司有回流本土的壓力。各國政府加強關鍵產業的控制權，並開始關注與民生以及國家命脈有關的戰略產業。部分與國計民生有關的跨國企業可能會犧牲利益「回流」本土，以滿足政府和社會期望，包括重要原物料、高科技零組件、醫藥產業等。

二是為了避免發生疫情期間的斷鏈風險，跨國公司必須推動供應鏈多元化，並保留額外的生產能力與資源。跨國公司對即時生產模式和分散生產的態度變得保守，開始保留額外的生產能力，將生產布局集中靠近本國，多元化供應鏈成為本土化供應鏈最重要的替代方案。例如，儘管美國本土的製造業衰落，將生產流程遷回美國本土難度過高，但美國可就近選擇將生產轉向墨西哥等拉美國家。

三是在新技術的支持下，鄰近消費地的複製化生產布局成為跨國公司的新選擇。3D列印大幅降低製造成本，整合、優化製造流程，減少製造過程中的地理限制。新技術成為生產複製化的基礎，跨國公司在消費地附近設立工廠，並強化對價值增值分配與協調網路的控制權。例如在歐美尋求供應鏈「去中國化」的背景下，跨國企業選擇在東南亞國家就近設立工廠，在規避政策風險的同時也貼近中國市場。跨國醫療照護企業疫情期間不僅面臨短期內供應鏈中斷的問題，還受到各國政府緊急徵用措施的影響，未來幾年將面臨調整全球生產網路的壓力。

粗放式的全球化成長已經到了極限，未來幾年全球將處於成長放緩的轉型期，但同時也出現新機會，包括建立新區域價值鏈，小規模、分散式的製造系統重組以及供應鏈多元化，將催生出結構性機會。未來趨勢多變，影響也很複雜，再加上傳統貿易數據和投入產出資料無法反映即時變化，不確定性將持續擴大，投資人必須加強對全球價值鏈的前瞻性預判。

價值鏈重組的贏家

從以成本為導向到更關注安全，全球價值鏈正發生結構性變化。近幾年，美國與西方啟動供應鏈縮減與重組，有一些企業抓住機會，把握價值鏈重組的時機，重新配置以因應全球價值鏈調整。

價值鏈重組的受益區域

近年來，隨著友岸外包（Friend-Shoring）與近岸外包（Near-Shoring）＊興起，墨西哥、東南亞與東歐是新一輪全球產業鏈調整的主要受益國家或地區。從貿易資料來看，二〇二三年四月，墨西哥取代中國成為美國第一大貿易夥伴。

中美貿易摩擦以來，美國逐漸把在中國的供應鏈遷移到其他國家，墨西哥身為美國的鄰居，是美國近岸外包的主要受益國。由於擁有完整的勞動力體系與低廉的勞動成本，汽車產業成為墨西哥的重點發展產業。

政策激勵也是墨西哥近期推動產業發展的關鍵因素。除了《北美自由貿易協定》之外，二〇二二年美國制定《通膨削減法案》，補貼新能源汽車。然而該法案同時也對汽車產地提出嚴格要求：汽車必須在北美組裝，而且電池中的材料和關鍵金屬必須來自美國或與美國有自由貿易協定的國家，這樣消費者才能在購買汽車時獲得每輛七千五百美元的稅收減免優惠。由於這項法案的原產地納入墨西哥，因此全球汽車廠商紛紛大力布局墨西哥。

另一個受惠產業轉移的地區是東南亞。中美貿易摩擦開始後，區域貿易成長趨勢明顯，而在各區域間，亞洲的成長潛力最大。受惠於中國人口高齡化與產業鏈轉移，東南亞發展快速，例如越南股市成長驚人，過去幾年漲了好幾倍。

東南亞在地理位置、文化上與中日韓相近，一些從日本、中國移出的產業鏈就近遷移到東南亞地區。雖然東南亞與中日韓在先進產業方面仍有較大差距，但是在基礎產業，例如勞力密集型產業方面，東南亞產品具有一定的替代性。以越南為例，二〇二二年越南貿易總額達七千三百二十五億美元，年成長九・五%，其中貨物出口額達三千七百一十九億美元，年成長一〇・六%。**

* 友岸外包指將企業撤離有地緣政治衝突的國家，轉而優先與盟國或價值觀相近的國家發展貿易互助的供應鏈。近岸外包，指將業務流程或服務外包給鄰近國家。

**作者注：參考越南工貿部發布的二〇二二年《越南進出口報告》。

一方面，越南地理位置優越，良港眾多，勞動力充足，有一定的工業基礎。另一方面，越南積極借鑒中國改革開放經驗，成功走上出口貿易發展之路。近幾年越南抓住全球價值鏈重組的機會，大力扶持電子、電信、紡織、農業等產業，鞏固越南在全球產業鏈中的地位。中國轉移到越南、菲律賓的企業也在當地取得不錯的發展，從港股來看，許多在亞洲區域從事海運產業的公司股價也大幅上漲。整個亞洲新興市場都在發展，不僅經濟產值上升，人口紅利也不斷釋放。

投資人在尋求海外投資機會時，除了歐美國家之外，也應關注亞洲其他新興市場國家。從產業角度來看，歷史上曾有四次產業轉移，分別是英國到美國、美國到德國和日本、德國和日本到亞洲「四小龍」、亞洲「四小龍」到中國。現在全球正經歷第五次產業大轉移，而這次產業轉移和之前的區別在於，過往屬於單向轉移，但這次是雙向轉移，也就是已開發國家與開發中國家雙向轉移。主要的轉移項目有兩個，一是市場、成本、資源，二是技術。

價值鏈重組的受益企業

跨國企業是產業鏈重組的關鍵。聚焦符合產業鏈重組趨勢的優質企業，有利於降低投資風險，做出理性、良好的投資決策。

具有先發與本土化優勢的企業是這一輪產業鏈重組過程中的贏家特徵。早在二〇〇二年，中國媒體公司四達時代就與非洲多國攜手，在非洲三十多個國家開展數位電視業務，目前已經成為非洲最大的數位電視營運商，使用者超過一千六百萬人。在四達時代進入非洲之前，非洲一個機上盒售價約為兩百美元，使用期間每月還要繳交四十多美元的收視費。四達時代進入市場後，機上盒售價從約兩百美元降低到二十美元，不僅降低收視成本，還讓頻道數從三、四個頻道增加為二、三十個頻道，使當地電視頻道選擇性大幅增加。

本土化方面，為了滿足當地居民的收視需求，四達時代將中國優質的影視作品翻譯成當地語言，中國影視作品已成為非洲居民了解中國的重要管道。二〇一五年，四達時代更被指定為非洲「萬村通」專案的執行公司，為非洲一萬多個村莊安裝數位衛星電視。

技術創新也是贏家的特徵。與競爭對手相比，特斯拉的毛利率較高，關鍵在於特斯拉強大的技術創新。特斯拉積極研發自動駕駛晶片，在加速性能、智慧駕駛方面都有一定優勢，能滿足消費者對高性能、高品質汽車的需求。特斯拉率先採用車身一體化壓鑄技術，將車輛零件從三萬多個減少到一萬多個。身為第一家成功量產電動車的汽車公司，特斯拉不僅取得成功，還讓更多汽車公司意識到電動車量產的可能性，進而使電動車陣營不斷壯大。

供應鏈控制能力強是贏家的另一個特徵。垂直整合的商業模式是企業確保供應鏈管理的重要關鍵，在供應鏈安全的條件之下，企業控制供應鏈的能力愈強，生產愈能得到保障。例如申洲國際不滿足於代工，而是將業務向產業鏈上下游轉移，投入大量資金研發衣料，像 Uniqlo 的 AIRism 布料便是申洲國際與 Uniqlo 共同研發的產品。另外，申洲國際整合紡織產業鏈中的紡紗、織布、染整、印花、成衣各步驟，降低上游成本，推動公司利潤持續成長。

垂直整合商業模式的關鍵優勢在於控制供應鏈流程中的成本支出。比亞迪與特斯拉也採取垂直整合的商業模式，一方面降低成本，一方面確保供應鏈高效率且穩定運作。疫情期間，許多企業面臨供應鏈中斷問題，但比亞迪卻成功強化對供應鏈的管理能力，主要歸功於比亞迪自主建構的供應鏈：比亞迪用於電動車電機、電控、電池系統的核心零組件，全都來自自主研發與自主供給。

第十九章

全球能源週期與能源轉型

現代文明是能源浪潮的產物，
但是人類對能源的胃口總是難以滿足。
解決能源短缺的辦法總是暫時的，
人類面臨的挑戰卻是永久的。

——阿爾弗雷德・克勞士比（*Alfred Crosby*）

能源是世界的血液，而轉型則是未來的脈搏。在能源變革的時代，能源週期與能源轉型成為全球關注的焦點。隨著全球暖化，能源需求不斷成長，傳統能源的枯竭與環境汙染問題日益嚴重，能源轉型不僅和技術與政策有關，更是對人類想像力和創造力的考驗。

能源轉型的定義

一九七〇年代經歷兩次石油危機的重大打擊後，德國決定大力發展核能以取代石油。一九八二年，德國應用生態學研究所出版《能源轉型：沒有石油與鈾的成長與繁榮》（*Energiewedne: Growth and Prosperity Without Oil and Uranium*），提出能源轉型的概念，認為能源結構的重心應從石油和核能轉向可再生能源，並提高能源效率，以更少的能源消耗來帶動經濟成長。

一九九〇年代，控制溫室氣體排放、對抗全球暖化開始成為國際共識，能源轉型的重要性也得到更多認同。進入新世紀，隨著能源、尤其是可再生能源開發利用技術的進步與突破，以德國為代表的歐洲國家更掀起綠色低碳經濟浪潮。

當前，國際上關於能源轉型的定義仍不盡相同，全球著名能源專家瓦茲拉夫・史密爾（Vaclav Smil）給出量化標準：在舊能源轉向新能源的過程中，新能源在能源消費結構中占比達五%時，就可視為能源系統開始轉型，如果新能源在消費結構中占比最大，或是占比超過一半，就是轉型完成。

歷史上的兩次能源轉型

一般認為全球經歷過兩次能源轉型，從木材轉向煤炭，再從煤炭轉向石油。目前全球正經歷第三次能源轉型，也就是從石油轉向新能源。根據史密爾的量化標準劃分，可得知：

第一次能源轉型始於一八四〇年左右，歷時約七十年。一八四〇年，煤炭在全球初級能源（Primary energy）*消費中的比重約五%；一九一〇年左右，煤炭在全球初

＊初級能源指從自然界中發現與取得，且未經任何加工改變或轉換過程就可以直接使用的能量形式；次級能源指初級能源加工轉換後得到的能源。

級能源消費中的比重超越木材，占比超過五五％，能源轉型完成，煤炭的能源消耗占比也達到史上新高。

第二次能源轉型開始於一九二〇年左右，歷時約四十五年。一九二〇年，石油在全球初級能源消費中的占比約為五％；一九六五年左右，石油的消費占比超越煤炭，近三五％，能源轉型完成，石油消費占比於一九七八年達到歷史高峰（約四三％）。

前兩次能源轉型成就兩個世界霸主：英國和美國，能源成為重要的經濟和戰略資源，為英、美兩國成為世界霸主提供強大的基礎。自然資源的分布與儲量是前兩次能源轉型的基礎，技術進步推動能源轉型，能源轉型則進一步促使新技術誕生。

第三次能源轉型的特徵

減排政策是重要驅動力

前兩次能源轉型的模式較單純。第一次能源轉型的關鍵在於提升能源利用效率，例如透過蒸汽機大幅提高煤炭開採的規模和效率，能源利用效率較之前有了明顯改善。第二次能源轉型主要是開發新能源，以能量密度更高、使用更方便的能源作為主要燃料和動力，例如石油、電等。第三次能源轉型則是開發利用新能源、改變能源利用模式以及應用新技術。

第三次能源轉型有三大面向值得注意：在開發利用方面，風能、太陽能等新能源大規模商用；在能源使用模式上，新型儲能、移動能源在能源儲存領域有重大進展；在技術應用方面，智慧能源、能源網路等技術，進一步推動能源數位轉型。

此外，氣候變遷已成為全球性議題。石化能源的開發利用導致大量的溫室氣體排放，引發生態與社會危機。而且根據估計，大部分碳基能源將在二十一世紀內被開採殆盡，人類不得不面對新一次的能源轉型，能源系統減少碳排成為國際社會共同努力的方向。自二十世紀下半葉開始的第三次工業革命，重要特徵之一就是用可持續、潔淨的新能源取代不可持續、對環境不友善的石化能源。從主要推動因素來看，前兩次全球能源轉型主要是由市場主導，第三次能源轉型則是在國際社會和各國政府強有力政策的主導下進行。

電氣化是重要方向

從能源的生產結構來看，二〇二三年，全球石化能源在消費結構中的占比仍高達

2023年全球主要國家初級能源消費結構

能源型態	煤炭	石油	天然氣	新能源
全球	25.9%	30.4%	25.1%	18.6%
美國	10.7%	37.3%	33.0%	19.0%
中國	52.7%	18.9%	10.3%	18.1%
日本	25.3%	36.7%	22.0%	16.0%
德國	15.2%	31.9%	27.0%	25.9%
英國	1.9%	32.8%	40.3%	25.0%
印度	54.5%	27.5%	6.8%	11.2%
法國	2.1%	29.4%	15.5%	53.0%
義大利	2.9%	36.4%	40.7%	20.0%
加拿大	2.8%	30.3%	31.9%	35.0%
韓國	22.9%	41.9%	18.2%	17.0%

資料來源：英國石油公司（**BP**）

八一．四%，全球及世界主要國家的新能源占比均已大幅超過五%，符合史密爾的量化標準。如上表所示，在初級能源消費中，GDP全球排名前十的國家裡，新能源使用占比最高的是法國，最低的是印度。目前，日、德、美、韓等國經歷兩次能源轉型，以石油為主要能源形式；中、印等國則受資源分布等因素影響，尚未完成能源轉型，目前能源消耗仍以煤炭為主；而英國、義大利、加拿大等國家則已呈現天然氣與石油並駕齊驅、煤炭占比極低的能源消費結構。

根據國際能源總署（International Energy Agency, IEA）統計，近年來

全球正加速電氣化。一九九〇年全球電氣化程度為一三・四％，到二〇二三年底，已提升至二五・一％。二〇二三年，在GDP排名前五的國家中，中國的電氣化趨勢最明顯，從一九九〇年的五・九％開始加速提升，到二〇二三年底已達到三五・五％。緊隨其後的是日本，儘管日本電氣化程度相對較高，但過去幾十年仍從一九九〇年的二二・六％提升到二〇二三年底的三一・八％。美國的電氣化程度在GDP排名前五的國家中相對較低，但近年來也有所提升，儘管成長不如中、日快速，但電氣化程度也已從一九九〇年的不到一％提升至二〇二三年底的約三・五％。

能源貿易重心加速轉移

從煤炭時代進入石油時代，全球能源消費的重心主要是西方已開發國家。然而進入二十一世紀後，開發中國家能源消費需求明顯提升，超過已開發國家的能源消費量。

根據英國石油公司《世界能源展望報告》（Energy Outlook），一九六五年，全球初級能源消費中，非OECD國家消費量僅占二九・四％，但二〇〇七年起占比超五〇％，二〇二一年更飆升至六一・四％。其中，全球初級石化能源消費中，非OECD國家的消費量占比從一九六五年的三〇％提升至二〇二一年的六三・

七％，成長約三十四個百分點；全球初級非石化能源消費中，非ＯＥＣＤ國家消費量的占比從二一．七％提升至五〇．七％，成長了二十九個百分點。據國際能源總署預測，到二〇五〇年，開發中國家能源消費占比將達八〇％，亞太地區將超越其他地區，成為全球最大的能源消費區域。

全球能源貿易，尤其是石油貿易，一直有高度集中的特點，石油供應高度依賴中東、南美與俄羅斯等地，而石油需求主要來自北美、歐洲和亞太地區。全球石油供需關係明顯不平衡，並逐漸形成北美、歐洲和亞太三大石油貿易區。根據英國石油公司《世界能源展望報告》，二〇二一年美國和歐洲的石油進口量為每日二千二百萬桶，較一九八〇年每日減少三百萬桶，占全球石油進口總量的比重由一九八〇年的五八．二％下降到二〇二一年的三二．九％；二〇二一年，亞洲國家中僅中國、印度、日本合計的石油進口占比就已經接近歐、美總和。其中，中國的石油進口量已經達到每日一千二百七十萬桶，超過美國每日八百五十萬桶的進口量，直逼歐洲的每日一千三百五十萬桶。英國石油公司《世界能源展望報告》預測，到二〇三五年，亞洲占全球淨進口的比重將接近八〇％，而且亞洲超過四〇％的初級能源需求必須依賴進口，幾乎所有新增能源貿易量都將來自亞洲。為滿足中、印等新興市場國家日益成長的能源需求，亞洲將成為新的全球能源貿易中心，中國和印度可能成為全球最大的石油與煤炭進口國。

新能源需求快速成長

英、美主導的兩次能源轉型與其天然資源優勢有關。英國第一次能源轉型期間的人均煤炭產量遠遠超越全球，這個優勢一直持續到十九世紀末。同樣的，在一八五九至一九五七年約一百年當中，美國石油產量一直穩居全球第一，占全球總產量超過四〇%。在第二次能源轉型期間，美國石油產量也處於全球領先地位。不過前兩次能源轉型雖然提升能源利用效率、開發新的能源形態，但能源發展高度依賴天然資源的這個特徵依然沒有改變。

由於各國天然資源條件不同，全球形成以俄羅斯、美國、中國、澳洲以及中東為主的能源儲備中心，缺乏能源資源的國家則高度依賴能源進口。長期以來，全球已形成穩定的供應鏈，但二〇二二年二月爆發的俄烏衝突打破穩定局面，凸顯全球能源供應鏈的脆弱性。

在傳統能源方面，歐洲對煤炭的依賴度相對較低；石油的對外依賴度雖然高，但進口來源相對分散；相形之下，天然氣不僅對外依賴度高，進口來源也高度集中，僅俄羅斯占比就接近四〇%，使得俄烏衝突對歐洲能源安全產生極大影響。全球各地的傳統能源供應陷入危機，刺激風力、太陽能等對自然資源依賴度較低的新能源需求快速成長，加速全球新能源發展。

更依賴技術創新

新能源的自然資源依賴度比傳統能源更低，技術進步也使能源供應不再依靠天然資源。第三次能源轉型更關注技術創新，新能源發電、儲能、特高壓、高鐵、充電基礎設施、5G基地台等與能源利用的相關技術，在這波能源轉型當中扮演至關重要的角色，這些技術的發展也有望從根本上解決能源供應過度依賴資源的問題。與此同時，技術的進步也將降低新能源成本。二〇二一年，太陽能發電已進入平價時代，隨著技術提升，成本可望進一步攤平。

能源轉型帶來的投資機會

綠色低碳轉型持續發展，全球已經就如何應對氣候變遷達成共識。從一九九二年《聯合國氣候變化綱要公約》（United Nations Framework Convention on Climate Change）開始，到二〇二一年格拉斯哥聯合國氣候變遷大會形成新公約，全球主要國家陸續提出碳排放量最高峰（Emission Peak）*、碳中和的目標，中國也在二〇二〇年九月提出在二〇六〇年前實現碳中和的目標。

全球低碳轉型需要機構投資人積極參與。機構投資人擁有全球最大的資金資源，但是在推動能源轉型方面，機構投資人還沒有完全發揮潛力。儘管對可再生能源的直接投資數量正逐漸增加，但機構投資人在二〇二二年平均僅提供可再生能源融資總額的二%。

根據國際可再生能源機構（The International Renewable Energy Agency, IRENA）計算，從二〇二一至二〇五〇年，全球每年大約需三兆三千萬美元的技術投資來推動

＊指二氧化碳的排放已達到高峰，不再增長，之後逐步回落。

低碳轉型，總額約需要九十八兆美元。但這些投入顯然不足。國際可再生能源機構認為，全球每年必須投入四兆四千萬美元，總共大約需要一百三十一兆美元，才能達成目標。

低碳轉型市場商機龐大，也是未來投資的關鍵領域，目前主要有六個投資方向：

一**是石化能源轉型**。石化能源很難在短時間內被電力完全取代，但需要轉型以減少碳排，因此能源轉型的重點是高效率、潔淨的使用煤炭。此外，較潔淨的天然氣在能源轉型過程中可以取代煤炭，因此煤化工（Coal Chemical Industry）、天然氣電站、天然氣中游基礎設施等是重要的投資領域。

二**是電力供給潔淨化**。可再生能源具有龐大的競爭優勢，因此儲能需求規模龐大。電化學儲能（Electrochemical Energy Storage）是未來儲能技術發展的核心趨勢。太陽能發電、風力發電以及獨立儲能（standalone energy storage）等領域一直備受資本市場關注。

三**是交通電氣化**。電動車逐漸取代燃油車成為市場主流。此外，電動車的普及也推動供應鏈產生結構性變化，最關鍵的就是動力電池的技術革新，以及相關充電基礎設施的建設與擴充。動力電池開發及回收利用、光電基礎設施，是這個領域主要的投資方向。

四是碳中和相關技術。例如，有些能源使用時需要更高的能量密度以及能以長時間儲能而不耗損的方式儲存。製氫、氫氣儲運、加氫站、氫燃料電池等領域一直是快速發展的投資領域。此外，碳捕捉、碳利用及碳封存技術也是新興的先進技術領域。

五是能源數位化。5G、物聯網、雲端計算、大數據、人工智慧等技術被應用於能源產業，可提高產業整體資源配置效率，從技術面完成「碳達峰」與「碳中和」雙碳目標。智慧電網、智慧建築和智慧交通是能源數位化的投資焦點。

六是合成生物學（Synthetic Biology）。這個領域看似與綠色低碳轉型關係不大，但根據聯合國糧農組織統計，畜牧業的碳排量約占全球碳排放量一五%。畜牧業的碳排放主要來自動物以及排泄物，約占畜牧業碳排放總量三二%。因此，合成纖維、人造蛋白、新型生物材料（biomaterial）成為重要的投資焦點。

第二十章

技術創新週期的新起點

經濟由一系列引領經濟發展的週期驅動。
人類經濟發展過程的重大創新，
激發出經濟發展過程的長週期。

——約瑟夫・熊彼得（*Joseph Alois Schumpeter*）

技術創新的每一次飛躍，都如同破曉的曙光，照亮人類文明前行的道路。從蒸汽機的轟鳴到電腦的問世，從網際網路的浪潮迭起到人工智慧的悄然興起，每一次技術的進步都在重新定義世界的邊界，標誌著人類對未知世界的深刻洞察與大膽探索。技術創新常伴隨著新興產業崛起，為投資人提供多元化的投資選擇，同時，技術創新也帶來技術的快速革新，破壞性與不確定性又為投資帶來巨大的挑戰。

熊彼得的創新週期理論

古典經濟學家認為創新是影響經濟的外部力量，雖然會為經濟帶來巨大影響，但不屬於經濟結構的一部分。但經濟學家約瑟夫・熊彼得在《經濟發展理論》（*The Theory of Economic Development*）中提出創新理論，他區分發明與創新的概念，提出創新的五種模式，包括新產品、新市場、新原料或半成品及其來源、新生產方式以及新組織形式。

熊彼得的「創新驅動經濟週期理論」認為外部創新會推動經濟週期，這是他基於「創新理論」所提出的著名理論。他認為創新帶來模仿，模仿打破壟斷，進一步刺激大規模投資，帶來經濟繁榮。在創新擴展到一定數量的企業之後，獲利機會趨於消失，經濟開始衰退，進而期待新的創新行為出現，整個經濟體系就在繁榮、衰退、蕭條和復甦構成的週期性運動過程中前進。當商業週期循環到谷底時，一些企業家考慮退場，其他企業家則為了生存力求「創新」。只要多餘的競爭者被淘汰，或是有一些新的「創新」產生，經濟形勢又會改善，生產效率會跟著提升。但是當某一種產業重新有利可圖時，又會吸引新的競爭者投入，然後再一次迎來利潤遞減過程。因此，熊彼得用「創新」來解釋經濟週期，認為經濟成長與經濟週期性波動是同一種現象。

既然熊彼得認為經濟週期的出現是由於外部的創新，那麼創新就應該具有波動性。創新並非在時間序列上均勻分布，因此會產生週期性波動。熊彼得推翻經濟成長應該平衡連續發展的概念，強調經濟成長是由創新引發的非均衡破壞，能突破現有的經濟關係，是一種「創造性毀滅」。

熊彼特提出一套理論用來分析經濟或生產率成長，主要包括以下六個觀點：

第一，利潤驅動的創新是促進經濟或生產率成長的關鍵。這種創新可以是過程創新，也就是提升生產要素（如勞動力和資本）的生產效率；可以是產品創新，即引進新產品；可以是組織創新，即更有效的組合生產要素；也可以是商業模式和組織機構的創新。如果政策或制度能提高創新所帶來的收益，就會激勵出更多創新行為，促進經濟和生產率快速成長。更好的智財權保護、更有力的研發稅收減免政策、更激烈的競爭、更多研究型大學等，都會帶動經濟和生產率成長。

第二，**科技創新具有「創造性破壞」效應**。新的創新逐步淘汰舊的技術和技能，強調再分配在經濟成長過程中的重要作用。

第三，**科技創新可能是「技術領先創新」或「顛覆式創新」，推動特定產業朝技術領先的方向邁進**；科技創新也可能是「模仿性創新」或「適應性創新」，讓某一種企業或產業追趕上現有的先進技術。不同形式的科技創新依賴不同的政策或制度推動。

第四，科技創新會持續變動，形成科技創新週期。市場經濟本身就具有繁榮和蕭條的週期特徵，經濟學的核心關鍵不是均衡，而是結構性變化。科技創新發展史由重大的科技創新浪潮構成，每一次的科技創新浪潮，都會推動新技術在各產業部門迅速普及。

第五，科技創新是生產要素與生產條件的新組合，與生產體系密切相關，是推進社會進步和產業變革的內部因素，促使經濟結構不斷演進。

第六，科技創新是經濟發展的本質，只有以科技創新為核心的自我驅動式經濟成長模式，才能顛覆傳統經濟體系中「循環—流通—循環」的發展模式，打破原有的均衡靜態發展，促使國家經濟發展由「量變」轉為「質變」，進入突破式發展的新領域。

在熊彼得的基礎上，經濟學家康德拉季耶夫提出長週期假說，認為技術創新是經濟發展的週期性驅動力，有助於解釋工業革命時期西方國家繁榮—衰退—蕭條—復甦的經濟發展變化。繁榮、衰退、蕭條和復甦這四個階段循環往復，周而復始。結合熊彼得的創新理論，在經濟發展的過程中勢必會出現各種不同類型的創新：有的創新需要長時間發展、有的創新對經濟的影響範圍較大，而且許多創新會相互依存，形成一個較大、較廣泛的創新。因此，熊彼得認為，資本主義經濟的歷史發展過程大致有長、中、短三種週期。

歷史上五波技術創新週期

蒸汽機、鋼鐵、電氣化、汽車、半導體是歷史上的五波創新週期，每一波週期都長達四、五十年。

第一、第二波創新週期（十八世紀下半葉至十九世紀下半葉）：第一次工業革命，蒸汽機與鋼鐵等相關技術創新推動運河、鐵路業等資本密集型產業發展，運輸成為美國股市最大產業，鐵路泡沫分別在一八四七年、一八七三年和一八九三年破滅，金本位最終取代金銀複本位。

第三波創新週期（十九世紀末到二十世紀上半葉）：第二次工業革命帶來電力和內燃機等技術創新，促進重工業發展，能源結構從煤炭過渡為石油，聯準會在經濟衰退期間繼續升息加劇大蕭條，讓當時的人們視股市如畏途。

第四波創新週期（二十世紀上半葉到冷戰結束）：資訊技術革命在工業化的基礎上逐步發展，半導體與航空等領域的發展推動技術創新浪潮。美元經歷布列敦森林體系的興衰後仍占據世界主要貨幣地位，ＯＰＥＣ石油禁運導致一九七三至一九七五年經濟衰退、物價飆升。一九八〇至一九八二年聯準會升息對抗通膨，讓經濟再次衰退。

第五波創新週期（二十世紀末至今）：網路出現，打破資訊傳遞的障礙。新媒體在第五次浪潮中改變政治話語、新聞週期和傳播方式。網路開創全球化新時代，讓數位資訊得以跨越國界自由流動。ＩＴ硬體的普及促進全球創新網路平等發展，網路、軟體服務大放異彩，ＩＴ設備及軟體研發支出加速成長，遠遠超過一九七〇年代的水準，生物科技、新能源、載人航太技術嶄露頭角。網路泡沫與鐵路泡沫本質相似，但如果泡沫破裂，影響範圍會比金融危機小。

這些因素的驅動作用已多次被經濟學家論證，相當有說服力，但對於資產配置而言，問題的關鍵是要尋找推動下一輪週期啟動的技術力量，以及判斷這種力量何時能驅動新一輪週期。

但這種判斷幾乎是不可能的任務。即使我們不考量時間因素，而是按照熊彼得的分析架構，僅從產品創新、技術創新、市場創新、資源配置創新、組織創新這幾個角度尋找新的驅動因素，也可能得到無數種答案。這些技術的前景如何？對經濟發展的影響程度有多大？或是有多大機會能直接推動經濟發展？無論經濟學家還是技術領域專家可能都無法給出確切的答案。即便有人能準確預測，但這些技術從研發到成熟需要多少時間也都是未知數。

掌握經濟的驅動因素十分困難，再加上歷史上幾次的技術創新週期中，經濟成長與衰退中間的過渡期往往長達五到十年，讓投資人更難判斷經濟的轉折點，因此，根據這個判斷來進行大規模資產配置也充滿了變數與風險。

隨著計量經濟學的進步，出現一種新的定量研究方法，目標是更精準的劃分經濟週期，並確認經濟轉折點，也就是經濟衰退或復甦的時刻，這種研究方法正逐漸受到學者重視。不過儘管這種研究方法能讓週期的判斷更有統一標準，同時減少主觀判斷的影響，但從實際應用的角度來看，尤其是在提前預測經濟衰退的準確性方面，效果似乎不如預期。美國社會學家哈里森・懷特（Harrison White）曾說：「我不相信有哪一種計量模型或數學公式，可以隨時提供可靠的經濟預測。現實中總會出現新的社會元素。」因此，無論是從質化還是量化的角度來看，技術週期對資產配置的參考價值都相對有限。

從總體經濟的角度來看，一旦技術週期呈現出明顯的趨勢，驅動這個週期的核心推動力就會更穩定、更持久，就能為總體經濟研究提供一個較長期的評估架構。因此，雖然分析技術週期在實務上看似作用不大，但可以防止我們陷入只關注短期趨勢的分析陷阱。

全球創新週期處於發展階段

首先，只有了解創新背後的目的，才能更準確的分析我們現在處於創新週期的哪個位置。創新是為了提升技術水準，進而提高生產效率，因此觀察生產效率的變化，就可以判斷創新活動是否活躍。

廣義的生產效率可以用「效率＝產出／投入」來表示，固定資產投入產出比是重要的衡量指標，反映資本的使用效率、投資報酬與長期生產效率。在總體經濟方面，固定資產投入產出比可以用來衡量一個國家在一定時期內，固定資產投資所帶來的GDP成長量。從企業的角度來看，固定資產投入產出比通常是指企業從固定資產投資中獲得報酬與成本之間的比率。這個產出可能是固定資產營運帶來的直接收益，也可能是固定資產提升企業整體生產或服務能力所帶來的貢獻。

美國的固定資產投入產出比結合前兩輪康波週期（一九三八到一九八二年，一九八三到二〇二〇年）來觀察，可以發現康波週期中全球各個經濟階段對應的創新活動，以及生產效率的走勢：

回升期，創新活動不斷增加，生產效率整體上升。

繁榮期，創新活動達到顛峰並開始下滑，生產效率回落。

衰退期，創新活動再次增加（伴隨著貨幣寬鬆政策與金融創新），生產效率也再次提升。

蕭條期，創新活動再次下滑（伴隨著貨幣緊縮政策與債務危機），生產效率也再次回落。目前全球經濟開始回升，這代表全球創新活動和生產效率將逐步回升，也就是說，目前全球創新週期處於發展階段。

其中，前兩輪康波週期回升，催生出以電腦、核能、航太科技為代表的第三次科技革命，以及以微電子技術、生物工程技術、新材料技術為主的新技術革命；前兩輪繁榮期，技術趨於成熟，經濟高度成長，但創新活動不斷下滑；前兩輪衰退期，隨著創新活動的成長，金融創新與貨幣寬鬆政策帶動金融業務創新；前兩輪蕭條期，創新活動減少並伴隨貨幣緊縮政策與債務危機，一九七五年開始，聯準會為抑制通膨大幅提高利率，二〇一四年開始，聯準會進入升息週期，導致開發中國家債務危機爆發。

當創新進入成長階段時，通常會出現新技術。然而在新技術真正出現前，我們該如何預測哪些技術值得追逐？哪些技術能夠勝出？美國奇點大學創辦人彼得・戴曼迪斯（Peter Diamandis）在《創業無畏：指數級成長路線圖》（*Bold: How to Go Big, Create Wealth and Impact the World*）中談到6D理論，為投資人提供寶貴的建議。這個理論指出，能在競爭中迅速脫穎而出的技術要有顛覆性、去貨幣化、去實物化、大眾化、數位化和替代性六個特徵，並篩選出量子計算、人工智慧、物聯網、機器人、虛擬實境（VR）與擴增實境（AR）、3D列印、區塊鏈、材料科學和奈米技術、生物技術九種技術，極具市場競爭力。

從技術成熟度曲線看創新發展

美國ＩＴ顧問公司高德納（Gartner）提出技術成熟度曲線（Gartner Hype Cycle），說明一項新技術或某種創新從發展到最終成熟，通常會經歷五個階段：

- **技術萌芽期**：潛在技術即將得到突破，對新技術的初步測試與媒體報導引發廣泛的關注。這個階段通常沒有商品可供利用，商業可行性未得到證明。
- **期望膨脹期**：出現許多成功案例，但也有失敗案例。對於失敗，有些公司採取補救措施，但大部分措施都於事無補。
- **泡沫破滅的低谷期**：隨著試驗失敗，人們的興趣逐漸減弱，技術創造者被拋棄。倖存者唯有透過改善產品讓早期使用者滿意，投資才能繼續。
- **穩步爬升的光明期**：企業如何從新技術獲利開始變得具體，並獲得愈來愈多關注；技術提供商推出第二代和第三代成本更低、性能更穩定的產品；更多企業投資於研發創新，保守的公司依然很謹慎。

- **生產成熟期**：在此階段，新科技產生的利益與潛力被市場接受；經營模式經過多次調整，進入成熟階段。

技術成熟度曲線清楚呈現技術演進的五個階段，技術並非線性發展，而是像波浪一般起伏前進。技術成熟度曲線具體描述新興技術從出現、推廣再到普及的過程，展示技術的發展與應用情形的變化，以及這些技術如何解決實際的商業挑戰、是否具有開拓新機會的潛在價值。

技術成熟度曲線座標軸的橫軸表示「時間」，也就是一項技術會隨著時間發展，經歷不同的階段。事實上，大多數技術成熟度曲線反映的是在某一個特定的時間點技術的發展狀況，不過單一技術的技術成熟度曲線可以預測該技術的未來發展。一九九九年發布的電子商務技術成熟度曲線便是一個明顯的例子，該曲線準確預測二十一世紀初網路泡沫破滅，以及電子商務最終「恢復正常」等情況。

技術成熟度曲線的縱軸表示「預期」，不同線型可以反映市場對技術未來成長的預期。過去這個縱軸曾經被標示為「可見度」。「可見度」關注的是如何透過宣傳讓新技術引起討論，創造話題，而現在的標籤「預期」則是準確的反映出技術達到巔峰的背後原因，尤其能反映出技術的潛在用戶與實際用戶為何決定採納新技術，以及投資決策背後不斷改變的壓力。

通常每一種技術成熟度曲線的縱軸範圍會因技術的商業與社群影響力而異。例如，網狀網路（Mesh Network）是一種點對點的無線網路寬頻應用方式，但這種網路主要對無線網路供應商有價值，對一般消費者意義不大，因此市場關注度相對較少。有些技術對許多企業（例如雲端計算）或消費者（例如多媒體平板電腦）都有吸引力，因此得到的關注較多。因此，與雲端計算或多媒體平板電腦相比，網狀網路即使位於技術成熟度曲線的高點，所獲得的整體「宣傳量」仍偏低。

人工智慧在一九八〇年代處於泡沫期，現在則處於曲線的右端，也就是「穩步爬升的光明期」；3D列印技術在十幾年前曾備受資本市場追捧，中途也經歷過低潮，但如今3D列印技術逐漸成熟，應用領域也逐漸廣泛，許多3D列印企業在科創板*

* 是中國上海證券交易所於二〇一九年設立的一個專門針對科技創新企業的股票交易類別，目標是支持和促進高科技、高成長企業。

英特爾、亞馬遜、蘋果與比亞迪股價走勢

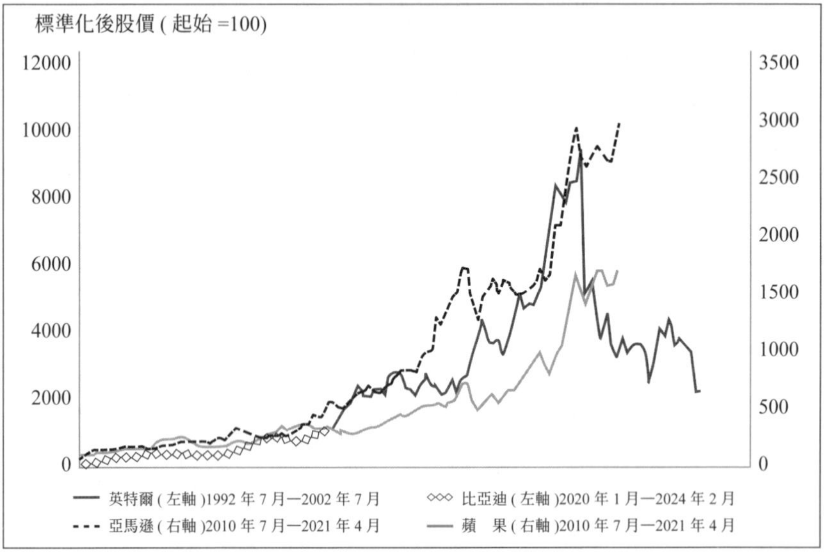

上市。人們應認清目前的新技術位於發展曲線的哪一個階段，不盲目追逐泡沫，才能避免泡沫破滅時帶來損失。

美國賓州大學金融學教授傑諾·席格爾（Jeremy Siegel）在《投資人的未來》（*The Future for Investors*）指出，在美國網路泡沫時期表現優異的企業，今天大多已銷聲匿跡，所以進場的時間點非常重要，尤其是當投資新興領域時。但反過來，當技術成熟度曲線與投資結合時，人們又發現許多公司的股價走勢與市值的成長和技術成熟度曲線高度契合。如上圖所示，如果將英特爾、亞馬遜、比亞迪、蘋果的股價從同一基準點開始比較，再將不同時期的股價綜合比較，可以發現這幾家公司的股價走勢與技術成熟度曲線一樣，在波動中逐步上升並創造新高。

技術成熟度曲線反映出技術的發展並非一帆風順，但這些公司成長為產業龍頭的過程卻又十分相似。巴菲特心裡可能也有這樣一條曲線。在投資比亞迪時，巴菲特曾評價比亞迪創辦人王傳福是賈伯斯與貝佐斯的結合，兼具執行力與創造力，他也看好新能源汽車領域。事實證明，巴菲特持有比亞迪股票的過程中，比亞迪的股價的確起起伏伏，但他始終相信比亞迪的成長會類似亞馬遜，並堅持長期持有。

對投資人來說，了解技術成熟度曲線、掌握技術轉折點並開始布局，非常重要。投資人如果能預測技術的重大變革和其所處階段，就可以早一步採取行動，掌握優勢，而且還能實踐長期主義，靜待公司業績起飛。

改變世界的六大顛覆式創新領域

二〇一四年，凱西・伍德創立方舟投資。方舟投資以「創新」為選股關鍵字，而且這個「創新」不只是一般的創新，而是非線性成長與「顛覆式創新」。方舟投資對

「顛覆式創新」的定義是：引進技術，提升產品或服務的便利性與可得性，以此改變產業結構、降低成本。顛覆式創新必須滿足三個條件：

一是**能大幅降低成本**、**激發需求成長**：當一項技術突破成本或性能限制時，服務的目標市場就會大幅擴張，進而服務更多元的市場。方舟投資透過萊特定律（Wright's Law）*來評估變革性技術的未來發展潛力。

二是**跨越不同產業與區域限制**：由於不同產業能識別並應用新技術，因此跨產業、跨區域的技術能進入更多市場。跨產業的技術能開發出更好、更符合市場需求的產品，減少商業週期風險，並在各學科之間產生影響，獲得更廣泛的關注。

三是**以技術作為一個平台**，**可以激發更多創新**：一項可以帶來其他創新的技術，可能會以讓人無法想像的方式拓展其應用範圍。但從長期的角度來看，創新平台的價值可能會被低估，因為要成功預測其潛力，必須要準確判斷新產品、新服務的未來發展，但我們很難準確預測未來的具體發展。

方舟投資透過四種方式來追求長期的超額報酬：（一）專注於顛覆式創新；（二）投資顛覆式技術的領導者、推動者與受益者；（三）透過開放式研究系統，結合不同層級的研究，盡早發現創新技術，促進不同市場之間的合作發展；（四）制定多元化投資策略，讓投資涵蓋不同產業，減少整體投資組合與大盤指數之間的連動性，進而提高投資組合的穩定性與潛在報酬。

方舟投資關注公司的長期成長，認為顛覆式創新技術可以大幅降低成本，提供持續創新的機會。但傳統投資理念專注於產業和短期價格波動，容易忽略這些長期投資機會。

方舟認為，以人工智慧、機器人技術、儲能、基因定序與區塊鏈技術為中心的創新將改變世界的運作方式，並隨著產業轉型迎來重大的發展機會，所以方舟重點投資人工智慧、自動車、金融科技、基因定序、機器人與3D列印這六個顛覆式創新領域。

以人工智慧為例，方舟認為，結合數據發展的電腦系統與軟體可以解決棘手的問題，還能自動學習、工作，並推動技術在不同的經濟領域加速整合。同時，人工智慧中的神經網路（Neural Network）應用，重要性更勝網際網路，有潛力能創造數十兆美元的價值。在規模上，方舟關注的這些領域需要龐大的計算資源，而AI專用計算硬體將主導下一代雲端資料中心，專注於AI模型的訓練與操作。此外，用戶端市場

* 隨著生產或操作次數的增加，生產成本會逐漸降低。

也潛力十足：一系列人工智慧驅動的智能設備滲透到人們的生活中，改變消費、工作和娛樂的方式。採用人工智慧將改變每個部門、影響每個企業，並催生眾多創新平台。

在人工智慧的催化下，智能機器人可以與人類一起合作，改變產品的製造與銷售方式。3D列印有助於製造業數位化，不僅可以提升產品性能，還能增加供應鏈的靈活度，有效應對供需變化與不確定因素；可重複使用的火箭則可降低發射衛星的一系列成本。作為一個新興的創新平台，機器人技術可以降低超音速旅行的成本、3D印表機製造複雜產品的成本，以及智能機器人的生產成本。

此外，隨著技術成本不斷降低，開發商可以製造出更多元、功能更強大的電池，並透過自動駕駛系統降低運輸以及通勤成本。電動火車系統相關成本下降，會催生微型交通與空中系統，包括飛行計程車，改變城市交通的商業模式。自動化將大幅減少旅遊、送貨與監控成本，使運輸過程變得更流暢，提升電子商務效率，讓私人擁有汽車的需求大幅下滑。這些創新與大型固態電池相結合，將進一步推動能源轉型。

方舟投資還提到，蒐集、排序和解析數位生物資料的成本正在急劇下降。多組學（Multi-Omics）*技術將使醫學專家、醫療機構和健康平台更深入了解DNA、RNA、蛋白質等人體基因活動的過程。癌症治療方法將透過泛癌血液檢測有所改變。多組學的資料結合新興的基因編輯技術，為罕見疾病和慢性病提供創新的精準治療方法。多組學技術也將開啟全新的可編程生物學（Programmable Biology）應用，包括設計與合成可跨產業應用的新型生物結構，尤其是在農業生產領域。

從金融角度來看，大規模採用區塊鏈技術後，未來所有資金與合約都會轉移到公共區塊鏈上，讓資產的稀缺性與所有權得到保障。加密貨幣與智慧合約崛起，提高金融系統透明度，減少資本和監理控制的影響，並降低合約執行成本。在這樣一個世界中，隨著愈來愈多的資產貨幣化，以及企業和消費者愈來愈適應新的金融基礎設施，數位錢包將變得愈趨重要。

＊指透過整合不同層次的生物數據，例如基因組、轉錄組、蛋白質組、代謝組等，來研究生物體的整體功能。

第二十一章

數位化變革的新週期

人工智慧的崛起可能是人類歷史上最好的事，
也可能是最糟的事情，甚至可能終結人類文明。

——史蒂芬・霍金（*Stephen Hawking*）

對想偷懶的學生來說，如果有人替他們完成作業，會是多麼幸福的事。隨著數位經濟時代的到來，他們的「白日夢」已經成真。自二〇二二年十一月OpenAI發布ChatGPT以來，ChatGPT風靡各個領域，甚至在教育領域也大放異彩，成為學生們喜愛的工具。一項調查顯示，截至二〇二三年一月，美國八九％的大學生都曾使用ChatGPT寫功課。以ChatGPT為代表的數位化科技變革不僅影響學生的考試成績，還為生產方式和組織形式帶來巨大改變。

二〇二四年二月十六日，OpenAI發布影片生成工具「Sora」，迅速引爆整個ＡＩ圈。Sora是一個能根據文本描述生成連貫、逼真影片內容的模擬器，成功的從文本、圖像跨越到影像生成，是生成式ＡＩ產業的重要里程碑。由於影片生成模型的訓練需求比文本、圖像模型高出十倍，將帶動ＡＩ晶片需求持續成長，因此Sora問世，宣告數位經濟新一波創新浪潮的到來。

在人工智慧的帶領下，數位經濟的發展推動資訊、網路、通訊科技等相關領域，同時帶動電子商務、行動支付、共享經濟等一批新興產業成為經濟成長的重要引擎。那麼，數位化變革新週期的特徵是什麼？又會對金融市場產生哪些影響？

全球數位轉型的新特徵

在傳統經濟模型中，勞動力和資本是推動經濟成長的關鍵，而在數位經濟時代，數據成為主要驅動力。數據具有價值創造的功能。從供給面看，大數據與雲端計算使數據量以前所未有的速度成長，龐大的資料庫為資料創造更多應用方式。從市場需求來看，企業分析消費者資料，可以更清楚了解消費者需求，政府也可以更精準的制定產業政策。

數位經濟的六大支柱

5G、大數據、雲端計算、人工智慧、物聯網、區塊鏈的應用推動數位經濟的創新發展，是數位經濟的核心驅動力和六大支柱。物聯網與大數據是基礎，萬物互聯保證即時蒐集、傳輸可信資料，大數據是後續資料處理的前提；5G是載體，保證資料能高效安全傳播；雲端計算與人工智慧支援資料的整合、處理與分析，可以滿足客戶的運算需求，讓研究者做出正確決策；區塊鏈為數位經濟提供安全保障，並重新定義數位經濟的運作方式與流程。

這六大支柱一起推動技術典範、生產組織和價值形態的演變，資訊化、網路化朝著智慧化的方向發展，工廠朝著智慧生產方向前進，製造業從生產型製造轉向服務型製造。借助六大支柱，企業可以突破地理和空間限制，實現非線性成長。企業在市場競爭中以平台的形式擴張、發展，這具有革命性和顛覆性的意義，「幾乎可以用數位化方式把所有傳統產業全部重新做一遍」。如果企業還是固守原來的模式，發展就會受到極大的限制。

智慧化生產是未來主要生產模式

智慧化生產是企業利用智慧化設備和數位科技優化生產方式、改善產品品質、提高整體生產效率的一種生產方式。智慧化生產與傳統生產方式不同，可以更精準的監測設備運行狀態，根據供需情況快速調整生產節奏，靈活生產各種產品，滿足消費者的個性化需求。隨著技術不斷進步、應用不斷深入，智慧化生產將廣泛應用於各個領域，推動經濟發展和社會進步。例如美國田納西州電氣企業 Scott Fetzer Electrical Group引進協作機器人（cobot），將機器人部署於無人搬運車平台。相較傳統工業機器人，協作機器人安裝容易，操作靈活，提高二〇%生產效率。美國哈雷摩托車公司也運用無人搬運車系統，改造傳統物流供應鏈，讓庫存規劃週期從過去的二十一天縮減至六小時，大幅提升庫存效率。

企業組織轉向平台化

數位革命必然會改變組織結構。傳統的組織是多層級結構，但資訊技術的發展可以為去中心化創造條件，讓組織轉向更扁平的平台化結構。數位經濟的關鍵核心——區塊鏈，是一種多中心、不可篡改的資料結構與記帳方式。區塊鏈在一個去中心化的電腦網路上運行，網路中的許多節點共同維護和驗證區塊鏈的資料或交易。這種分散的性質確保任何實體或機構都無法完全控制資料或交易。最重要的是，平台作為類似中介的組織，發揮政府與市場的雙重屬性，同時具備「看得見的手」與「看不見的手」兩種功能。因此，加強監理平台企業勢在必行。

數位平台是數位基礎設施的關鍵核心。資料具有公共財特徵，有一定的非競爭性與非排他性、易複製、可共享，某一位消費者使用資料，不會影響其他消費者使用資料。因此，平台可以利用公共財的特徵來建構數位基礎設施。數位基礎設施是指能夠儲存、處理和傳輸數位資訊的基礎技術系統、網路和設施，包括支援數位系統和服務功能的各種元件和技術。現實生活中的資料中心、電信網路等都屬於數位基礎設施。

數位基礎設施對經濟發展、創新和社會數位化轉型至關重要，它可以支援電子商務、遠端醫療、數位學習、智慧交通等多個產業。如今，人們可以不再去醫院排隊掛號、車站買票，透過數位平台就可以在網路掛號、買票與加值，大幅提升人們日常生活的便利性。

傳統生產轉向服務型生產

數位經濟的價值，是數位科技結合經濟發展後產生的經濟效益與社會價值。數位經濟興起，使傳統的產品製造朝產品服務方向發展。傳統生產的重點是製造出高品質的產品，大量生產、規模化是降低成本的保障。數位科技的應用讓服務型生產方式成真，個人化、訂製化生產可以滿足消費者需求，生產與服務的結合也可以為產業鏈中的各個生產流程增值，提升企業生產過程的效率與創新。

例如，傳統出版業注重的是販售暢銷書，但隨著數位技術興起，網路出版商把注意力轉移到個人、少量出版物的印刷與銷售。數位科技打破傳統的生產方式，孵化出像 lulu.com 這樣的服務型自主出版平台，既提升效率，改善資源配置，也推動創新，提升消費體驗。未來隨著數位經濟不斷發展，服務型生產的產能也將持續擴張。

人工智慧帶來的數位化浪潮

新一輪數位革命正往智慧化方向前進。前文提到的ChatGPT之所以火紅，是因為它的創新特點。ChatGPT是一款生成式ＡＩ，傳統的搜尋引擎只是將結果呈現在使用者面前，缺少資訊整理和歸納功能，但ChatGPT直接將答案告訴使用者，高效率又便捷。此外，ChatGPT具有實用性，使用者可以用ChatGPT回答問題、寫文章，讓使用者體驗到人工智慧的便利性與趣味性。最後，ChatGPT可以與其他平台合作，例如微軟的Bing宣布將ChatGPT做為內建搜尋引擎。人工智慧帶來新的機會，將引領數位化的變革浪潮。

引領下一波創新週期

二〇二四年五月，巴菲特在波克夏海瑟威的股東大會上說，「人工智慧是一個已經從瓶子裡探出頭的精靈」。人工智慧很可能成為繼機械化、電氣化、資訊化之後，新一輪技術革命的關鍵，不但創新節奏更快，影響範圍也更大。生成式ＡＩ技術可能會為全球經濟帶來深遠的結構性影響，影響速度與規模可能會超過幾十年來的重大技術變革。在長期通膨的環境下，人工智慧可能成為對抗通膨的潛在力量。事實上，具有深遠影響的創新長週期能超越經濟衰退、升息和高通膨等經濟不利因素，不少偉大企業和顛覆性的產品都是在困境時誕生。

二〇二四年初，方舟投資在年度研究報告《大創意二〇二四》（Big Ideas for 2024）中指出，多項技術的結合正在引發前所未有的技術革命。根據方舟投資的預測，通用人工智慧（ＡＧＩ）普及的時間正不斷縮短，二〇一九年認為需時五十年，二〇二一年預計要二十年，到了二〇二三年，方舟投資預測只需要八年，按此趨勢，最快在二〇二六年通用人工智慧就能普及。方舟投資還預測，未來七年，全球經濟成長率將從過去一百二十五年的平均三％，加速到超過七％。高盛的預測雖然相對保守，但也認為未來十年，人工智慧將讓美國勞動生產率每年平均提高一．五％至二．九％。原因在於：

首先，人工智慧未來的廣泛應用可能會提升經濟成長。人工智慧具有四個特徵：滲透性，即ＡＩ技術的廣泛運用可以帶動相關產業鏈發展；協同性能使勞動、資本、技術等生產要素之間的配置更合理、達到最佳生產效果；替代性可以減少高齡化、少子化對勞動力的影響；創造性可以帶來更密集的知識與技術要素生產，有利經濟成長。

其次，從產業發展的角度來看，技術面上，人工智慧結合機器人，帶來人形機器人的革命性發展，將大幅提升製造業效率；人工智慧結合交通工具，將徹底改變交通產業。在供給面，人工智慧的演進推動相關企業發展，進而形成龐大的產業鏈體系，資料、演算法、計算能力的不斷疊代，將推動產業發展。從需求的角度來看，「人工智慧＋」（ＡＩ＋）將為傳統產業帶來創造性的改變，無論是個人用戶、企業用戶還是政府，都有無限的應用可能。在流通方面，人工智慧能透過生產方式、商業通路、人民生活圈與生活方式，對社會經濟結構產生深遠的影響。

人工智慧驅動智慧經濟

人工智慧能驅動智慧工業：人工智慧可以被整合到業務流程、決策和資源配置中，幫助企業做出更明智的決定，在推動企業創新、生產力和提升效率方面發揮關鍵作用。人工智慧可以分析大量資料、提出改進建議，優化複雜的工業流程，因此將人工智慧技術融入工業流程，可以提高工業效率與生產力。此外，人工智慧可以分析歷史資料、市場趨勢和需求，優化供應鏈管理，使企業能有效分配資源，專注於創造更多價值的活動。

人工智慧能驅動智慧生活：首先，人工智慧能促進智慧家居發展，亞馬遜 Alexa 和 Google Assistant 等人工智慧助理可以管理智能家電、控制設備，並支援語音操作服務。其次，人工智慧演算法能分析使用者偏好和行為模式，提供個人化建議，豐富使用者的個人體驗。最後，人工智慧可以透過演算法、內容自動生成和虛擬實境，改變娛樂產業。

人工智慧能驅動智慧城市：人工智慧有利於智慧城市建設，可以將城市轉變成智慧生態系統，進而提高公共服務、交通與公用事業的效率。透過分析來自感測器、攝影鏡頭與社群媒體的資料，人工智慧能改善交通規劃，降低能源使用量，提高公共安全，改善人民生活品質。

人工智慧還可以驅動智慧環境：人工智慧可以分析感測器、衛星蒐集的資料，監測空氣品質、水質和生物多樣性等環境參數，讓即時監測、早期發現異常並及時干預成為可能。人工智慧演算法透過分析智慧電網、物聯網以及能源系統的資料，進而減少溫室氣體排放，改善能源使用效率。

與其他數位科技的結合

人工智慧是一種通用性技術，可以為不同產業帶來創新應用。大數據讓人工智慧模型能進行廣泛、多元的訓練，自動化處理、分析資料，加速從大數據中萃取有價值的訊息，減少人力投入。大數據結合人工智慧，也能為使用者提供高度客製化的體驗。透過分析大量關於客戶偏好、行為和人口統計的資料，人工智慧演算法可以提供個人化建議、為特定族群量身打造的廣告和專屬體驗。

人工智慧結合雲端計算，可以為軟體開發者提供一個靈活、可擴展且易存取的基礎建設，而不需要一開始就投入龐大的硬體投資。人工智慧演算法通常需要強大的計算和儲存能力來分析大數據，雲端平台可以根據需求即時提供計算資源，使人工智慧應用程式能根據工作負載，動態調整計算資源。

人工智慧也能強化區塊鏈技術。首先是增強區塊鏈的擴展性，也就是區塊鏈處理大量數據的能力。人工智慧可以透過分析交易模式、預測網路擁塞程度、動態調整交易優先順序，改善區塊鏈性能。其次，人工智慧能提供深入的數據分析。區塊鏈網路生成大量資料，人工智慧可以分析這些資料，萃取出有價值的見解並進行預測，以優化區塊鏈營運、改善決策流程，並為區塊鏈用戶提供有價值的資訊。最後，人工智慧能優化區塊鏈的資源配置。AI演算法可以分析區塊鏈網路中的資源使用模式，高效的管理資源、降低成本，提高整體網路性能，在維護安全的同時，處理更多的交易量。

人工智慧的負面效應

人工智慧的發展有利有弊。弊端在於，未來世界可能會更加分化。

在人工智慧發展的當下，有人能利用人工智慧享有更多社會資源，但也有人會面臨失業問題。這種趨勢會加劇社會不平等，甚至引發新的危機與衝突。更令人擔憂的是，如果將人工智慧運用在戰爭，將放大戰爭的殘酷性。

人類的感性與理智是制約戰爭發生和擴大的重要力量，然而，人工智慧在短期內可能無法學得人類的悲憫心，當人工智慧機械式的執行戰爭命令時，只會帶來更多殺戮。例如在俄烏戰爭中，我們已經看到大量無人機的無情參與。

二是引發人們對人工智慧取代人類的擔憂。早在一九九〇年代，電影《魔鬼終結者》（*The Terminator*）就已經反映人類對人工智慧的擔憂。當機器足夠聰明時，它是否會反過來控制人類？人們是否能做好足夠的準備以面對強大的人工智慧，以及人工智慧可能帶來的危害？雖然人工智慧為我們提供諸多便利，但可能隨之而來的道德危機、社會危機與人類危機，依然值得我們深思。

數位變革對金融市場的影響

催生新商業模式

科技進步是商業模式變革的重要影響因素，數位經濟與金融市場結合，催生出全新的商業模式。免費是數位經濟時代重要的商業模式。傳統商業銀行採取資金池商業模式，以各種管道吸收資金，再將資金放貸給客戶，透過存放款利息差獲得收益。網路金融機構與傳統商業銀行不同，透過區塊鏈、大數據等數位技術，把邊際成本壓到極低。例如，支付寶平台可以加值話費、買機票、繳電費，平台上集中不同功能並沒有明顯增加企業成本，而是帶來更多營收。過去，投資人必須臨櫃開戶，手續相對複雜，還得繳納開戶費用，但目前大部分券商都已經提供免費線上開戶，沒有龐雜的手續，券商也節省人工成本。

平台模式是數位經濟另一種重要的商業模式。數位經濟企業具有很強的平台化特徵，這些企業透過併購，讓實體與網路服務互通、讓產業鏈向上下游延伸，進軍金融領域自然成為未來發展的方向。過去，企業的成長主要來自規模經濟，但平台企業崛起後，企業的成長開始逐漸依賴範疇經濟（Economies of Scope）。平台企業的去中心化、高滲透特性，讓它們能提供更多資源協助中小企業成長。傳統企業往往透過品牌、優惠、專賣制度打造企業護城河，平台型企業則可以透過互惠互利、資訊共享等方式，創造多邊共贏。

此外，長尾模式也在數位化變革中大放異彩。以亞馬遜為例，小眾書籍的銷售額約占圖書總銷售額一半以上。而且隨著放款成本降低，金融機構也能夠更有效的滿足中小企業的需求。

推動金融科技發展

數位科技結合金融，可以促進金融科技發展。以大數據為例，大數據分析在制定交易和投資策略中發揮重要作用，被廣泛應用在量化交易上。透過分析大量市場資料並使用複雜數學模型，演算法可以根據事先設定的規則和市場條件執行高頻交易。透過大數據進行市場研究，投資人可以找到有利可圖的交易機會、管理投資風險並改善交易策略，進而獲取最大報酬。數位科技還帶動行動支付以及數位錢包興起。Apple

Pay、Google Pay 和 PayPal 等支付服務改變人們的交易方式，使跨國支付變得更方便、更安全。

智慧投顧同樣是金融科技的創新成果。智慧投顧是自動化的投資機器人，透過演算法提供財務諮詢和投資組合管理服務。智慧投顧使用數位科技評估風險概況，分析大量市場資訊，預測股價走勢和商業模式前景，為投資人提供廣泛的低成本投資選擇。智慧投顧的投資建議也可以提供交易員和基金經理人參考，協助他們獲取更多報酬。金融部門結合數位科技，可以提升金融機構的效率、安全和客戶體驗，塑造未來的金融發展模式。

增加金融服務範圍

數位金融打破傳統金融的地理限制，讓人們無論身處何處，都可以進行便捷的金融交易，使金融服務變得更普及。數位金融技術能增加服務人群，金融機構也可以透過人工智慧、大數據了解貸款人的資金需求，更精準的評估貸款人的信用條件，無形中擴大放款範圍。另外，傳統金融機構在放款時有審查嚴格、手續繁瑣等問題，但數位金融科技憑藉著大數據風險評估技術、供應鏈金融和數位化帳款服務，能為中小企業提供更多融資機會。

此外，網路金融業憑藉高效、靈活與創新降低成本，提升金融業整體服務效率。例如線上支付簡化交易，大幅降低企業人力成本，促進電子商務成長。這類支付方式也提高交易速度與安全，減少人們對現金或實體信用卡的需求。網路銀行也徹底改變個人和企業管理財富的方式，不但提供全天候服務，也改變消費者行為，消費者不需要進銀行，交易、資金轉帳和帳戶管理都可以透過數位化方式進行，節省雙方的時間與精力。

監理政策的新規範

數位產品的可複製性雖然大幅降低企業的邊際成本，但投資初期卻有大量的固定成本。當企業營運過程中有大量固定成本與少量邊際成本時，就會形成自然壟斷，這時如果不依靠市場壟斷，生產企業可能由於低訂價（價格等於邊際成本）難以彌補初期的高投入。因此，過去十幾年裡，市場領先的數位經濟企業不斷兼併收購，出現贏家通吃的現象。之後，壟斷行為逐漸發生，某些平台企業為了鞏固護城河，會強制性要求商家「二選一」，對已經建立消費習慣的老客戶設置不公平條件等行為也頻頻出現，不但損害消費者與商家利益，也破壞市場公平競爭環境。更令人擔憂的是，如果一些企業利用資料壟斷性，並結合資本壟斷，可能導致數位經濟企業與金融企業出現卡特爾式（Cartel）*合謀，甚至可能為經濟安全帶來危害。

因此，面對數位經濟時代，監理機構針對金融治理提出新規範。二〇二〇年一月，中國《反壟斷法》擬增加網路領域的反壟斷條款，二〇二〇年十一月上交所暫停螞蟻金服的上市計畫，二〇二一年十二月滴滴公司決定自紐約證交所下市。

同樣的，歐美國家也不斷加強對資料壟斷的監理調查。二〇二二年三月，美國前總統拜登簽署有關監理數位資產的行政命令（Executive Order on Ensuring Responsible Development of Digital Assets），鼓勵相關機構加強監理合作，以應對數位資產生態系統中的風險。此外，美國也不斷對本國科技巨頭展開反壟斷調查，限制某些企業在市場中取得壟斷地位。歐洲、日本也頒布或更新法案，例如歐盟的《數位市場法案》、德國的《反限制競爭法》以及日本的《數位平台交易透明化法案》等，加強監理網路公司。

＊指企業為了達到共同的商業目的，進行非法或不正當的合作行為。

第 4 部

投資管理的多元架構

資產多元配置是投資領域裡唯一的免費午餐。

——哈利・馬可維茲（*Harry Markowitz*）

第二十二章

資產配置的歷史演進

一個好的資產配置應該是多元、以股票為主的投資組合。

——大衛・史雲生（*David Swensen*）

資產配置是影響投資報酬率的重要關鍵。有研究顯示，資產配置會影響超過八〇%的總收益，對投資組合報酬變動的影響力超過九〇%。過去一百多年，投資人最初的資產配置方式是探索傳統的股債組合，但隨著金融市場起落，投資人不斷修正、改進資產配置。一九八〇年代開始，投資人開始嘗試新的投資策略與資產配置方式。

傳統股債組合的配置模式

一九四〇年代末，葛拉漢在《智慧型股票投資人》裡，首次提出將公開市場的股、債納入資產組合。他認為：「投資人不能把全部資金都放在同一個籃子裡。」他建議投資人根據自己的判斷，將投資組合中股、債資產的比重分別限定在二五%至七五%之間，例如建立股五債五的平衡組合。

一九五二年，美國經濟學家哈利．馬可維茲首次提出投資組合理論，認為投資組合的預期報酬率是各項資產預期報酬率的加權平均值，但投資組合的風險主要取決於資產之間的相關程度：資產之間的相關程度愈低，組合的最小波動率愈低。因此，根據投資組合理論，如果股、債報酬率保持負相關，則傳統股債組合就能長期發揮風險分散作用，為投資人帶來更穩定、風險調整後更高的投資報酬。

機構投資人的傳統投資策略

傳統股債配置方式在機構投資人的資產配置中扮演重要角色。股六債四、股七債三等常見的組合，是被動投資的簡單操作方式，也常用來衡量其他投資組合的績效，還能夠反映投資機構的風險偏好。挪威主權財富基金、加拿大退休金計畫投資委員會等致力於長期投資的大型機構投資人，均以傳統股債模式為基礎配置資產。

由於一九九〇年代以來，全球股債間的整體相關性較低，傳統股債組合表現優異，分散化效果明顯。如果以ＭＳＣＩ全球指數代表全球股票資產，以巴克萊綜合公債指數代表全球債券資產，那麼一九九一至二〇二三年的三十二年中，全球股七債三的投資組合有二十三年取得正報酬，年化報酬率八．一％，高於純股票或純債券組合；同時，股七債三的波動率和最大跌幅也明顯小於純股票和純債券組合。

根據投資組合理論建立的傳統股債投資方式，在實務操作上能帶來穩健的報酬、發揮風險管理作用。另一方面，傳統股債組合與其他新的資產配置策略有相似之處，例如，如果能深入掌握各類資產價格變動的驅動因素，可以發現，風險配置與資產配置本質上都反映投資人的風險偏好和整體經濟展望。在資產配置決策上，大型機構投資人習慣依賴傳統股債配置方式。

傳統股債配置的三大缺陷

二〇〇八年全球金融危機後，機構投資人開始反思在危機中受到重創的傳統股債配置模式，發現這個模式有三大缺陷：

一是**曝險較集中，可能導致資產大跌**。理論上，大多數資產的報酬會呈現非常態分布，使用靜態波動率來估算風險，通常會低估尾部風險。實務上，由於股權貝塔往往貢獻投資組合九〇%以上的風險，股票大跌會為投資組合帶來大幅虧損。例如，採用股六債四配置模式的挪威央行投資管理機構（Norges Bank Investment Management, NBIM）在二〇〇八年、二〇二二年分別虧損二三・三%和一四・一%。

二是**股票週期主導組合報酬率波動**。由於平均值—變異數模型（Mean-Variance Model）沒有考慮資產價格之間的時間相關性，通常會低估資產的波動率，尤其是風險較大、高波動的股票資產。業績波動起伏明顯，會增加中、短期收益不足的風險。從全球來看，以股六債四組合為例，一九〇〇到二〇一〇年間，平均每三年就有一年實際報酬率為負，十年滾動實際報酬率為負的機率為二二％、名目報酬率為負的機率為七％。

三是**股債相關性不穩定會削弱避險效果**。大宗資產間的相關性並非一成不變，股債資產相關性明顯提高，將降低傳統股債組合分散風險的能力。受總體經濟情勢、貨幣政策與風險偏好等因素影響，有時股債相關性會迅速增加，導致股債雙殺。

傳統模式的「脆弱時代」

從金融市場的歷史來看，傳統股債配置模式並非一帆風順，尤其是在一戰、二戰以及一九七〇年代「大通膨」時期等，在大緩和時期中也有幾年出現資產組合價格大幅下跌的情況，例如在網路泡沫與房地產泡沫破滅時期。

成長與通膨一直是影響總體經濟的兩大重要因素，也是影響股債報酬的關鍵。經濟成長波動會讓股、債投資報酬率呈反向變化，而通膨的變化則會使股、債報酬率走向一致；當經濟不穩定時，股債之間的負相關性增強，傳統股債組合能發揮良好的分散效果；當通膨波動主導經濟時，傳統股債組合的風險分散效果就會減弱；經濟成長與通膨發生變化也會影響股債之間的相關性，供給緊縮引發的停滯性通膨會增加股債雙殺的可能。

因此，傳統股債組合大跌時，總體經濟可能會有以下特徵：

一**是高通膨且通膨劇烈波動**。根據統計，傳統股債資產在高通膨、高波動的情況下相關性會增強，股債雙殺風險大幅增加。經濟成長與通膨負相關，尤其是成長下降、通膨上升的停滯性通膨、類停滯性通膨時期。在二十世紀的「大通膨」時期，供應端長期不穩定導致通膨壓力較大，成為貨幣政策執行上的重大挑戰。當政府透過貨幣緊縮政策應對高通膨之後，往往會導致經濟衰退，並伴隨利率上升、股市下跌的股債雙殺行情。

二**是貨幣政策大幅緊縮**。由於股債資產的現值可視為未來現金流的折現總和，當貨幣緊縮、推高無風險報酬率時，就會導致股、債市值下跌，成為傳統股債組合無法分散的系統性風險。根據統計，在一九七七年後美國股七債三投資組合取得負報酬的十一年中，有七年處於大幅升息週期；在八次升息週期中，有六次升息期間股七債三組合出現負報酬。一九九四、二〇二二升息最劇烈的時刻，股債同時遭遇重挫。

三**是風險偏好保守**。如果由於外部事件衝擊，讓股、債投資人風險偏好降低，那麼傳統股債組合也會面臨難以分散的另一種系統性風險。風險偏好保守時期，投資人趨於謹慎，傾向持有現金，這時股、債相關性可能轉正，股債組合投資報酬率下降。

在歷史上，風險偏好整體下降多是由於地緣政治事件、資本市場醜聞等外部事件引起。例如，二〇〇一至二〇〇二年，發生安隆醜聞案、九一一事件、世界通訊（WorldCom）財務造假以及安達信（Arthur Andersen）解體四大危機，導致美股投資人的風險偏好趨向保守，即使網路泡沫已經破滅、實質GDP成長率觸底反彈，標普五百指數仍從二〇〇〇年的高點大跌五一%，導致傳統股債組合連續三年出現負報酬。

傳統股債配置模式的未來前景

傳統股債組合的表現主要受利率與股債相關性影響，這兩大關鍵因素分別決定股債組合的報酬與波動。

首先，市場整體利率水準上升，降低資產長期報酬。隨著疫情影響擴大、減少碳排的過程中增加供應鏈挑戰，以及政府整體政策對通膨的忍受度提高，全球總體經濟可能在中長期表現出通膨壓力上升且市場波動增加的趨勢，導致利率基準上升，影響資產市值。政策和通膨變化會影響實際風險溢價和通膨風險溢價。根據一九七三年以來標普五百指數的表現，在通膨低於三%時，通膨上升，本益比通常會跟著提高，但如果通膨高過這個門檻，本益比就會受到抑制。此外，通膨失控風險增加會提高企業訂價成本，市場對股票資產的風險溢價要求也會隨之上升，通膨波動率與股票市值形成負相關。

其次，股債相關性短期有效，但長期有隱憂。短期來看，傳統的股債配置模式仍然有良好的投資報酬，但波動性可能增強，需要動態調整。通膨波動不太可能會立即改變股、債之間的相關性，一方面，疫情影響趨緩，原本因供應鏈問題導致的通膨壓力得到緩解；另一方面，全球央行、尤其是聯準會可信度較高，投資人較可預測長期通膨程度。股、債預期仍將在一定時期內繼續保持負相關關係。此外，聯準會升息週期接近尾聲，全球經濟衰退機率明顯升高，主要央行繼續激進升息的可能性較低。

長期來看，隨著通膨壓力上升和總體經濟波動加劇影響，股債雙殺的機率明顯上升。「灰犀牛」風險暴露、黑天鵝事件頻傳、供給端限制加劇、地緣政治領域的突發事件不斷衝擊投資人風險偏好，停滯性通膨、類停滯性通膨未來可能再現，都會促使投資人的風險承受度降低，決策偏向保守。

如果通膨水準持續偏高、市場無法明確預測通膨程度，股債的負相關性可能減弱，未來甚至可能出現正相關。

資產配置模式的演進

儘管傳統的股債配置有缺點，但機構投資人仍然在原本的架構下不斷「修修補補」，試圖彌補這個傳統模式的缺陷。主要的改進方式有四點：

一是**引進非常態模型**。非常態模型從技術的角度出發，更準確的消化、分析資產的歷史資料，以改善平均值—變異數投資組合配置模型。在非常態模型下，投資人應更加重視均值和條件風險值（CVaR），對尾部風險有更深的認識。對不同的機構投資人來說，尾部風險的影響不同，而機構投資人自身的條件限制，往往是尾部風險管理中容易被忽略的因素。例如，對於以石油相關收入為主要資金來源的機構投資人，石油價格的大幅波動可能是投資組合面臨的主要風險。因此除了關注傳統意義上壓力測試以及風險價值指標之外，在建立投資組合時就應該考慮尾部風險因素，以避免市場下跌帶來的重大損失。

二是**建議以情境分析為基礎，進行中期動態資產配置**。中期動態資產配置（著重於未來一到三年）的目標在於適應新的經濟週期，同時有效銜接長期的戰略資產配置以及短期的戰術資產配置（著重於一年內的每月調整），以確保在風險控制的同時，持續獲得長期報酬。從經濟週期的角度來看，很多國家的經濟週期縮短至三到五年，週期性波動趨於明顯，這使得機構投資人，特別是奉行買進、持有策略的長期投資人面臨更大挑戰。

美國摩根大通銀行採用情境分析法，基本理念是不同資產在經濟週期的不同階段表現不同，必須深入研究不同經濟週期與資產表現之間的關係，做出趨勢性預測和判斷，並以此為基礎改善資產配置組合。

三是研究預測避險模型。預測避險模型主要來自傳統的平均值—變異數優化模型以及風險平價模型，兩大陣營對於資產配置的長期討論。

預測避險模型的理論基礎是Black-Litterman（B—L）模型，B—L模型利用機率統計方法，結合投資人對資產的看法以及市場實際平均報酬，計算出新的預期收益。投資人透過預測避險模型，可以在市場的基礎上對資產提出看法，形成新的配置建議。新的資產配置包含符合主觀看法的組合，以及結合主客觀看法的權重配置。利用B—L模型的統計理念預測避險模型，其實就是在傳統的平均值—變異數優化模型和風險平價模型之間尋求平衡。

四是投資疊加管理。大型機構投資人通常會將投資組合中的資產進行分類管理，並透過多家外部管理人來分散決策，而投資疊加管理可以為高度分散的組合提供「黏合劑」。一般來說，建立、調整投資組合是初步的操作，目標是讓投資組合中的資產配置保持在投資人能接受的風險與報酬範圍；疊加管理則屬於更進階的操作，當投資組合處於投資人可接受的風險與報酬範圍時，投資人可以根據需求，適度調整風險承受度。疊加管理通常能發揮兩種功能：一是消除不利（無意）的配置偏誤，調整投資組合錯誤，屬於相對被動的操作；二是透過有利（有意）的配置偏誤，掌握短期市場波動以獲取超額報酬，是相對積極的操作。

風險平價配置模式

風險平價（Risk Parity）學派認為，傳統的資產配置方式可能不是根據夏普比率（Sharpe ratio）*原則制定出的最佳方案。一些機構投資人為了獲取高報酬，會傾向將更多資金配置在股票等風險較高的資產，而非選擇夏普比率更高、風險更分散的組

* 用來評估投資或投資組合風險調整後報酬的指標，夏普比率高，代表該投資在相同風險的狀況下提供更多報酬。

合。風險平價策略的投資理念是將風險平均配置於不同資產（或風險因子），以獲得長期穩定的風險溢價。

利率處於上升週期是傳統風險平價模型的一個重要挑戰。瑞銀集團研究發現，根據傳統風險平價理念建立的投資組合，過去十幾年平均投資報酬高於股六債四組合，主要是因為固定收益資產的投資報酬穩定，再加上槓桿作用，使得整體報酬表現出色。但在利率趨升的環境下，傳統風險平價組合的表現欠佳。

多因子風險平價（Factor Risk Parity, FRP）模型放棄傳統資產類別的概念，而是根據風險因子來配置資產，風險因子的選取和衡量因機構而異。與傳統風險平價模型相比，多因子風險平價模型的優勢在於分散風險能力更好，對利率變化的敏感度更低，有助於更好的應對利率上升週期。

投資管理的策略創新之路

被動投資策略的崛起

近年來，公開市場股票投資報酬較高，被動型指數投資逐漸受到投資人關注，資金大量從主動投資轉移到被動投資。根據晨星資訊統計，截至二〇二三年底，美國被動基金的淨資產總額首次超過主動管理基金，代表投資人愈來愈偏向低成本且反映整體市場的被動投資策略。過去十年，美國八三%的主動管理型基金無法達到績效目標，四〇%的管理公司經營時間不滿十年。全球主動管理型基金的表現同樣堪慮，投資報酬普遍低於被動型指數投資。

指數基金興起有許多原因，一是被動投資的指數基金規則透明、費率低、穩定性高、流動性佳；二是主動式基金費用高昂，收益表現低迷；三是金融監理和量化技術為主動投資帶來結構性壓力。

Smart Beta策略的興起

近年來，混合式投資策略——Smart Beta策略*，也同樣成為機構投資人的關注焦點。根據二〇一九年富時羅素（FTSE Russell）的全球調查，五八%資產所有人採用

* 貝塔值可用來衡量股票風險，貝塔值大於1表示該投資的波動性高於市場。成長型股票通常具有較高的貝塔值，而防禦型股票如食品、醫療等行業，通常貝塔值較低。

Smart Beta 策略，創下歷史新高。

介於主被動投資之間的 Smart Beta 策略又稱為因子指數投資（Factor Index Investing），是指在指數投資中，利用規則或量化方式來調整指數的市值加權，提高特定風險因子的曝險，以獲得超額報酬的投資方式。與傳統指數投資最大的不同在於，Smart Beta 策略可以改變權重分配，調整傳統市值加權方式，使市值高、報酬低的股票不再獲得過高的權重，改善投資組合報酬率降低問題。

Smart Beta 策略兼具主被動投資的優點。首先，由於 Smart Beta 策略是透過追蹤指數來投資，有傳統貝塔指數（按市值配置證券權重的指數）投資規則簡單、透明、成本低（費率僅〇・一五％到〇・六％）的優勢。其次，Smart Beta 策略具有模型驅動的特點，可以用系統化的方式操作，人力需求較少。最後，如果因子選擇得當，在相同風險的環境下，Smart Beta 策略可以獲取更高的報酬。

新興經濟體的配置價值

從過去四十年的歷史資料來看，新興市場資產有相對較高的夏普比率以及預期報酬，愈來愈多投資人將新興經濟體股債納入投資組合。但從資產配置的角度來看，投資新興市場有兩大挑戰：一是與其他資產類別相比，新興市場股債看似可以適應不同的經濟環境，但在極端經濟狀況下表現不佳，這與新興市場和美國股債表現的相關性有關。通常相對於美國股票指數，新興市場股票具有較好的風險分散作用，但在危機發生時兩者的連動性會加強。二是由於新興市場的高波動性，以及極端風險更集中所帶來的「肥尾」分布效應，只有適度降低新興市場股債配置比例，才能提高整體投資組合效率。

產業輪動與主題驅動的策略

近年來，以資訊科技為代表的科技產業和以生物製藥為代表的醫療產業，股票市值已占全球股票近五〇%、私募股權基金交易金額的六〇%、創投基金交易金額的七〇%。而且，根據康橋匯世投顧公司研究，專注於特定產業的私募股權基金，投資表現明顯優於投資多個產業的私募股權基金。在這種市場環境下，大型機構投資人對科技和醫療產業的投資也隨之擴大。挪威央行投資管理機構的科技股投資比重，從二〇〇九年的八・三%，提升至二〇二三年的二二・三%，二〇二三年持股前十大的公司中，有七家是科技公司；醫療照護股票比重從二〇〇九年的八・六%，提升至二〇二三年的一一・一%，二〇二三年持股前十大的公司中，有一家製藥公司。

此外，永續投資也愈來愈受到重視。主權投資機構減少對石油和天然氣等傳統能源的投資，轉而加碼可再生能源。根據調研機構Global SWF報告，二〇二二年，全球主權投資基金對可再生能源的投資總額為一百八十七億美元，對傳統能源的投資不到七十億美元。

資產類別的探索之路

從傳統股債資產邁向另類資產

一九九〇年代以來，私募股權、房地產、基礎建設等私募市場資產和避險基金等公開市場資產，因風險調整後的投資報酬率高、與公開市場股債資產相關性低，逐漸受到投資人關注；在傳統股債組合當中納入另類資產的這種做法，被稱為「捐贈基金模式」。

二〇〇八年金融危機後，全球進入低成長、低通膨、低利率時代，傳統債券類資產預期報酬降低，追求高報酬的機構投資人開始減少公開市場股債的配置比例，轉而提高另類資產配置比例，希望獲取非流動性溢價來賺取超額報酬。

私募市場的資產特徵

私募市場近年來發展迅速、規模日益壯大。據私募市場資訊服務公司 Burgiss 統計，截至二〇二三年第三季，全球私募市場資產管理規模就高達十一兆美元。

從類別上來看，私募資產包括私募股權、私募信貸（Private Credit）和實物資產等，其中私募股權投資占比最大，達到六一％，併購投資與創投是最主要的投資方式；實物資產投資次之，占比二〇％，房地產投資的占比過半；私募信貸資產占比僅一三％。

不同類型的私募資產風險與報酬不同，能滿足機構投資人不同的資產配置目標：

- 私募股權投資具備高風險、高報酬、低流動性、與公開市場股價長期走勢相關性高的特徵，組合的投資目標是獲取非流動性溢價、減少投資組合的短期波動。
- 實物資產投資收益來源包括租金或分紅收入、投資後增值、市值變動收入和槓桿運用收益，組合的投資目標是抵禦通膨風險、減少投資組合的短期波動，與獲取穩定的現金分紅。

- 私募信貸資產兼具股債屬性，收益風險介於公開市場股票收益與固定收益之間。組合的投資目標是以較穩定的方式，將資金投入具成長潛力的投資機會，並減少投資組合的短期波動。

另類資產的配置效果

一九九〇年代至二〇〇八年全球金融危機爆發，是納入另類資產的「捐贈基金模式」的黃金時期，但金融危機後另類資產的整體效果大打折扣。以美國大型捐贈基金為例，一九九四到二〇〇八年，大型捐贈基金平均年化超額報酬率高達四・一%，同時期對另類資產的配置比例快速上升至三四%；二〇〇九到二〇二〇年，雖然大型捐贈基金對另類資產的投資比例進一步上升至五四%，但平均年化超額報酬率轉為負一・六%，整體效果欠佳。

有研究顯示，金融危機後，納入另類資產的整體投資表現下滑，可能是因為另類資產市場規模大幅擴張，提升市場效率、增加成本費用率，導致資產配置的風險分散效果變差，超額報酬率也下滑。

儘管如此，另類資產相對而言仍有資產複雜度高、市場有效性低、投資報酬差異大的特徵。研究顯示，公開市場債券經理人排名前二五％與後二五％的十年報酬差異僅一・二％，公開市場股票投資的十年報酬差異為三・九％，而非核心房地產、私募股權基金、創投基金和避險基金的差異分別高達一一・八％、一九・四％、二三・七％和一三・三％。受此影響，機構投資人的資金逐漸流向規模較大的資產管理公司，這也印證了冪律定律無所不在。

配置另類資產還有助於對抗市場衰退風險。以私募股權投資為例，在經濟衰退時，私募股權的衰退風險明顯小於股票，因為私募股權市場流動性主要受募資週期影響，對經濟週期與政策波動的反應時間較長，在危機時遭受恐慌性拋售的壓力也更低。

機構投資人的資產配置新探索

後疫情時代，總體經濟不確定性升高。在市場波動性上升、投資難度增加的情況下，投資人在傳統股債組合的基礎上不斷改進資產的配置方式，也不斷探索投資組合是否能有創新。

第一，進一步探索分散化投資的資產配置方式。為追求長期高報酬，從二〇〇八年金融危機到二〇二〇年新冠疫情爆發，歐美不少主權投資基金中股票類資產的占比持續上升，以加拿大退休金計畫投資委員會為例，其基準投資組合（Benchmark portfolio）中，全球公開市場股票占八五％、加拿大政府債券占一五％。隨著股票類資產占比提高，歐美主權基金收益波動性加大，必須進一步分散，所以歐美主權基金尋求非公開市場策略、尾部避險策略和多元資產靈活搭配策略等，選擇與傳統股七債三不同的資產配置方式來分散資金，將投資重點轉向在經濟衰退期間表現較穩定的私募股權基金、總體策略避險基金等資產，以確保整體投資組合在經濟衰退期、市場振盪期能保持穩定。

第二，進一步建立靈活、穩定的投資組合。二〇〇八年全球金融危機和二〇二〇年新冠疫情期間，傳統股債組合受到嚴重挑戰，但能堅守投資策略的主權投資基金，最後都成功避開虧損，獲得較好的長期收益。堅守投資策略不代表在投資過程中放棄動態調整投資組合，在確保資產配置目標不變且穩定的狀況下，靈活、前瞻的調整資產配置比例一樣重要，投資人應根據不同資產在不同週期階段的表現，調整投資布局。

第三，提高在低效率市場中獲取超額報酬的有效投資管理能力。在市場有效性較差、波動較大且能獲取超額報酬的領域，培養主動發掘投資機會的能力。在公開市場方面，強化對核心資產的了解，當市場危機導致價格大跌時，積極進行逆向操作。在非公開市場方面，持續深度追蹤產業趨勢。在兩種不同的市場環境下，關注典範變革下的全球供應鏈轉移、全球通膨週期、永續投資等重要主題，掌握投資機會。

第四，確保投資組合流動性的長期穩定與有效管理。流動性是應對危機的關鍵，也是機構投資人加碼另類資產後可能出現的弱點。在正常市場環境下，流動性不足會限制投資人掌握市場機會的能力；在危機時期，須特別注意信用風險可能會引發流動性風險，避免投資組合在短期內喪失流動性並出現大幅虧損。

首先，要持續關注投資組合流動性的供需狀況。其次，要優化資產的流動性管理，也必須在尋求高報酬的策略中保持平衡。最後，應擴展資金來源，以提高流動性。機構投資人可利用自身信用優勢，平時可獲得銀行授信，滿足資金需求，遇到危機時填補流動性缺口，解決資金問題。

第二十三章

資產成長的引擎—股權投資

投資企業，而不是股票。

——華倫・巴菲特（*Warren Buffett*）

成長引擎類資產是指能持續帶來報酬，讓資產增值的資產。股票投資是獲取長期投資報酬的關鍵核心。隨著公司發展，股票投資能不斷產生利潤、帶來分紅，本身的價值也不斷成長，這正是巴菲特看重股票投資的原因。美國康橋匯世投顧公司分析過去一百多年各類資產的風險收益和資產相關性等，發現股票績效勝過債券、債券勝過現金，而且投資時間愈長，這個特徵就愈明顯。因此，股票是投資組合中的核心資產。

儘管股票投資具有波動性，不同地區的表現也不同，但長期來看，股票投資人通常會因為承擔股市風險而獲得相對較高的利潤。自一九〇〇年以來，以五年為單位來評估，美國股票投資報酬率超過債券投資報酬率的機率是七七%，以十年為單位來評估，機率上升至八六%，以二十五年為單位來評估的話，機率高達一〇〇%（根據每月資料，以名目指標為基礎計算）。

公開市場股票投資的策略演進

從主動投資到被動投資

股權投資方式包括主動與被動兩種，主動投資又分為自行操作與委託操作兩種模式，前者是自主選擇個股，後者是委託基金管理人進行投資。例如，如果投資人看好中國股市，可以自己購買十檔股票，也可以委託公開基金的基金經理人選股、投資。在這種情況下，最理想的結果是能夠獲得主動投資帶來的超額報酬，例如滬深三百指數漲幅為一〇%，而所持有的股票價格上漲三〇%，相差的二〇%就是主動投資帶來的超額報酬，即超越市場基準的報酬。

主動投資能獲得超額報酬的前提是市場的效率不足。在效率市場裡，競爭充分、市場效率高，資訊會迅速被消化吸收並反映在股價上。在這種的情況下，戰勝市場非常困難。在中國股市，還有機會賺取二〇%的超額報酬，但在成熟的效率市場，例如美國市場，就很難獲得這麼高的超額報酬。

根據MSCI的標準，市場可分為成熟市場、新興市場、邊境市場*以及其他市場。整體來說，成熟市場的效率較高，新興市場的效率較低。在不成熟的新興市場中更容易找到被忽略的訊息，進而獲得更高的報酬。二〇〇七年，巴菲特曾經與美國門徒避險基金（Protege Partners）創辦人泰德・賽德斯（Ted Seides）打賭，打賭從二〇

＊作者注：邊境市場指比新興市場發展程度更低的市場，如埃及市場等。

〇八年一月一日起的十年內，賽德斯選擇的基金組合收益無法戰勝標普五百指數投資。十年期限已到，賽德斯沒有戰勝市場，輸掉賭約。這個例子說明在效率市場中，特別是在市場繁榮時期，主動投資的管理人想要戰勝市場是一件非常困難的事。

主動基金和被動基金的表現差異，讓業界開始思考主動投資是否能有效獲得超額報酬。一些研究認為，只有能夠容忍市場短期波動的價值投資，或在市場效率不高、競爭不充分的新興市場等區域的投資，主動投資才有可能獲取超過市場基準的報酬。瑞銀集團的一項研究指出，二〇〇八年全球金融危機以來，投資表現主要受總體經濟環境影響，資產或個股的特性對收益影響相對減少，被動投資因此大受歡迎。但如果風險增加或股票收益的波動性加大，主動投資有可能捲土重來。

三大Smart Beta策略

Smart Beta 策略認為，大部分超額報酬可以用傳統的因子模型來解釋，投資人可以利用系統化的方式，讓自己的投資組合對某些市場因子有較多反映，將主動管理轉為指數投資，在享受市場收益的同時，獲取額外的超額報酬。

與被動指數投資以及基金經理人根據主觀判斷進行的投資不同，Smart Beta 策略是透過多因子量化模型來調整投資組合的資產配置，將投資流程自動化，是主動加被動的一種混合投資策略。

傳統貝塔投資主要基於資本資產訂價模型（Capital Asset Pricing Model, CAPM），但投資組合的收益無法完全用市場的系統性風險來解釋。一九九〇年代初，美國經濟學家尤金・法瑪和肯尼斯・弗倫奇（Kenneth French）提出三因子模型，試圖解釋資本資產訂價模型無法解釋的超額報酬現象。

三因子模型認為，除了市場系統性風險溢價外，股票規模和價值也可以用來解釋超額報酬。之後，學者與市場投資人研究一系列會影響資產超額報酬的因素，例如價值、動能（Momentum）、防禦性、低波動、高品質和小型股等。市場逐漸發現，原來超額報酬有一部分來自市場風險收益，並識別出更多風險來源與報酬驅動因子，包括與地區、產業、投資風格、策略相關的市場風險，有助於投資人更精確了解資產超額報酬的來源，並根據不同風險因子來調整投資組合。

為什麼有一些風險因子能帶來溢價？諾貝爾經濟學獎得主羅伯・席勒與一些經濟學家從金融市場的結構性缺陷和行為金融角度提出解釋。由於市場缺陷，短期內理性投資人無法透過套利行為使價格回歸其內在價值，導致市場出現長期錯誤訂價，帶來資本資產訂價模型無法解釋的超額報酬。這些缺陷包括：一、價格在短期內會受雜訊干擾，偏離內在價值；二、套利過程會有交易與法律成本；三、市場上某些資產或風險因子無法完全被取代。在行為金融方面，動能與價值等因子的溢價現象，也可以從投資人的行為偏誤得到解釋。面對市場的積極訊號，投資人因為依賴過去經驗、不信任外部資訊以及保守心理影響，過度悲觀，低估股票價值；而面對持續上漲的資產，投資人又過度樂觀，高估其價值。因此，資產價格長期會出現均值回歸的振盪現象，使得與投資人行為特徵有關的因子產生風險溢價。

根據 Smart Beta 指數在挑選成分股和加權方法上與傳統指數的差異，可將 Smart Beta 指數分為三類：一是增強收益類指數，主要包括單一因子（如價值、成長、動能和品質等）策略指數、多因子策略指數和基本面指數（如以紅利、淨利、收入等指標作為權重）；二是分散風險類指數，主要是風險加權指數，如最小波動率指數、最大分散度指數、等權重指數等；三是多元資產類指數，主要包括非傳統商品指數、債券指數和多資產指數等。

二〇〇〇年以來，一些主要 Smart Beta 策略的風險報酬率明顯高於傳統指數投資，平均夏普比率為〇・五七，而傳統指數投資的夏普比率不到〇・三。此外，Smart

Beta 策略穩定方便、多元化等優點也受到投資人青睞：第一，由於 Smart Beta 策略能穩定利用市場中某些風險因子，讓 Smart Beta 策略成為獲取特定因子長期系統性風險溢價的理想工具。第二，各大指數編製機構紛紛發布 Smart Beta 指數，方便投資人進行資產配置。第三，長期以來，聯準會的量化寬鬆政策使得固定收益類資產的投資報酬愈來愈低，Smart Beta 策略提供另一種投資方式來增加收益，增加資產投資的多元性。最後，根據特定演算法或規則制定的投資策略，能有效減少人們因為行為偏誤帶來的損失。

總體而言，Smart Beta 策略有其優點，許多大型退休基金已經開始將 Smart Beta 策略納入投資策略，例如美國加州公務員退休基金、英國鐵路退休基金、荷蘭退休基金和台灣勞退基金等。特別是英國鐵路退休基金，目前已逐步利用 Smart Beta 策略來加強、改變自己的主動管理投資方式。

私募股權投資策略

成長引擎類資產還包括創投基金、私募股權基金等另類資產。另類資產投資策略除了被投資公司的利潤成長之外，還有非流動性溢價、主動管理收益與槓桿收益等多種獲利來源，多元化收益有助於提升投資人的整體報酬率。

私募股權投資的興起

私募股權是指在初級市場發行或交易的公司股權，私募股權投資是指對初級市場發行或交易的股權或其相關資產進行的投資。中國對私募股權投資的定義著重於資金來源的私募性質，也就是資金只能「私下募集」，而非公開募集；而美國等市場對私募股權的界定則比較注重資產端的私募性質，也就是主要投資於非上市企業的股權，整個投資週期具有高風險、高報酬、低流動性，以及與公開市場股價長期走勢相關性高的特徵。

在策略執行方面，私募股權基金通常會積極參與被投資公司的經營發展，透過上市、併購或管理層收購等方式出售手中持有的股權，進而獲利，其創造價值的方式通常包括槓桿作用、營運改善以及拓展公司業務或規模等。

隨著私募股權市場日趨成熟，資訊變得公開、透明，上述策略的執行效果呈現出明顯差異。一是槓桿交易變得標準化。私募股權幾乎已經成為標準化商品，多數交易方的交易條件與價格幾乎都相同。二是私募股權基金投資時通常會取得被投資公司的控制權，協助被投資公司推動營運，降低成本，提高被投資公司價值。但同時，這種方式需要基金管理人具備更強的經營管理能力，往往會為基金帶來額外的成本。三是倍數擴張過分依賴公開市場價值。倍數擴張是指出售時標的公司的市值水準（私募市場通常以 EBITDA 倍數來衡量公司市值，也就是以稅前息前折舊攤銷前獲利的倍數來代表估值水準）高於併購時的市值水準，帶來的超額報酬通常與公開市場價值的變動密切相關。

三大私募股權基金

廣義的私募股權基金，根據企業在融資過程中的不同階段，又可分為幾種類型：種子投資或天使投資基金、創投基金、成長基金、併購基金及其他基金（如夾層投資基金〔Mezzanine Fund〕、困境投資基金等）。狹義上來看，私募股權基金分為三類：創投基金，投資於新創企業，高風險、高報酬；成長基金，投資在快速成長階段的企業，風險與報酬適中；併購基金，投資在現金流穩定、商業模式成熟的成熟階段企業，風險與報酬適中。

從歐美成熟市場看，併購基金是私募股權市場中最常見的投資類型。但在大部分新興市場，包括中國市場，創投基金與成長基金最常見。具體而言：

第一，創投基金通常投資於新創企業，較少使用槓桿。廣義的創投基金涵蓋企業上市前的所有資金募集階段，狹義的創投基金只關注企業的中期成長階段，不參與種子投資、天使投資和企業後期的成長投資階段。

創投的失敗率很高，但一旦成功往往報酬驚人。創投不僅追求財務報酬，還致力於推動先進產業發展、掌握早期市場布局的機會。創投的主要特點包括：被投資企業處於早期發展階段，成長潛力大，但通常還沒有獲利，而且預計未來一段時間內企業仍將無法獲利。創投基金成長性最高，但面臨損失的風險也最大。

第二，成長型私募股權基金也稱為「成長基金」，是以被投資企業的長期成長為目標，通常會投資信譽好、長期獲利或擁有長期發展前景的公司，是追求資產穩定、長期增值、重視資金長期成長的一種基金。

成長基金強調掌握高成長投資機會，主要特點是：被投資企業處於創投側重的早期與併購基金側重的成熟階段之間，商業模式、產品、技術已獲得市場初步驗證，開始獲利，或預計在短期內即可獲利；槓桿水準相對較低或不使用槓桿；多為少數股權投資。成長基金成長性較高，潛在損失風險介於併購基金與創投基金之間，通常投資於發展新業務、進入新市場或正尋求外部資金以進行收購的企業。

被投資企業通常有以下特徵：營收快速成長；現金流為正且已獲利或即將獲利；企業由創辦人或其他個人持有，之前沒有機構投資人參與；投資人不介入公司管理，或是僅持有少數股權；資金用於企業擴張或流動性補充；基金投資業績主要取決於企業成長性而非槓桿。由於企業有現金流支援，這類投資的風險、報酬比創投小。

作為併購與創業投資之間的中間策略，成長型股權投資兼顧企業的成長性與交易的靈活性，受到機構投資人青睞，成為私募股權基金投資中成長較快的投資策略。成長型股權投資是介於創投和槓桿併購之間的私募股權基金投資策略，既有創投產品的成長潛力，也有併購策略中相對成熟的商業模式與較低的風險，是私募股權基金投資領域中的關鍵。

第三，併購基金，是專門用來收購企業的基金，透過收購股權獲得企業控制權，然後重組改造企業，持有一定時期後再出售。

併購基金是跨產業私募股權基金的主要投資策略，可擴大組合規模、獲取非流動性溢價。併購基金投資的主要特點是：目標企業通常較成熟，具備一定規模，已產生穩定收入與利潤；槓桿水準相對較高，多為控股型投資。與成長基金、創投基金相比，併購基金成長性、潛在損失風險相對適中，更重視提升被投資企業的營運水準與槓桿運用。

併購基金通常使用較高的槓桿來購買成熟的公司，以被收購公司的資產做抵押以獲得貸款，使其能以較少的資金完成大規模收購。併購基金通常透過將股權出售給戰略競爭者，或以債務融資的方式來退出投資，獲取收益。

長期來看，私募股權基金能獲取比公開市場更優異的報酬。根據康橋匯世投顧公司統計，全球私募股權基金的十年期和二十年期平均年化投資報酬率分別為一二%和一五%，但同期全球主要股票指數基金的平均年化投資報酬率僅六%和七%。無論在全球還是北美市場，成長基金的長期業績表現均優於併購基金，全球和北美市場成長基金過去二十五年的平均年化投資報酬率分別為一四・九%和一八・四%，但同期併購基金的平均年化投資報酬率僅一三・三%、一三・一%。

從投資報酬來看，一九九八至二〇二三年，全球成長基金年化投資報酬率均值為一七・二%，中位數為一五・二%，標準差為五・九%，僅有五年的投資報酬率為負數。但同時，由於投資標的受到各種不確定因素影響，成長基金的報酬波動性較高，更容易受到所投資產業在公開市場市值波動的影響；併購基金的收益則相對平穩。因此，機構投資人在制定私募股權基金配置策略時，通常會將併購基金做為該類資產配置的核心，並靈活配置成長基金，以獲取更高的報酬。

投資後管理能提高投資的成功率，是增加私募股權基金穩定性的關鍵。由於私募股權基金採取的有限合夥制，有助於解決公司股東與管理階層利益不一致問題，降低委託代理風險，所以基金投資人能更有效的透過分階段投資、激勵等措施監督公司管理階層。不同領域投資人在選擇代理人時關注的重點不同。在創投領域，投資人和創業者共同尋找與公司發展理念一致的管理階層，以推動企業發展；在槓桿收購領域，私募股權基金透過改善公司治理以提升企業獲利，並利用高槓桿結構放大資本收益。

私募股權基金的投資表現與布局的產業發展情況密切相關，例如規模較小的基金就有靈活管理較小投資組合公司的優勢，並傾向於將同類組合公司整合為一個平台實體，進而獲取更高的退出倍數；而規模較大的基金則傾向投資產業前景明確、更穩定的市場和更可預測的現金流。例如受制於產業特性，資訊科技、生命科學領域的基金業績成長較快；消費產業基金業績相對平穩，波動相對小。

第二十四章

抗通膨、通縮的資產配置策略

不論何時何地，通貨膨脹都是一種貨幣現象；
不論何時何地，通貨膨脹都是太多貨幣導致的結果。

——密爾頓・傅利曼（*Milton Friedman*）

經濟成長中，通膨與通縮這兩大風險猶如潛伏的暗礁，考驗著投資人應變的智慧。應對通膨，大宗商品、基礎建設、房地產和抗通膨債券是對抗通膨的有效工具；而面對通縮，固定收益和私募信貸商品則是穩健的投資選擇。

對抗通膨的投資標的：實物資產

總體經濟中一個重要的風險是通膨風險，代表資產縮水以及購買力下降。假設通膨率是三％，銀行的一年期活期存款利率是一％，這樣每年活期存款資產價值會損失二％。因此，打敗通膨是投資的核心目標。

為此，投資人必須尋找能戰勝通膨的資產。一是房地產與基礎建設，包括公寓、商辦大樓、工業倉儲區等。由於建造房地產的勞動力與原物料價格會隨著通膨而上升，房地產的重置成本與市場價值關係密切，因此房地產價格與通膨變化密切相關。房地產價格通常與通膨同步上升，因此要戰勝通膨，房地產是不可或缺的資產。

二是大宗商品。商品價格的上漲從原物料開始，而原物料的價格上漲來自於大宗商品，因此，大宗商品也與通膨高度相關。

大宗商品的價格由全球市場的供需關係決定，由於受到全球地緣政治風險加劇、供應鏈波動、各國向雙碳目標邁進的影響，許多大宗商品的生產受到衝擊。此外，在ESG的趨勢之下，大宗商品的資本支出持續減少，投資嚴重不足。長期來看，由於供不應求，大宗商品的價格將持續攀升。因此，在通膨時期一定要持有石油、天然氣等全球訂價的相關資產。

三是抗通膨債券。抗通膨債券的票息收益會隨著通膨調整，可以幫助投資人避免通膨造成的損失，是抵禦通膨風險的良好投資工具。

實物資產主要包括大宗商品、房地產和基礎建設三種。投資人配置實物資產的主要目的有三：一是對抗意外的通膨風險。透過合約，實物資產收入可在通膨上升的情況下相對提升，發揮資產保護作用。二是增加投資組合的分散性，降低組合的波動性。雖然長期來看，股票是抗通膨的理想工具，但通膨意外上升會導致股、債價值下滑。股、債的價值與通膨負相關，而大宗商品、房地產等資產價格則與通膨正相關。也就是說，實物資產往往會隨著通膨而升值，如果將其納入股、債投資組合，可以降低整體波動性。三是在相對低效率的市場中獲取超額報酬。

從歷史上看，不同實物資產價格對通膨的敏感度不同，房地產價格的敏感度最低，石油與天然氣的價格敏感度最高。此外，不同資產對抗通膨的表現也有差異，例如儘管房地產價格對通膨的敏感度相對較低，但私募房地產基金對通膨的敏感度遠高於房地產投資信託基金。同樣的，石油和天然氣價格與通膨之間的相關性很高，這代表直接投資能源通常能更有效的對抗通膨。換句話說，對上游石油和天然氣業務的私募市場投資，或對石油和天然氣商品期貨的公開市場投資，比投資公開市場能源產業股票更能對抗通膨，因為公開市場能源產業股票通常與股票的關聯性較大、與通膨的關聯性較弱。

根據康橋匯世投顧的統計，機構投資人在實物資產領域的配置比重通常是五％到二〇％，配置比重因人而異，主要考量的因素包括配置目標、意外通膨風險、流動性需求以及資產規模等。

大宗商品

大宗商品通常是指在工農業生產與消費中使用、具有商品屬性的各種大宗原物料，石油、黃金以及各種金屬和農產品都屬於這個範疇。

大宗商品投資大致可分為兩種：

一是直接投資，即透過相關工具直接投資於實物商品或相關合約。直接投資大宗商品可以透過現貨市場、商品期貨或其他衍生性商品等方式進行。

商品期貨指數衍生性商品是現在規模最大、最普及的大宗商品投資工具，追蹤商品期貨指數也是目前最受歡迎的貝塔投資策略。主動管理的投資策略正逐漸成為貝塔組合的一部分，因此愈來愈多機構投資人選擇更積極的投資工具，包括商品交易顧問基金、商品共同基金和避險基金等。由於直接投資大宗商品具有分散風險、獲取超額報酬以及對抗通膨等作用，因此成為機構投資人的投資組合核心。許多投資人尤其看中大宗商品穩定報酬與分散化效應。

二是間接投資，例如投資大宗商品上市公司或未上市公司的股權等。上市公司的股權和債權是間接投資大宗商品的主要工具。避險基金和共同基金提供更多投資選擇，而私募基金能在非上市公司領域掌握投資機會。

其中，商品期貨合約可以替代實物資產，能有效對抗通膨風險。大宗商品期貨市場的總體表現往往與通膨呈正相關，但相關性在商業週期的不同階段會有所變化。經濟擴張階段，也就是產能利用率較高的時期，相關性最強。此外，通膨的變化趨勢比具體通膨數據更重要。通膨率上升時期（無論實際通膨水準如何），商品指數的表現更強勁；通膨率下降時期，商品指數的表現則較為疲軟。此外，大宗商品價格與產能利用率呈強烈的正相關。當經濟以高產能運轉且庫存水準較低時，大宗商品價格最有可能上漲，進而助長通膨。例如在一九七三至一九八一年的高通膨時期，石油和天然氣價格與通膨呈正相關，而標普五百指數與通膨呈負相關。

石油和天然氣產業分為四種領域：上游（石油和天然氣探勘與生產）、中游（運輸、石油加工和天然氣收集）、下游（煉油、經銷或分銷）以及化工領域，四種領域對通膨的敏感程度不同。通常與碳氫化合物價格變化最相關的產業，與通膨的關聯性也最強。石油和天然氣領域的上游產業通常是指直接擁有天然資源的開採企業，因此對碳氫化合物價格的變化高度敏感。這些企業的營收與通膨呈正相關，與金融資產呈負相關。但是，如果開採企業對價格風險進行對沖，就會減少與通膨的相關性。中游和下游企業往往對總體經濟狀況更敏感，營收與金融資產的相關性也更高。一些油田服務企業向上游開採企業提供設備與服務，屬於廣泛的油氣田服務產業。由於這些企業的營收依賴上游活動，因此對商品價格有一定的敏感性。

投資油氣領域主要有三種方式：

一是直接投資有全額擔保的多元化商品期貨組合，這種投資方式有助於對抗通膨、有效分散投資風險。轉倉收益（Roll Yield）和保證金收益（Collateral Yield）也為只做多商品指數的投資人帶來兩個額外的獲利機會。由於原物料價格上漲通常會比成品價格早六到十二個月，因此價格上漲的最大漲幅通常會發生在通膨飆升前或通膨剛發生時。例如，一九七一到一九七二年的平均通膨率為三．四％，但在一九七三年飆升至八．七％。在一九七一到一九七三年的三年時間，標普高盛商品指數的實際年化複合成長率高達三七．五％。

二是投資石油與天然氣產業的公開市場股票，但這個方式對抗通膨的效果可能不如商品期貨投資，原因在於油氣產業的股價不僅受產業基本面影響，還受到股市整體走勢影響，而且個別公司的股價主要受公司營運管理影響，而不是公司的油氣資產價值。此外，許多上市公司為了對抗油氣價格波動，還採取避險交易，導致油氣產業的股價表現往往與市場大盤走勢一致，而不是與油氣價格走勢一致。

當然，即便如此，能源價格上漲會增加公司的現金流。儘管現金流的增加通常會延遲，但石油、天然氣產業的股票還是會比股票大盤指數能更有效的對抗通膨（與通膨的相關係數分別為〇．〇二和負〇．二一）。這個觀察在一九七三到一九八一年高通膨時期特別明顯，當時標普能源產業的實際年化複合成長率為一．六％，而標普五百指數為負三・八％。同樣的，上游公司股票對能源價格的敏感度最高，其投資波動性往往大於中游和下游公司。投資於油氣產業領域的投資人可以在不同的市場領域之間調整，以減少油氣價格波動對投資的影響。

此外，指數股票型基金（ＥＴＦ）也可用來投資石油和天然氣產業。ＥＴＦ的優點是流動性極高、費用率相對較低。但大多數能源產業ＥＴＦ的缺點是，它們往往專注於大型和超大型能源公司，而非純粹的上游公司。

三是透過專注油氣產業的私募基金投資非上市油氣公司的股權。但這種投資方式需要有較高的投資技巧與分析、追蹤市場動態的能力，大多數投資人無法參與。

油氣產業的私募基金和其他大多數產業私募基金的投資模式類似，交易結構、費用結構差別也不大，但投資時間往往比較長。上游領域投資主要分為三類：探勘鑽井投資、開發鑽井投資和成熟的油氣鑽井投資。探勘鑽井的目的是尋找新的天然氣或石油層，但即使掌握最精確的地質資料，也不保證一定能找到油氣資源，因此為了彌補風險承擔，這類投資的最低預期內部報酬率至少應達二五％。開發鑽井是在已被證明具有油氣資源的區域內鑽探更多油井，雖然投資風險比探勘鑽井小，但也可能會出現商業效益不佳的油井。這類投資的內部報酬率通常在一五％到二五％之間。投資已生產的油氣井是一種風險相對低、報酬可能也很低的策略。大多數成熟油氣資產的投資目標內部報酬率為一〇%到二〇%。

黃金

黃金被認為是一種價值準備工具，既可規避紙幣風險，也可對抗通膨。然而，過去一百多年來，投資人對配置黃金一直心存顧慮：一是長期持有黃金會有較高的機會成本；二是投資組合中配置黃金的成本相當高；三是對黃金需求的成長，主要是因為預期發生機率極小的情況出現，例如預期美元暴跌或是通膨急劇飆升，都會導致黃金需求激增，但這些情況並不常見。

黃金的三種屬性與價格

黃金兼具貨幣、商品及金融三種屬性，因此具有抗通膨與避險、保值等特點。但也由於這三種屬性，使金價常常受到各種因素影響，包括：

一是黃金的貨幣屬性使得法定貨幣的波動會直接影響金價。儘管布列敦森林體系瓦解後美元與黃金脫鉤，但稀缺性使黃金長期具有貨幣的功能。一方面，黃金與美元有替代性，當美元貶值時，黃金的貨幣功能將更加明顯，因此金價與美元指數呈負相關。另一方面，相較於信用貨幣，黃金作為一般等價物，避險效果更佳，因此突發危機或地緣政治事件等因素會推動金價變動，金價與ＶＩＸ指數（芝加哥期權交易所推出的波動率指數）等風險指數有一定的正相關。

二是黃金的商品屬性使得黃金準備需求成為金價的主要推動力。一方面，金價受供給影響，與供給量呈負相關。黃金的供給主要來自金礦開採、回收黃金。過去十年，金礦開採和回收黃金分別占黃金供給量的七一％和二八％。另一方面，金價受黃金需求影響，與需求呈正相關。需求部分主要包括金飾加工、投資、工業需求與央行準備，分別約占總需求量的五〇％、三〇％、一二％和八％。

整體來看，由於供給端波動較小，黃金的價格主要由需求端決定。其中，金飾加工和工業需求整體波動不大，因此短期而言，波動較大的投資需求決定黃金的價格。二〇〇四年以來，全球黃金的投資需求從每年約四百八十噸的低點，最高升高至每年一千七百噸，其中黃金ＥＴＦ需求波動較大，在高點時占投資需求比重超過四〇％。此外，金融危機後，各國央行持續增持黃金，目前全球各國的官方準備需求占黃金總需求的一五％。央行準備需求是黃金長期需求上漲的主要推動力。

三是黃金作為一種金融資產，價格會受到利率和通膨兩大因素影響。實際利率方面，由於黃金無法產生定期收益，因此持有黃金的機會成本相當於實際利率，也就是名目利率減去通膨率。當實際利率走高時，投資人更傾向持有風險資產，反之，當實際利率走低時，持有黃金的機會成本降低，黃金需求上升將帶動金價上漲，因而金價與實際利率水準呈負相關。歷史資料顯示，當實際利率為負時，黃金價格通常出現上漲趨勢。

通膨水準方面。黃金具有保值性，通膨率可被視為投資黃金的報酬率。通膨率愈高，持有黃金的報酬愈高，這將帶動黃金需求上升，因此金價與通膨有正相關。此外，當通膨持續走高或走低，會相應壓低或抬高實際利率水準，因而支撐或打壓金價走勢。資料顯示，通膨穩定時與金價相關性較弱，但通膨急劇上升時，金價就會明顯上漲。

回顧歷史，在美國幾次通膨波動幅度較大的時期，金價通常會跟著通膨波動表現出一定的漲跌趨勢。例如，一九七〇年代的兩次石油危機、二十一世紀初網路泡沫破滅前後、二〇〇八年全球金融危機時期，以及二〇一五年聯準會升息前夕。

黃金資產的未來

過去半個世紀，美國經濟基本面與實際利率的變化，是金價長期攀升的重要原因。經濟基本面包括美元指數、通膨水準、實際利率的變化，都對黃金價格帶來長期影響。然而，更長期來看，全球政經局勢正面臨重大改變，影響黃金價格的因素愈來愈複雜。以美元指數、通膨水準、實際利率等指標為基礎的黃金訂價模型已經無法準確預測金價走勢，黃金價格的長期走勢還受到以下幾個關鍵因素影響。

一是**美國財政赤字持續擴大，且貨幣化現象嚴重**。新冠疫情將全球貨幣與財政政策推向極端，不斷擴大的財政赤字令各國政府不斷打破債務上限。中長期來看，疫情後美國政府債務壓力創新高，拜登政府大規模實施財政刺激計畫，使美國政府資產負債率已超過二戰時高點。美國以外各國央行一直是美債的重要購買者，占比接近二〇%，然而，隨著美國以外國家對美元體系的擔憂增加、配置美債的意願下滑，聯準會成為美債的主要買方，美債對聯準會的依賴性加深。備受爭議的「現代貨幣理論」實際上已經被付諸實踐：政府推動財政和貨幣政策整合，央行大肆印鈔來面對日益上升的赤字率。但財政擴張帶來的龐大債務負擔與長期貨幣超額供給，可能會削弱美元的信用和財政穩定性，導致美元長期貶值風險上升，也使黃金的貨幣功能變得更重要。

二是地緣政治風險加劇，避險需求上升。後金融危機時代，隨著地緣政治衝突升高、民粹主義抬頭，打亂全球化、經濟整合進程。新冠疫情導致經濟不平等，世界各地的社會分化現象日益嚴重，全球經濟不確定性增加，帶動黃金避險需求上升。

首先，俄烏衝突爆發後，俄羅斯央行美元準備遭到凍結，導致美元作為準備貨幣的安全性受到質疑，參與美元資產交易的國家風險急速上升。其次，地緣政治風險嚴峻，而且未來不確定性加大。鑒於美國債務水準不斷飆升，即便是與美國關係密切的盟國，在美國持有黃金儲備的風險也日益上升。最後，地緣政治風險可能影響全球能源及大宗商品供應鏈，進一步推升市場避險情緒，帶動黃金需求。

三是官方機構持續買進黃金。為了分散風險和保證流動性，過去幾十年各國央行一直將黃金作為資產配置的一部分。自一九九九年歐洲十四國央行與歐洲央行共同簽署限制拋售黃金的《華盛頓黃金協議》（Washington Agreement on Gold）開始，全球多國央行持續增加黃金準備。自二〇〇九年開始，全球各國央行從淨賣出轉為淨買進，二〇一〇至二〇二三年底，累計買進黃金超過七千八百噸。全球政經結構多極化發展加劇這個趨勢，僅二〇二二至二〇二三年兩年期間，全球各國央行每年買進黃金的規模達二千一百噸，超過二〇一八至二〇二一年四年的總和。

美國貨幣政策導致美元長期購買力持續下降，全球各國央行，特別是新興市場國家央行開始戰略性增持黃金。過去兩年，黃金的邊際需求主要來自中國、波蘭、土耳其、新加坡、印度、卡達等新興市場國家。目前，中國和印度等新興市場國家央行準備中的黃金占比不到一〇％，遠低於美國、德國等成熟經濟體，仍有較大的成長空間。預計未來幾年，央行黃金淨購買量仍將保持成長趨勢。

儘管各國央行紛紛增持黃金，但其他投資人尚未將資金轉向黃金市場。不過鑒於黃金市場的規模，即使投資人只將投資組合中極小的一部分配置於黃金，也會對金價產生重大影響。

目前全球政經局勢動盪，黃金需求與價格主要受到長期因素、而非短期因素影響。黃金作為「避險性資產」，價格可能會長時間上漲。

房地產

房地產投資是指投資辦公大樓、物流中心、購物中心、公寓等物業類型資產及相關領域，主要優勢是收益較穩定、與股債等其他資產類別相關性較低，能分散風險，長期來看還能抗通膨。二〇〇八年全球金融危機後，房地產投資逐漸受到機構投資人青睞，全球知名退休基金如加拿大退休金計畫投資委員會、美國加州公務員退休基金，還有如新加坡政府投資公司等主權財富基金，都將部分資金投入房地產市場中。

房地產週期受總體經濟週期、資本市場週期與房地產本身特點三種因素的共同影響。總體經濟週期會透過經濟成長的不同階段，影響房地產需求。資本市場週期影響主要是貨幣和信貸環境變化會對房地產的需求和開發造成衝擊，對房地產價格也有較大影響。房地產需求與總體經濟週期高度一致，但房地產供給受開發週期影響，有時間差，因此房地產有經濟學中蛛網理論（Cobweb Theory）*的特點。過去三十年，美國房市的投資報酬有強烈的週期性波動，在二〇〇八年市場衰退時，美國房地產價格單季年化跌幅就超過三二%。

房地產投資報酬由兩部分組成：市值變化與租金收益。房地產資本化率（Capitalization Rates）是租金與房地產市值的比率，是衡量房地產價值的關鍵指標。透過簡化和類比股票投資領域的高登模型*，可以計算出房地產的淨現值。

* 是一種描述市場價格波動與供需關係變化的經濟理論，通常用於分析生產週期較長、生產者對市場價格變化無法及時反應的產業。

過去十年美國房地產的優異表現有一半來自市場價格成長，一半來自租金成長。在市場價格方面，由於採用的價格指數不同，不同機構對資本化率的計算也有差異，但綜合各家結果可以發現，過去五到六年，房地產投資報酬中有二五%到三〇%來自價格成長，其餘報酬來自租金收益及租金成長。

展望未來，房地產的投資報酬主要來源將是租金成長，而非市場價格變化，因為貨幣寬鬆政策將逐步退場，對房地產市值不利，而且資本化率提供的緩衝空間已大幅縮小，房地產市值不再像以往一樣容易受貨幣政策影響。各主要經濟體房地產資本化率與當地十年期公債利率的利差，代表房地產投資的風險溢價。根據瑞銀集團計算，利差已降至歷史平均值以下，與股票投資形成鮮明對比。

由於受惠於經濟復甦與房地產基本面好轉，美國房地產市場租金過去幾年均維持約五%成長。但由於擔憂市場價格與產業前景，二〇二二年以來，美國投資人對房地產投資的熱情開始消退。未來幾年美國房地產的投報率可能從兩位數降至五%左右。而且美國商業不動產槓桿大幅攀升，已接近金融危機前的水準，投資人承受的市場風險與波動也將明顯增加。

長期來看，房地產的需求將持續存在，剛需型房地產能有效對抗通膨，成長型房地產，包括資料中心、工業物流中心、生命科學園區等，則是能在全球數位化與生命科學產業的創新趨勢中，掌握到新的成長機會。

至於未來對房地產影響較大的長期因素，主要有一、人口特徵的變化。高齡化改變市場對房地產產品的需求，推動生命科學地產和養老住宅需求的成長；千禧一代則是步入組建家庭階段，成為購房和租屋的主力人群，對居住品質要求更高。此外，不同區域之間的人口遷移也會影響房地產需求結構，例如，人口持續流向美國二線城市和亞、歐主要城市，對當地出租型公寓、社會住宅和學生公寓的需求帶來正面影響。

二、科技創新和數位化，改變人們對傳統房地產的需求，電子商務崛起讓人們對新的商業模式產生需求，科技公司成為商業地產成長的主要推動力。科技領域的就業機會，長期來看也將促進商辦大樓需求成長。

三、ＥＳＧ是目前房地產投資的重要變數，實現碳中和等環保目標，可能會為傳統的投資方式帶來限制。一方面，經過ＥＳＧ認證的優質資產能獲得更高的租金溢價與出租率，讓資產保值；但確保遵循ＥＳＧ標準也可能增加資產的管理成本。

＊又稱為股利折現法，是評價股權價值的一種方式。

基礎建設

投資人的投資組合中一直都有建築、鐵路、港口等資產類型，但一直到一九八〇年代國營公用事業、電信和運輸公司開始民營化，十年後，私募基礎建設市場的所有資產類別才完整出現與發展。這種民營化的發展從澳洲開始，隨後是英國和加拿大，並在二〇〇〇年後擴展到歐洲各國與美國。二〇〇八年全球金融危機後，私募基礎建設市場的規模擴大兩倍多。過去十年，私募基礎建設基金的籌資金額超過五千五百億美元。由於風險調整後報酬表現強勁，私募基礎建設投資正持續吸引投資人。

私募基礎建設投資泛指投資一個國家或地區的公共工程系統，包括交通、公用事業和公共建築等。根據業界分類，投資的基礎建設包括經濟效益類和社會效益類兩大類，經濟效益類包括交通、公用事業和可再生能源等，社會效益類則包括教育設施、醫療設施和體育場館等。

基礎建設與其他金融資產最大的不同在於具有一定的壟斷性，因此能在競爭有限的環境中營運，為投資人提供長期、低風險、抗通膨且非週期性的報酬。根據市場數據分析公司 Preqin 的預測，到二〇二六年，私募基礎建設基金的資產管理規模將達一兆八千七百億美元，超越私募房地產基金，成為私募領域規模最大的不動產類別。基礎建設債券的迅速發展與增值型策略基金的強勢成長，是私募基礎建設基金的主要成長動力，私募基礎建設基金也因為管理規模擴大，涵蓋更多風險範圍。

從投資項目的發展階段來劃分，基礎建設投資通常分為綠地投資、棕地投資和成熟專案。綠地投資是指投資一個全新的基礎建設，從土地開發到建築、設施等所有元素都需要規劃、建造，投資人必須提供資金，還要資助之後的營運費用。這類專案在早期階段不會有收入，而且計畫和開發的成本支出都不確定，通常投資風險較高。

棕地投資是指改善、修理或擴建現有的資產或結構，這類基礎建設資產通常已部分投入營運，可能已有營收，因此投資風險通常比綠地投資低。成熟專案則是指可以直接投入營運的資產，不需要開發投資，還能產生營收和現金流，風險最低。

從風險和收益角度來看基礎建設投資，愈來愈多機構投資人把投資標的分為四種類型：核心型、核心增強型、增值型和機會型。

核心型資產的投資報酬通常來自經營收入，資產增值空間有限，投資風險低。這類資產主要位於已開發國家或地區，營收來自長期合約、特許經營權等，營收與現金流通常受到監管、合作方有良好的信用等級。這類資產已投入營運，營收與通膨相關性強，能對抗通膨、收益分紅都很穩定。投資人持有時間長，平均超過七年。

核心增強型投資標的與核心型有相似之處，但營收變動與現金流往往容易受到市場狀況等外部因素影響，波動性強，壟斷性通常也較低。儘管營收容易受到外部因素影響，但整體報酬大部分仍來自經營收入。與核心型資產相比，核心增強型有更大的資產增值空間。投資人持有的時間通常超過六年。

增值型投資標的通常不包括壟斷型基礎建設，而是更注重具有明顯成長潛力、規模及服務可擴展或是能因應新需求而重新轉型的基礎建設。這類資產大多還在開發階段或屬於綠地投資，為了獲取更多收益，投資人會選擇承擔更高的風險，並將資產增值作為核心目標。這類投資的收益與經濟成長的波動密切相關。投資人的持有期間通常為五到七年，投資報酬主要來自資本增值，而非經營收入。

機會型基礎建設投資與私募股權投資有許多共同特徵：風險較高，但投資報酬潛力也高，實際投資資產包括新興市場還在開發階段的基礎建設、受到商品價格風險影響的基礎建設，以及有財務困境的基礎建設等。機會型基礎建設的持有期最短，通常為三到五年，投資報酬通常來自於資產增值。

基礎建設資產根據投資回報的方式不同，大致分為兩大類：

一**是可用性資產**。這類資產包括大多數社會基礎建設，例如醫院、教育設施和國防設施，資產所有者通常會與政府或公共機構達成協議，遵循特許合約，無論資產的使用頻率如何都能得到固定金額的資金，但如果營運或維護表現不佳，也可能導致營收減少。雖然可用性資產的收益通常受到特許經營合約限制，但由於需求相對穩定而且受政府合約保障，投資風險相對低。

二是**通行費資產**。投資人根據用戶支付的使用費來獲得報酬，例如收費公路和機場，但如果資產沒有得到充分利用，就會影響投資人報酬。由於通行費資產的需求可能受到整體經濟波動影響，投資風險較高，但如果使用率達到最大值或容量增加，這類資產能提供更高的報酬。

基礎建設被認為是風險相對較低的資產類別，投資期限比其他另類投資更長，投資目標通常是追求長期收益，而不是專注於短期的資本增值，主要特點包括：

- 投資組合多元：長期來看，基礎建設與其他資產及公開市場的相關性較低。
- 波動性較低：長期持有的資產特性不容易受到短期市場情緒波動影響，可減少投資報酬的不確定性。
- 現金流穩定：基礎建設是一種提供基本服務的壟斷性資產，競爭對手少，在經濟疲軟時期需求也能保持穩定，有助於投資人獲得穩定的現金流。長期合約確保這類投資的現金流穩定、可預測。

- 對抗通膨：大多數基礎建設資產可透過監理、特許協議或合約，根據通膨狀況調整收益，這些合約的價格成長率將與通膨率同步或高於通膨率。
- 進入門檻高：由於基礎建設的開發成本和複雜性較高，所以進入門檻很高。機場和鐵路等資產的競爭往往會受到嚴格限制，能確保這類資產保持競爭優勢。
- 營運費用低：資產的營運和維護成本通常較低。
- 資產使用期限長：基礎建設不容易受到技術過時的影響，而且使用壽命較長。基礎建設領域的私募投資人往往受到監理機構和政府的激勵，以確保資產得到維護，並達到預期使用年限。
- 需求穩定：基礎建設提供基本服務，使用需求相對穩定。需求通常對價格變化相對不敏感。

長期以來，基礎建設一直是資產配置的核心關鍵，在經濟不確定的情況下，基礎建設提供的穩定報酬顯得特別重要。儘管投資人和基金經理人多認為未來基礎建設投資仍將面臨如何準確評估資產價值、資產競爭以及利率上升等挑戰，但二〇二〇年以來，業內對基礎建設投資的需求仍持續成長；儘管目前投資進度放緩，但募資的基金數量和目標規模都創歷史新高。

從投資主題看，數位革命和綠色轉型成為基礎建設投資的重要主題。數位革命推動資金流入數位基礎建設市場；網際網路已成為全球的基礎需求，基地台和資料中心等數位基礎建設正吸引資金進場。二〇二〇年以來，數位基礎建設交易額占整體基建市場的比例達二三％，相較二〇一七到二〇一九年的九％有明顯上升。

能源轉型同樣是基礎建設投資的核心關鍵。過去幾年，可再生能源的募資金額急劇增加，能源領域中約有一半的資金進入可再生能源領域。二〇二〇年，以可再生能源為重點的基金募資金額達到六百億美元。進入二〇二二年，雖然天然氣價格飆升，但由於傳統能源資產未來可能會逐步被淘汰，大型機構投資人對傳統能源的投資更加謹慎，有些投資人甚至堅持ＥＳＧ篩選原則，完全不考慮投資傳統能源。但同時，由於能源轉型可能曠日費時，部分投資人仍被傳統能源帶來的中期回報吸引。一些業界人士認為，雖然近兩年以傳統能源為主的基金在能源基金中的占比維持穩定，但預計二〇二五年後比例將逐漸下滑。

機會永遠與挑戰並存。傳統基礎建設投資同樣面臨總體典範變革、能源轉型與科技創新衝擊等新挑戰：一是通膨和利率上升導致基礎建設融資成本大幅提高，現金流長期面臨壓力。二是能源轉型導致企業必須升級設備，資本支出不斷增加。三是新一波科技創新也可能為傳統的電信基礎建設帶來潛在的衝擊。例如，美國太空探索技術公司 SpaceX「星鏈計畫」的快速推進，使衛星網路對基地台、光纖光纜等傳統地面通訊網路基礎建設帶來替代性衝擊。再如，固態電池、氫能、核融合能源等新能源產業的技術突破，可能成為顛覆式創新。

對抗通縮的投資標的：債權資產

公開市場固定收益投資策略

雖然股票能帶來資產收益，但股市的價格波動、風險和不穩定的收益特徵也同樣明顯。經濟中有兩大風險：通縮和通膨；通縮時物價持續下跌，需求萎縮，經濟蕭條，企業獲利下滑，股市下跌，持有過多股票可能傾家蕩產，而固定收益可以用來對抗經濟中的通縮風險。

顧名思義，固定收益是指無論經濟好壞，收益都是確定的。固定收益的首要投資標的是債券，尤其是中長期的高評級債券。高評級、中長期這兩個特點非常重要，一方面，全球金融市場中的債券非常複雜，而愈複雜的債券「股性」愈強，與總體經濟以及股市的相關性就愈高，只有公債、準主權債等高評級的債券才能對抗股市和通縮風險。另一方面，政府應對通縮的常見作法就是降息，降息會影響短期利率，但中長期的公債利率是固定的，較不會受到短期變動影響，因此每當經濟衰退時，投資人就會爭相購買公債。二〇〇八年全球金融危機時，即便美國公債的報酬率為負，仍被視為最安全、違約率最低的資產。而債務擔保證券（Collateralized Debt Obligation, CDO）、信用違約交換（Credit Default Swap, CDS）等隱含股性風險的債券，則很難在通縮時期對抗經濟蕭條風險。一些需要定期或固定支付大筆資金的機構，例如保險公司和退休基金，都需要大量配置固定收益資產，以確保資產安全。

機構投資人配置固定收益資產主要有三個目的：一是獲取穩定收益，二是減少股票的下跌風險，三是提供流動性。二〇〇八年全球金融危機和二〇二〇年新冠疫情對債券市場都產生結構性影響，導致整體資產的收益性、避險功能和流動性面臨前所未見的挑戰，主要原因包括：

第一，在過去十多年低利率環境下，穩定收益表現下滑。過去一百多年來，大多數國家在政經相對穩定的情形下，無風險實質報酬率（即扣掉通膨影響後的利率）偏低，為一％到三％。實質利率的波動性也下降，這代表利率愈來愈穩定，調整利率的難度也隨之增加。實質利率為負在歷史上並不罕見。過去幾百年，實質利率為負的國家，GDP占全球總量的比例不斷上升，從十四世紀初的約一五％，提升到近年來的約三〇％。

第二，公債的避險效果明顯減弱。固定收益資產中，高收益債、新興債等利差產品與股市相關性較高，在經濟成長時表現良好，但無法有效降低股市波動的影響。而利率類產品，如已開發國家公債，尤其是高評級、中長期的政府債券，能有效對抗股市衰退，發揮保護投資組合的作用。

資料顯示，一九九〇年以來，已開發國家公債在股市下跌時通常能發揮抵消其他資產損失的功能，而且股市跌幅愈大，效果愈明顯，但已開發國家公債也面臨許多挑戰：一是在低利率環境下，資產保護作用大幅下滑。日本、美國和歐洲多國步入零利率甚至是負利率時代，所能提供的利息收益變得不穩定，利率進一步調降的空間也非常有限。二是長期來看，股、債之間的負相關性可能會減弱。股債負相關性主要出現於二十一世紀初聯準會成功將通膨率控制在二%附近之後。現代央行操作可能是股債呈負相關的原因之一：經濟成長支持股票上漲，當經濟過熱、央行升息，公債市場下跌；當經濟低迷、股票表現不佳，央行降息以支持經濟，公債市場上漲。自二〇〇〇年以來，主要市場的股票和債券之間通常呈現負相關，已開發經濟體正進入超低實質利率時代。央行可能會在經濟持續疲軟的情況下維持較高的通膨率，可能會削弱、甚至打破近二十年來的股債負相關性。

另外一個潛在風險是，已開發國家的債務過高，可能導致其發行的公債無法發揮對抗經濟衰退的功能。例如，在長期經濟衰退期間，美國必須提升美元利率來吸引外國資本，但這會導致名目債券投報率變差。如果非美國投資人停止以當前利率進行投資，或出售他們已經擁有的資產，這樣一來即使經濟嚴重衰退，利率也有可能上升。對抗股票風險、多元化配置的本質是在組合中配置低相關性的資產，以分散風險，因此，資產配置應同時兼顧多元化與報酬收益，如果某資產報酬率不佳，即使這項資產與股票的表現相關度低，長期來看，對整體投資組合的分散風險效果也不大。

第三，已開發國家公債可滿足市場動盪時的流動性需求。美債在極端情況下也會出現流動性危機，但聯準會的護盤立場明確，會採取措施來穩定市場，保證流動性。

因此雖然已開發國家公債市場風險增加，但在危機期間仍能提供流動性支持。

以二〇二〇年三月美債市場為例，由於新冠疫情影響，流動性受到衝擊，各年期公債的買賣價差在三月中大幅擴大，其中三十年期公債買賣價差的擴大幅度是二〇〇八年全球金融危機後平均水準的六倍多，十年期公債的買賣價差擴大為兩倍。流動性對金融系統穩定至關重要，央行通常會出手護盤。隨著聯準會迅速推出無限量化寬鬆等緊急措施，美債市場的流動性危機迅速緩解。

在經濟動盪時確保投資組合的流動性，對機構投資人取得長期投資報酬非常重要，特別是在股市重挫時期，長期投資人需要流動性來調整投資組合資產比例，實現資產再平衡。

由於固定收益投資策略目前面對的一些挑戰，投資人應該先根據需求，了解固定收益資產在整體投資組合中扮演的角色，並根據資產特性選擇最適合的債券投資標的，來達到投資目標：公債是在危機時期維持資產流動性與資產組合多元化的優良選擇，而利差類資產，例如高收益債和新興市場債，則是可以提供更多投資報酬。因此，固定收益資產的核心價值在於在危機期間投資人可以維持足夠的流動性，無須拋售價格低迷的股票。

對於機構投資人來說，「核心—衛星」的固定收益組合是最佳選擇。核心資產配置中長期的高評級公債，衛星資產配置高評級的公司債，以提升投資組合的收益報酬。管理模式上，機構投資人以被動方式管理這些資產，以確保資產能在市場波動時發揮更好的保護作用。

針對投資期限的配置而言，機構投資人可以增加債券存續期間、提高投資組合中高評級的債券比例，以加強公債組合的風險規避功能。

私募信貸策略

私募信貸策略是在初級市場進行債權投資。二〇〇八年全球金融危機爆發後，傳統銀行縮減放款業務，讓私募信貸基金管理公司成為企業新的資金來源，促使私募信貸策略逐漸發展成獨立的資產類別。

私募信貸資產具有穩定的現金收益、持有期較短、與其他資產相關性低，能平衡私募股權基金投資組合風險，一方面可為追求高成長的企業提供流動性，另一方面可為投資人提供高於公開市場債券的報酬率，因此受到市場青睞。特別是受到長期低利率環境影響，投資人期望透過配置私募信貸基金，獲取良好的風險調整後報酬。

私募信貸策略能有效滿足投資人保本、增加收益以及投機性獲利等多種投資需求，特別是在經濟衰退時依然可以獲得穩定的報酬，通常被投資人視為抗週期和分散組合風險的選擇。根據市場數據分析公司 Preqin 資料，截至二〇二二年底，私募信貸策略總資產管理規模達一兆三千六百億美元。

私募信貸策略主要包括五類：第一，**直接放款策略**，主要是向中小企業提供貸款服務，獲取穩定的利息收入。這類策略比較常見，面臨來自其他借貸方和避險基金等機構的激烈競爭，無槓桿（完全依賴自有資金投資）的報酬率約六％到一〇％，槓桿操作後的報酬率則通常為一一％到一五％。這個策略適用於經濟各週期，經濟成長晚期會因利率水準、流動性等因素加劇競爭，降低投資報酬。

第二，夾層債（Mezzanine Debt）**策略**，顧名思義，夾層債在企業破產時，清償順序在高評級債券之後、股權之前。由於夾層債投資人承受較高風險，所以儘管收益主要來自利息收入，但報酬率通常可達一三％到一七％。夾層債策略在經濟成長期風險報酬比更佳。

第三，不良債券策略，主要是投資陷入困境的企業債權，以獲取企業重整後債權價格回升收益、利息收入以及重組的額外報酬，報酬率通常在一五％以上。這個策略較適合運用在經濟衰退期和經濟復甦初期，但也適用各種經濟週期。一些避險基金也採取類似策略，透過買進困境企業的債券來獲取收益。

第四，信用特殊機會策略，主要是指收購不良資產等特殊機會，投資人透過幫助企業恢復現金流，或者積極投入投資後管理，協助企業提升價值。這個策略在某些特定市場或重大金融危機時期最有效。

第五，特殊融資策略，這是目前比較冷門的專業化投資策略，主要是透過類似資產擔保證券（Asset Backed Security, ABS）的方式，將資金分配到多元化的資產組合當中，例如，小額貸款或消費貸款組合、實物資產（飛機、船舶等大型設備）組合、醫藥特許權組合、音樂或影視作品版權組合、壽險保單組合等具有長期、持續、穩定現金流的資產組合。

私募信貸策略致力於發掘流動性低、複雜度高的企業信用和資產抵押信貸投資機會，獲取優於公開市場債券指數投資的報酬，減少整體投資組合的短期波動。私募信貸資產類型多元，相關資產通常擁有穩定的現金流、在市場下跌時提供一定的保護。私募信貸資產通常會根據具體的投資項目，設計適合的資本結構，能與私募股權市場和債券市場形成互補，提升投資報酬。私募信貸策略的報酬率與公開市場利率相關，但各子策略的實際報酬率通常取決於具體交易專案，主要是因為投資專案的資本結構差異，導致不同子策略的投資報酬差異較大。

長期來看，與其他私募資產類別相比，私募信貸資產提供合理且波動性低的投資報酬。以二〇〇九到二〇一九年為例，私募信貸基金淨年化報酬率中位數為九．三%，與私募基礎建設基金表現相當，但落後私募股權基金和私募房地產基金。以四分位利差來衡量，私募信貸基金的報酬變異數（Return Variance）不到私募房地產基金的一半、私募股權基金的三分之一，充分證明這個策略的可行性。

後疫情時代，私募信貸基金在市場上的供需關係更明確。企業期望透過私募信貸基金，以相對較低的成本獲取流動性來恢復經營、拓展業務、展開併購；投資人則期望獲取穩定的現金流，應對複雜多變的市場。在近年高通膨、快速升息的市場環境中，以浮動利率為主的私募信貸投資在當前的市場中具有較高的投資吸引力。其中，直接貸款以浮動利率訂價，而且通常會每季發放現金，這種模式有助於在投資時間較長的狀況下減少風險。

第二十五章

分散風險的好選擇：避險基金

許多經驗豐富的機構投資人發現，
一些避險基金表現出不受市場影響的高報酬、低風險特徵，
為投資人的投資組合帶來非常寶貴的多元化報酬。

——大衛・史雲生（*David Swensen*）

金融市場中，有一些資產能有效降低投資組合風險。以資本資產訂價模型的邏輯來說，就是指這類資產主要具有阿發（Alpha）的屬性，而很少有貝塔（Beta）的屬性。貝塔代表市場的風險和報酬，而阿發則代表獨立於市場的風險和報酬。因此，具有分散化功能的產品與市場波動無關，無論市場漲跌，收益總是相對確定。

避險基金被視為這類資產的典型代表，也被稱為絕對收益策略。避險基金在二十一世紀初蓬勃發展，但受業績下滑影響，二〇〇八年全球金融危機後產業成長大幅下滑，二〇一八年後產業幾乎停滯不前。儘管如此，經過多年發展，避險基金已逐漸成為主流機構投資人的投資選項。現代投資理論告訴我們，在建立一個投資組合時，衡量一項投資至少必須考慮三個因素：報酬、風險、與其他資產的相關性。綜合考量，避險基金仍然是分散組合風險的好選擇。

避險基金產業的發展歷程

從沉寂到爆發的六十年

一九四九年，「避險基金之父」阿爾弗雷德・瓊斯（Alfred Jones）發現一種套利的投資策略。由於市場會被投資人的情緒左右，因此會產生價值和價格的偏離，那麼，買進看好的資產（價格低於價值的資產）、同時賣出不看好的資產（價格高於價值的資產）就可以避險獲利。於是，他在紐約創立第一檔運用槓桿、並以股票多空策略為操作核心的基金，這就是避險基金的誕生。

但在一九六〇年代前，避險基金幾乎無人問津，直到一九九〇年代前後避險基金才開始蓬勃發展，原因之一是監理環境放鬆促成的產業變革。隨著金融自由化，創新投資商品大量出現，為避險基金提供豐富的交易工具和投資機會。特別是一九八七年美股大跌，投資人開始重視市場衰退時投資組合的風險管理，而避險基金無論市場漲跌都可能獲利的投資策略設計，讓避險基金迎來蓬勃發展。原因之二是避險基金利益共享的機制更明確。避險基金通常根據投資績效收取費用，既吸引投資管理人才，又確保投資人與基金經理人的利益一致。三是出現極具天賦的投資大師。產業巨頭索羅斯、麥克・史坦哈特（Michael Steinhardt）、朱利安・羅伯遜（Julian Robertson）等帶領避險基金大放異彩，奠定該產業在投資界的地位。二〇〇〇年後，隨著機構投資人大舉進入避險基金，產業進入爆發期。一九九七至二〇〇七年，避險基金產業以三五%的年複合成長率快速發展。

避險基金是另類投資的一種。避險基金與公開基金和指數基金不同，只開放特定投資人投資，受法規限制較少，所以投資自主性強，可透過多元化的交易策略投資不同標的。

從鼎盛到黯淡

二〇〇八年全球金融危機爆發後，避險基金產業的成長趨勢持續放緩，從二〇〇八到二〇〇九年，產業規模平均每年下降二三%。二〇一八年和二〇二二年聯準會採取貨幣緊縮政策，避險基金產業幾乎沒有成長，即使在金融危機後的低利率時期和新冠疫情前後的貨幣寬鬆時期，避險基金也難以再現金融危機前的榮景，資產管理規模年均成長僅分別為一〇%和一九%。

避險基金產業成長趨緩的根本原因是業績表現不及金融危機前。從絕對收益來看，一九九〇年代起至二〇〇八年全球金融危機爆發，避險基金幾乎在所有經濟環境下都擁有傲人業績：在網路泡沫破滅前和金融危機爆發前的美股多頭市場中，避險基金的投資報酬率一路領先標普五百指數基金。在網路泡沫破滅和金融危機的衝擊當中，美股下跌四〇%，避險基金產業指數僅分別下跌二%和九%。

但在金融危機後的長期多頭市場，避險基金投資報酬率不到標普五百指數投資的一半，僅在聯準會採取大幅貨幣緊縮政策時表現優於美股市場。從風險調整後報酬來看，雖然金融危機後各類資產資訊比率（Information Ratio）*均出現不同程度下滑，特別是在金融危機後的低利率時期，避險基金資訊比率一直大幅低於全球股票和股七債三組合，但在危機前的各個時期，避險基金資訊比率始終大於或接近其他資產組合。

避險基金業績下滑既有週期性因素，也有結構性因素。原因之一是監理條件變得更嚴格。二〇〇八年全球金融危機後，避險基金迎來監理政策的分水嶺。《陶德－法蘭克法案》（Dodd-Frank Act）授權美國證交會監理避險基金，要求規模大於五億美元的避險基金必須註冊、加強披露財務訊息，並引進具有爭議的報告義務。**這個法案取消避險基金最重要的監理豁免，在提高基金營運成本的同時，也擠壓避險基金利用

* 衡量調整風險後的基金長期績效，主要用來評估基金相較於同類型基金的表現及其穩定性。資訊比率愈低、愈接近零，代表這個投資組合可能沒有顯著超額報酬。

** 作者注：美國《投資公司法》（一九四〇年）擴大共同基金監理，但規定避險基金只要投資人少於五百名，就可規避《證券交易法》（一九三四年）和證交會規定的定期報告義務。在滿足較寬鬆條件後，避險基金就可使用其他金融實體不被允許的「放空」策略。

消息獲取超額報酬的空間。

二是市場受整體政經因素影響。金融危機以來，全球政治風險上升，市場之間的波動趨於一致，經常出現同時上漲、同時下跌現象。此外，全球主要央行政策走勢類似，使各種跨國資產價格漲跌一致，導致各類資產內部報酬率差異縮小，大大降低避險基金跨市場獲取超額報酬的能力。

三是技術創新降低產業門檻。隨著網路、科技、大數據和人工智慧等應用，市場效率大幅提升。因子投資等量化投資策略的發展，特別是低費率系統性阿發策略的開發，促使能迅速複製的量化公開市場交易策略大量出現，衝擊部分避險基金經理人，導致避險基金經理人獲利機會減少，提高策略操作難度。

四大避險基金策略

避險基金策略涵蓋各種複雜的投資方式，基本理念是把市場的風險與報酬和投資人的風險與報酬區分開來，使得基金具有阿發的屬性和分散化的特徵。根據投資風格，避險基金策略大致可分為以下幾種：

一是股票多空策略，即以多空方式投資股票，這個策略的關鍵優勢是透過深入分析個股來選擇投資標的，以及系統性的風險管理方式。在非有效市場中，此策略可充分發揮資訊優勢，為投資人帶來較高的超額報酬。

二是事件驅動策略，即預測各種公司行為和事件，利用市場短期無效率增加獲利。比較常見的方式包括投資困境企業、合併或併購套利、公司重組套利等。

三是總體策略，即透過預測總體經濟事件，來找出市場上金融資產價格與內在價值之間的錯誤訂價，利用槓桿操作，在外匯、股票、債券、期貨及期權等多種資產上進行高風險投資，例如索羅斯的量子基金等。

四是相對價值策略，即在利率和信貸市場上建立多空部位，透過資產價格短期內與真實價值之間的差異來套利。利用同一家公司股票和可轉債之間的訂價誤差賺取超額報酬，也是獲利方式之一。相對價值策略下，單筆交易的報酬往往較少，因此經理人通常會依靠槓桿操作來放大收益。但使用槓桿可能會導致資產價值大幅波動，因此這個策略通常會產生較極端的結果。

前述四大策略在風險、報酬與操作特性上有明顯差異，面對不同的政經環境時展現出來的效果也不同。從資產的股債特性來看，儘管避險基金總體指數的股票貝塔值為〇．二三，但股票多空策略下的股票貝塔值高達〇．四六，總體策略下的股票貝塔值僅為〇．〇四。總體策略避險基金與債券資產的相關性最高，這與其交易的主要資產類別密切相關。從不同策略在總體經濟週期中的表現來看，以二〇二二至二〇二三年為例，在貨幣政策超預期緊縮時期，穩健的相對價值策略和有助於抵抗市場衰退風險的總體策略表現領先，股票多空策略避險基金與市場風險相關性強，受流動性緊縮衝擊大。如果繼續細分四大策略，可以看到，在成長與通膨下降的經濟衰退時期，總體策略表現一枝獨秀；而在非經濟衰退時期，與市場相關性較低的事件驅動策略（困境公司投資策略和資本結構套利策略）表現更佳。

如果以成立時間來分類，會發現避險基金的超額報酬很難長時間維持，除了系統性總體策略避險基金之外，通常新創基金表現會優於老牌基金。其原因在於：隨著規模擴大，基金管理能力和獲取超額報酬的能力下滑。根據石溪資本研究，二〇〇八年全球金融危機期間，資產規模小於十億美元的基金平均虧損一二％，而規模一百億美元以上的基金虧損二七％。

避險基金的三大功能與兩大挑戰

過去二十幾年，避險基金逐漸成為全球機構投資人的資產配置關鍵。根據聯準會公布的資料，截至二〇二三年第三季，全球避險基金總管理規模約十兆美元，淨資產約五兆美元。絕大多數投資人配置避險基金的首要目的是分散風險（四〇％）、稀釋風險（二三％）和抵禦市場下跌所帶來的資產損失風險（一八％），僅一三％投資人的首要目標是尋求超額報酬。對於資產管理規模逾五十億美元的機構投資人來說，首要目標是追求超額報酬的比率更降至七％。

由於避險基金多元、靈活，而且預期能帶來超額報酬，機構投資人逐漸將避險基金納入資產組合，耶魯大學、哈佛大學等捐贈基金是最早進入這個投資領域的機構投資人。二〇〇八年全球金融危機前後，捐贈基金的避險基金配置比例接近二〇％，其中耶魯大學捐贈基金的避險基金占比在二〇〇八年更高達二五％。之後，退休基金以及主權財富基金也開始關注避險基金，據市場數據分析公司 Preqin 統計，二〇二二年底，公共退休基金和主權財富基金的避險基金配置比重約七％。

從機構投資人的投資操作來看，避險基金在投資組合中的功能是：

第一，獲取阿發收益。避險基金的主要特點就是對市場波動的敏感度較低，收益來源較分散。正因為避險基金的投資報酬不是直接來自市場波動，所以投資人選擇避險基金的主要目的是希望獲取阿發收益，進而分散風險並增加收益來源。

當然，投資人也必須了解，因為收益來源不同以及阿發收益不穩定，會隨著時間和市場狀況而變化，因此當市場貝塔收益表現強勁時，避險基金的阿發收益有可能在絕對數量上小於貝塔收益。但只要創造阿發收益的市場機制沒有發生結構性改變，避險基金的分散投資功能就不會改變。

第二，分散投資組合風險，提升投資組合的風險調整後報酬。因為避險基金的投資報酬並非完全依賴於市場波動，所以投資人可以利用這個特性來分散投資組合風險與管理。

自一九九七年避險基金加權綜合指數設立以來，MSCI全球股票指數曾經歷過十個最大的單月虧損。在這些月分中，避險基金加權綜合指數投資的虧損全部小於（有時大幅小於）股票指數投資，其中全球總體避險策略與市場中性策略（Market neutral Strategy）的投資虧損更小，甚至有三個月是正報酬。自一九九〇年代初以來，避險基金各策略明顯優於股票與大宗商品指數投資策略，即使過去十年業績頻遭詬病，避險基金各策略仍然擁有良好的風險報酬比。

由於避險基金有低貝塔、低相關性、高夏普比率的特性，投資組合加入避險基金會明顯提升風險調整後報酬。在相同的風險水準下，一個由股債組成的投資組合如果加入避險基金，該組合的投資報酬會更高，提升投資組合的「效率前緣」（Efficient Frontier）。*

第三，幫助投資人與資深市場專家交流，以了解複雜的市場訊息與投資觀點。

全球股市規模約七十兆美元、債市規模超過一百兆美元，再加上外匯市場、大宗商品市場以及各種金融衍生性商品，市場規模龐大又複雜。隨著市場不斷發展，投資市場也愈趨專業、精細，與此同時，經濟全球化以及金融市場開放，使得各市場之間的關聯性也增強，在這樣的環境下，投資人想獲得長期成功，就必須對市場有全方位的了解。而成功的避險基金經理人通常是國際金融市場上特定領域的專家，擁有豐富的經驗與資訊網。

* 指「總風險相同時，相對上可獲得最高的預期報酬率」，或「預期報酬相同時，相對上總風險最低」的投資組合。

透過投資避險基金，機構投資人能了解不同領域的市場動態與投資機會，進而為短期投資策略和長期資產配置提供有價值的市場訊息。投資人在避險基金的投資配置似乎並沒有受到金融危機後避險基金業績相對下滑的影響，這表示機構投資人偏重長期投資，也反映避險基金在機構投資人投資組合中的配置作用並未發生變化。

當然，機構投資人在試圖進入避險基金的投資領域時，仍然會面臨兩大挑戰：

一是在策略認知上，避險基金策略彙整了許多複雜的投資策略，包括商品交易顧問策略、固定收益策略、套利策略、多空策略、全球總體避險策略、量化策略，其中超過一半的投資策略與股市波動密切相關，資產價值會隨著股市的漲跌而漲跌，投資所獲得的收益並非純粹的阿發收益。

二是在避險基金的選擇上，由於產業透明度低，而且沒有強制性的資訊披露要求，所以倖存者偏誤較大，找到長期且優秀的避險基金經理人難度也大，使投資者很難按照既定目標，有效的將資金配置到避險基金。即使是知名的耶魯大學捐贈基金，也始終沒有達到設定的避險基金資產配置目標。

第二十六章

機構投資人的資產配置

做投資決策，最重要的是要著眼於市場，
確定好投資類別。
長遠來看，大約九〇%投資報酬都來自成功的資產配置。

——蓋瑞・布林森（*Gary Brinson*）

目前，大部分機構投資人採用多元化策略進行資產配置。對於機構投資人而言，在合理的風險水準內讓投資報酬最大化非常重要，也是終極目標。資產配置就是根據不同資產風險、報酬特徵，適當的分配投資比重，在滿足各種投資限制的同時，使投資報酬最大化，或投資組合風險最小化。

個人資產配置模式

針對資產規模較大的個人投資人，耶魯大學捐贈基金投資長大衛・史雲生曾寫過《耶魯操盤手：非典型成功》（*Unconventional Success*）一書，講述投資的基本法則，為個人投資人提供投資應有的思考模式與行動策略。被譽為「資產配置第一人」的大衛・達斯特（David Darst）也曾撰寫《資產配置的藝術》（*The Art of Asset Allocation*），討論個人投資的原則。

對投資人來說，在生命週期的不同階段應該建立不同的投資組合。投資人年輕時往往追求較高的報酬，也能承擔更大的風險，所以傾向配置高風險、高預期報酬的投資組合，例如選擇股八債二的投資組合。隨著年齡增長，投資人開始要求資金穩定，對於投資報酬的期望降低，可能會持有股七債三的投資組合。當投資人進入高齡階段，投資組合會進一步調整為股六債四或者股五債五。

以香港長江實業集團創辦人李嘉誠為例，他早期經營房地產、超市，但隨著年齡增長，無法再直接參與經營，同時對資金的安全、穩定需求更高，因此便慢慢淡出產業經營，轉投資類似債券等能夠帶來固定收益的基礎建設、公共事業資產。他在英國購買的水、電等公共事業資產，都是能產生固定收益、抵抗通膨的固定收益類投資。

在此必須強調，當我們討論股票和債券時，主要關注的是產品本身的股性（能帶來成長收益）和債性（能帶來固定收益），個人投資人可選擇公共事業類資產來全面或部分取代債券。

家族辦公室資產配置模式

家族辦公室（Family office）專為超級富有的家族提供全方位的財富管理，目標是確保資產長期穩定成長，讓資產能世代傳承且保值、增值。

瑞銀集團曾分析全球主要的家族辦公室資產配置，發現占比最高的是已開發國家股票，達到總資產的二五％；占比第二高的是房地產，比重為一七％。房地產投資策略相對複雜，但與私募股權基金和創投相比，複雜程度又相對低，而且房地產是實物資產，收益穩定性比私募股權基金與創投高，所以受到家族辦公室青睞。

占比第三高的是已開發國家的固定收益資產，比重為一二％。這類資產能帶來穩定報酬，符合家族辦公室的風險偏好。占比第四高的是直接投資私募股權基金，比重為一一％。相對於占比第五高的母基金，家族辦公室在直接投資部分配置較高的資金，透過主動參與投資標的管理，獲取更高的投資報酬。這樣的資產配置很合理，一方面，家族辦公室的財富通常來自特定產業，例如法國香奈兒家族等家族辦公室，本身就源於企業，對產業的了解較深；另一方面，家族本業與被投資公司之間經常有強大的加乘作用，能彼此互補，類似企業創投的概念。所以，家族辦公室可以充分利用自己家族的產業網路與經驗來直接投資。占比第六高的是新興市場股票，屬於高風險、高預期報酬的有價證券。除此之外，避險基金雖然占比不高，但也是家族辦公室資產配置的重要組成。

捐贈基金資產配置模式

教育機構將捐款累積起來，成立大學捐贈基金，來增強教育機構的經營獨立性和財務穩定性。捐贈基金的資產配置不僅多元，也更注重股票類資產。統計資料顯示，美國捐贈基金的整體配置以股票為主，約占四〇%，債券僅占約一〇%，主要是為了滿足流動性需求。另外值得一提的是，捐贈基金的資產配置當中，避險基金的占比也比較高，主要是因為大學捐贈基金管理團隊通常有強大的學術背景和產業網路，對避險基金策略極為熟悉。

二〇一二至二〇二二年，美國捐贈基金的資產配置組合發生不少變化。二〇一二至二〇一七年，總組合中公開市場股票占比最高，且大幅成長。二〇一七年之後，股票占比下滑，到二〇二二年，僅比十年前高出二・一個百分點。相較之下，儘管前五年私募股權基金與創投的平均占比幾乎沒有變化，但二〇一七年後卻大幅成長，二〇二二年私募股權基金與創投的平均占比較二〇一二年高出十二・一個百分點。避險基金、實物資產和固定收益資產的平均占比在這十年間大部分呈下滑趨勢，但二〇二三年略有回升。

不同大學的捐贈基金資產配置模式各不相同。二〇二〇年會計年度，哈佛大學捐贈基金的避險基金配置比例最高，達三六・四%，而耶魯大學捐贈基金中創投的配置比例最高，達二二・六%。此外，捐贈基金的規模不同，資產配置也有差異。規模較大的捐贈基金對固定收益資產和美國股票的配置較低，對私募股權基金、創投、實物資產等另類資產的配置比例較高。

耶魯大學捐贈基金極具影響力，被稱為全球最成功的大學捐贈基金。耶魯大學捐贈基金在二〇〇〇到二〇二〇年的年化投資報酬率為一一・八%，並在二〇二一年會計年度躍升至四〇・二%。在確定投資標的時，耶魯大學捐贈基金拋棄傳統重點投資股票和債券的作法，提出「偏好股權資產配置＋多元化投資」的創新資產配置策略，改變投資方向、擴大投資範圍，增加私募股權基金、創投以及海外股票布局，並降低高流動性資產，用流動性換取收益。

根據耶魯大學捐贈基金二〇二〇年年報，創投在資產配置中占比最高，達二二・六%，主要投資處於早期階段的新創企業，二〇〇〇到二〇二〇年，這二十年投資創投領域的內部報酬率（Internal Rate of Return, IRR）為一一・六%；私募股權基金中的槓桿收購基金（ＬＢＯ）屬於控股型的投資，占比一五・八%，排第三位。二〇〇〇到二〇二〇年這二十年的LBO內部報酬率為一一・二%。私募股權基金和創投總共占比約三八%，報酬都是兩位數。

避險基金是耶魯大學捐贈基金投資組合中的第二大資產配置，占比二一・六%。耶魯大學捐贈基金是機構投資人當中，第一個將避險基金視為獨立資產類別的機構。在避險基金的投資中，耶魯大學捐贈基金著重事件驅動套利和價值驅動套利，這些策略使捐贈基金的投資表現與美股、美債相關性很低，進而做到有效投資。避險基金的投資報酬率也很高，二〇〇〇到二〇二〇年這二十年，內部報酬率達八・一%。

第四大權重資產為現金和固定收益資產，占比為一三・七%。找不到好的投資標的時，耶魯大學捐贈基金會選擇持有現金和固定收益資產，而且固定收益資產的投資占比可能會超過現金。其餘資產還包括海外股票與美國股票，其中，海外股票的投資比重達一一・四%，遠遠超過美國股票，並貢獻可觀收益，二〇〇〇到二〇二〇年這二十年的內部報酬率為一四・八%。由此可見，耶魯大學捐贈基金選擇基金經理人的能力非常強。

此外，耶魯大學捐贈基金中的房地產配置比例持續降低，高點時，房地產配置比例達二〇%，但二〇二〇年掉到僅八・六%。房地產配置比例下降的原因是，耶魯大學捐贈基金對房地產領域持相對謹慎態度，並轉向更擅長的領域，也就是創投領域。創投配置比例從二〇一一年的約一〇％，增加到現在的約二〇％，顯示耶魯大學捐贈基金選擇創投經理人的能力持續增強。

除了房地產外，配置比例較低的資產還包括以能源、林地為代表的自然資源，占比從二〇一一年的八．七％降至二〇二〇年的三．九％，下降主因是產業景氣度差，以及可替代資產的出現。

總的來看，從二〇一一年到二〇二〇年，耶魯大學捐贈基金中避險基金、創投的配置比例大幅增加，海外股票微幅增加，美國股票、房地產、自然資源配置比例則是大幅降低，槓桿收購基金也有所下降，現金和固定收益資產的占比波動比較大，反映出基金對市場的判斷和選擇。

從投資報酬來看，在二〇〇八至二〇二〇年，除了二〇〇八年因全球金融危機報酬為負之外，耶魯大學捐贈基金的投資報酬均為正，其中二〇一一年和二〇一四年成績格外亮眼。

「耶魯模式」的成功之處在於：**第一，高度分散投資**。過度集中於單一資產會為投資組合帶來風險，因此，耶魯大學捐贈基金除了投資傳統的股、債資產外，也將更多資金配置於避險基金、私募股權基金、創投、房地產等另類資產。**第二，超高的股權配置**。耶魯大學捐贈基金重押創投和私募股權基金，再加上美國股票與海外股票，整體股權配置比例很高，超過一半。**第三，降低流動性以獲取流動性溢價**。史雲生認為，另類資產流動性低，常常以低於市場價的價格交易，而高流動性的產品，如股票，由於市場競爭充分、價格透明，很難有套利的空間。流動性低的資產有價值折扣問題，而市場訂價機制相對薄弱的資產類別，則愈有機會獲利。**第四，主動管理**。風險管理是耶魯大學捐贈基金的基本投資原則，基金管理人會預測最壞的投資狀況，並制定相應的應對措施。從現金和固定收益資產的配置變化也可以發現，耶魯大學捐贈基金會動態調整資產配置，此外，耶魯大學捐贈基金也擁有許多優秀的基金管理人。

退休基金資產配置模式

從過去數十年的實務經驗來看，退休基金的投資策略相對保守，通常採取股六債四的傳統投資配置模式，更早時是採取股五債五甚至股四債六的配置模式。

股六債四，也就是六〇%資金投資公開市場股票，四〇%資金投資固定收益商品和其他資產，由於風險較集中於股權投資，資產組合報酬與資本市場表現密切相關，業績波動明顯，資產價值有大幅縮水風險。當市場發生重大危機時，尾部風險對投資組合的殺傷力非常大。

二〇〇八年全球金融危機之後，大家都在反思一個問題：既然風險這麼大，為什麼不從風險的角度來考慮資產配置呢？實際上資產配置也是在配置風險，投資人可以根據不同資產的風險特性來建立投資組合。因此，就出現以橋水基金以及AQR資本管理公司為代表建立的風險平價組合。

風險平價模式的投資理念是根據等權重或等貢獻的原則，將風險分配到各類資產，而不須預測每項資產的具體報酬。換言之，股票風險太高，所以減少股票配置；債券的風險低，所以增加債券占比。同時，由於組合風險低，可以用一部分槓桿來加碼債券，這樣整體投資組合就形成風險平價組合，也就是各類資產的風險暴露相對保持均衡。

風險平價模式具有風險分散、波動率低、可有效控制尾部風險等特徵，可以在一定程度上降低投資組合的波動性、減少外部因素對投資的影響。但是這種模式也有問題：當股市迎來牛市時，組合報酬會受到影響。此外，如果投資人透過槓桿操作加碼更多債券，當利率上升時，會對投資組合帶來較大衝擊，所以這種模式很難成為主流。部分退休基金，例如荷蘭退休基金APG，已經開始嘗試風險平價模式。

有的機構則選擇第二條路，增加包括私募股權基金在內的非流動性另類資產，以調整資產配置，提升投資組合報酬。例如，加拿大退休金計畫投資委員會雖然是退休基金，但採取比較激進的投資方式，在二〇〇六至二〇〇七年大量投資私募股權基金和實物資產，並取得驚人的報酬。截至二〇二二年三月底，五年期的年化投資報酬率為一〇％，十年期是一〇・八％，遠遠超過投資人對退休基金報酬的預期。具體來說，加拿大退休金計畫投資委員會對股權的配置比例很高，整體接近八〇％；另一方面對私募股權基金和實物資產的配比很重，分別約占三二％和九％。加拿大退休金計畫投資委員會逐步形成自己的投資策略，包括：建立一個平衡、全球化、多元化的投資組合，在合理的風險範圍內獲取長期最佳報酬；適應各種市場和經濟環境；投資組合幾乎涵蓋所有主要的資產類別，控制重大風險因素，讓投資組合多元化；透過積極管理尋求顯著的附加價值。

為了提高報酬，加拿大退休金計畫投資委員會投資風險資產和實物資產的比例也明顯增加。從二〇二一年的資產配置來看，權益投資占比為五五・九％，固定收益投資占比為三二・九％，實物投資占比為二一％。與二〇〇一年相比，權益投資大幅提升，已連續幾年穩定維持在五〇％以上，固定收益投資占比則是逐年減少。

加拿大退休金計畫投資委員會增加實物投資後，不斷提高全球實物投資比例，以分散資產、減少非系統性風險。二〇二一年會計年度，加拿大退休金計畫投資委員會的整體投資報酬率為二〇・四％，其中能源資產投資報酬率達四五・八％，私募股權基金的報酬同樣可觀。同時，加拿大退休金計畫投資委員會的基礎建設項目持有期為二十年，核心地產持有期為十六年，真正貫徹長期投資的理念。此外，加拿大退休金計畫投資委員會的成功，還有部分原因在於採用市場化的激勵機制，召募一批私募基金和投資銀行資產管理產業的優秀人才，為基金締造出色的業績。

由於受疫情影響，美國加州公務員退休基金業績壓力加大，因此試圖透過增加私募投資比例、提高槓桿兩種措施來提升投資報酬，增加資產組合的風險溢價，解決投資組合獲利能力不足的問題。

美國加州公務員退休基金是美國規模最大的退休基金，這個投資策略的轉變和創新對退休基金產業投資來說具有指標意義，說明在低利率環境下，退休基金相對保守的傳統投資策略失效，增加包括私募股權基金在內的非流動性另類資產和動用槓桿，成為新的投資策略。不過這些新策略是否有效，還有待時間檢驗。

主權財富基金資產配置模式

主權財富基金沒有統一的投資模式。以挪威央行投資管理機構為代表的已開發國家主權財富基金多採用類似傳統退休基金的股六債四投資策略，主要投資於已開發國家的成熟資本市場。而以阿布達比投資局、科威特投資局為代表的非已開發國家主權財富基金，則是大幅增加直接投資。

二〇〇八年金融危機後，主權財富基金愈來愈關注另類資產，逐漸增加非公開另類資產配置。二〇〇八年至今，穩定類、儲蓄類以及戰略類三類主權財富基金均增加私募股權基金、基礎建設和房地產等非公開另類資產配置。穩定類基金，如智利經濟與社會穩定基金（Economic and Social Stabilization Fund, ESSF），主要目標是穩定市場和應對財政赤字，以配置高流動性資產為主，這類保守型的主權財富基金另類資產占比到二〇二二年也增加到六%。儲蓄類基金，如挪威央行投資管理機構、新加坡政府投資公司，著眼於國家財富的代際傳承，主要追求財務報酬，另類資產占比從二〇〇八年的一二%增加至二〇二二年的二一%，尤其是私募股權基金比重的成長遠超過其他另類資產。戰略類基金除了追求財務報酬之外，還必須支持本土經濟發展，如愛爾蘭策略投資基金（The Ireland Strategic Investment Fund, ISIF）和馬來西亞國庫控股（Khazanah），在三類主權財富基金中配置另類資產的比例最高，從二〇〇八年的五七%大幅增加至二〇二二年的七四%，主要原因在於投資私募股權基金、基礎建設和房地產等另類資產是支持本土經濟發展的重要方式。近期的例子是沙烏地阿拉伯公共投資基金（Public Investment Fund, PIF）在二〇二一年提出一項計畫，目標是每年至少為沙烏地阿拉伯的GDP貢獻四百億美元。

挪威主權基金的投資啟發

以挪威央行投資管理機構為例，挪威央行投資管理機構投資海外，除了能進一步管理石油收入、為後代累積金融財富外，還可以協助政府公共部門退休基金，以應對挪威人口高齡化情形。目前，挪威央行投資管理機構的資產管理規模超過一兆美元，主要投資策略除了股、債投資外，也擴大在房地產和新能源基礎建設領域的投資；另外還堅持長期投資、在風險可管理且低成本的前提下，充分運用多種投資策略，建立高效、全球、以投資績效為導向的投資管理架構。

在資產配置方面，挪威央行投資管理機構主要配置三大類資產，其中權益資產投資占比一直維持在六〇%以上，顯示挪威央行投資管理機構的風險承受度較高。截至二〇二一年年末，挪威央行投資管理機構持有的重點股票包括蘋果、微軟、Google、亞馬遜、雀巢、科技巨頭Meta、台積電、特斯拉等全球大公司股票，涵蓋高科技、能源、消費等領域。二〇二一年，投資組合當中的股票資產表現搶眼，投資報酬率為二〇・八%，是挪威央行投資管理機構投資報酬的主要來源；固定收益資產占比為二五・四%，投資報酬率為負一・九%；未上市房地產和未上市可再生能源基礎建設分別占比二・五%和〇・一%。

良好的管理機制和相對全球化的資產配置結構，為挪威央行投資管理機構帶來穩定的投資報酬。由於權益資產投資占比較高，因此對整體投資組合的報酬率有較大影響。二〇一五和二〇一六年，挪威央行投資管理機構整體報酬率相對平穩，然而二〇一七年以來，權益資產報酬率波動較大，導致整體報酬率波動幅度變大。不過整體來看，二〇一九年挪威央行投資管理機構的投資報酬率創歷史新高，約一九・九五%，其中權益資產投資報酬率為二六・〇二%。

另一個例子是新加坡淡馬錫。新加坡淡馬錫在主權財富基金領域一直備受關注，主要採取主題投資的策略，即探討有哪些重大的趨勢性主題，並針對這些主題展開投資。截至二〇二二年三月底，以新加坡元為單位計算，淡馬錫的一年期股東總報酬率為五・八一%，三年期年化報酬率為八・七九%，十年期為七%，二十年期為八%。淡馬錫還參與中國銀行和中國建設銀行早期的股權結構調整，獲得良好收益。

近幾年，淡馬錫提出四大投資主題：**第一，轉型中的經濟體**。包括新興亞洲、拉美等區域。這些轉型中的新興經濟體都有一個特徵：需要發展基礎建設、物流以及提升金融服務等，因此可以聚焦在這些領域投資。**第二，中產階級規模持續擴大**。隨著人均所得提升以及中產階級人口迅速成長，人們的消費需求不斷增加，推動消費升級，所以在科技、媒體、電信、消費、房地產領域會有許多投資機會。**第三，明顯的競爭優勢**。尋找具有競爭優勢的企業，也就是企業擁有特殊的智慧財產權、產品等競爭優勢，或是經濟體的競爭優勢，以尋求投資機會。**第四，新興的龍頭企業**。所謂龍頭企業，就是有潛力成為區域性甚至全球性企業的公司。

淡馬錫以四個投資原則來建立投資組合，投資報酬驚人，成為產業典範。此外，淡馬錫對於直接投資的標的都設有最低資本報酬率，還會評估投資方案是否能為投資創造價值。深入研究分析每一筆投資，是淡馬錫取得成功的一個重要關鍵。

資產配置的八大共同理念

儘管資產配置的形式多元，但背後的理念卻相同：

第一，股權投資。從各國近百年的金融市場各類資產表現來看，建立以股權投資為主的投資組合，是實現資產保值、增值的核心關鍵。

第二，全球投資。各國經濟發展不平衡、不同步，全球資產配置可以規避單一國家的系統性風險，跨區域投資可以降低資產的關聯性，持有多種貨幣則可以分散匯率風險。

第三，分散投資，並衡量增加的資產是否能夠有效分散投資組合風險。儘管避險基金似乎已成為公認的分散風險投資工具，但其實很多投資人卻沒有因此達到分散風險的目標。因此，確保引進的資產和策略能有效分散現有投資組合風險，是一大關鍵。

第四，長期投資。評估投資組合與策略時，著眼於長期的表現與報酬，更重要的是長時間持有公開市場股票、私募股權基金、基礎建設等各類資產，與被投資標的一起成長。

第五，另類投資。在私募市場上承擔非流動性風險，獲得價值折扣，同時透過主動參與價值創造，讓投資項目擁有更多價值。在公開市場上配置避險基金，以創造阿發收益並分散組合風險。

第六，有效投資，仔細評估增加的資產是否能提升資產配置的有效性。根據平均值—變異數準則，有效組合優於其他所有可產生同等報酬或面臨同等風險的投資組合。

第七，價值投資。關注投資標的的內在價值，以低於價值的價格買進資產，以高於或等於價值的價格賣出資產。價值導向的投資策略能大幅提升資產選擇的成功率。

第八，逆向投資。逆向投資與資產價格的漲跌無關，跟價格與內在價值之間的差距有關。耶魯大學捐贈基金投資長大衛・史雲生曾說，長期的逆向投資必須面對嚴峻的挑戰，尤其是在面對基金管理人、投資委員會成員以及董事會時。長期堅守再平衡紀律也是逆向投資的展現，具體的作法是賣出價格上漲的資產，並買進價格下跌的資產，防止單一資產類別在價格上漲週期主導投資組合。

再平衡是一種投資紀律，可以幫助投資人避免順週期行為。投資人如果認為資產價格有均值回歸趨勢，長遠來看，低買高賣的再平衡操作將可增加投資組合報酬。

第二十七章

多週期的資產配置策略*

所有資產類別業績都有好的時候，也有壞的時候。
而且我知道，投資人在一生中總能遇見某種資產的崩塌，
似乎在整個歷史上總是如此。

——瑞・達利歐（*Ray Dalio*）

* 作者注：本章核心觀點源自作者著《經濟波動與資產配置》（中國金融出版社二〇一六年版）。

捐贈基金、退休基金和主權財富基金等機構投資人在配置資產時會考慮投資時限，逐步形成多週期的資產配置模式，並發展出「參考資產配置－策略性資產配置－實際資產配置」的三步驟策略。根據投資時間的不同，長期或中長期的投資組合策略稱為「戰略資產配置策略」，中期或中短期為「動態資產配置策略」，短期則是「戰術資產配置策略」。

長期角度：注重生產要素與需求變動

長期投資人在制定資產配置策略時，應該關注會對全球經濟金融活動產生長期影響的關鍵因素。在長期經濟發展中，生產要素的變動和需求變動是決定資產配置的關鍵，其中，生產要素變動更是核心。在經典的經濟學生產函數當中，產量與勞動力、資本等要素密切相關。生產函數的重要前提是經濟系統結構相對穩定，但事實上，在西方經濟學的發展過程中，結構性變化也是經濟成長的重要推動要素。

長期來看，人口、區域、產業、制度結構的變化，以及潛在的技術創新，決定經濟成長。其中，人口結構的變化是影響經濟趨勢的核心關鍵，生產要素供給不足會導致經濟的潛在產能下滑，影響經濟成長。因此，投資人制定長期決策時，必須考慮全球性的要素結構變化，從未來十到二十年來看，投資人面臨的生產要素變化主要是人口結構的改變，也就是人口跨越劉易斯轉折點（Lewis turning point）*，急速高齡化。此外，投資人制定投資策略時必須重點考量預測性較高的要素結構變化，通常中長期人口結構變化可以預測，但科技發展的可預測性相對較低。例如，我們無法預測人工智慧在未來三到五年會為人類社會和經濟發展帶來什麼樣革命性變化，因此，科技進步的不可預測性，導致這項變化難以反映在資產配置組合當中。

人口要素同時涉及生產要素和消費群體，人口規模和結構變化都會對經濟產生明顯的影響。在「嬰兒潮」時期，零到十四歲及六十五歲以上這兩個非勞動群體占比較高，人口負擔較重，但隨著「嬰兒潮」一代長大，勞動力供給變多、老年人口卻沒有明顯增加，這時撫養比下降，進入「人口紅利」時期。接著，「嬰兒潮」一代逐步過渡至退休階段，勞動人口下降，老年人口上升，此時進入「人口負債」階段。

* 指經濟發展中的一種狀態，即鄉村勞動力投身製造業導致鄉村勞動力減少，並導致農民工和非熟練工人的工資上漲。

另一方面，根據生命週期假說，人們年輕時會儲蓄、投資，老年收入減少時，會拿年輕時累積的財富來消費，所以人口紅利會推動固定資產成長，也會將儲蓄轉化為消費，推動消費和服務成長。

人口結構變化會改變勞動力結構，進一步影響其他要素的投入、產出和效率。從供給角度來看，經濟成長的動力來源是增加生產要素投入以及提升要素使用效率。目前勞動力供給短缺，單位勞動力成本上升，勞動生產率下滑，導致經濟成長放緩。此時，勞動力要素達到供需新平衡，單位勞動力成本上升，將進一步削弱製造業的國際競爭優勢。這兩個因素互相作用，勞動生產率將長期下滑；在勞動力供給成長下滑、勞動生產率減少的背景下，經濟成長也將長期趨緩。

人口結構變化也會改變需求結構。從需求的角度來看，人口結構變動讓人口紅利從生產領域轉向消費領域。更進一步來看，消費需求變化蘊含著產業結構的調整過程。隨著人們逐漸從追求溫飽轉向耐久財消費，並開始追求個性化消費，產業結構會跟著調整：第一級、第二級產業占比下滑，第三級產業占比持續攀升，導致第一級產業勞動人口轉向城鎮、第一級產業的勞動力也會逐漸轉向第二級和第三級產業。城鎮人口增加會帶動人民消費水準提升，推動產業結構從農業為主到製造業主導，再到服務業引領的轉型升級。

分析人口結構及趨勢，有助於投資人制定長期資產配置策略。長期來看，人口紅利消失對經濟有四大影響：第一，儲蓄率與投資率下降；第二，出口競爭力下滑；第三，勞動力成本上漲會讓商品和服務的成本增加，進一步推高消費者物價指數；第四，國內服務業價格出現長期的結構性上漲。此外，長期而言，經濟成長潛力趨緩且消費者物價指數有上漲壓力，企業獲利就會衰退。

以日本為例，經歷二十多年高速成長後，日本在一九六〇年代末開始遇到成長瓶頸。日本在一九六〇年前後迎來「劉易斯轉折點」，一九八〇年代左右人口紅利消失：一九六一到一九六七年、一九七三到一九八〇年，先後出現兩次勞動力短缺問題。勞動力成本上漲推升通膨，一九六〇到一九七五年，日本勞動力薪資持續上漲，消費者物價指數年增率幾乎每年都超過五％，在第一次石油危機爆發後，由於內部與外部通膨壓力的雙重影響，日本的消費者物價指數一度升高至二五％。一九六〇年代以來，日本因技術進步等原因，工業產品始終維持在低價位，但勞力密集型農產品和服務業價格卻大幅度成長，日本勞動密集型產業產品出口的相對優勢明顯下滑，這個趨勢一直持續到一九九〇年代。

此外，區域結構也會對經濟成長產生重要影響。一般而言，由於區域經濟受地理環境和自然資源條件的限制，所以不同區域發展不同，而且區域結構與人口結構也會相互影響。以中國為例，在工業化、城鎮化的過程中，大量人口湧入沿海經濟發達地區，導致中西部人才流失。從生產函數的角度來看，勞動力短缺會對區域經濟產生負面影響。顯然，區域結構也是判斷經濟發展時的重要參考指標。

從體制結構來看，市場在資源配置中發揮主導作用，有助於總體經濟往好的方向發展。進一步來說，市場有效配置資源的前提是必須有健全的制度，例如明確的產權制度，如此才能建立有效的激勵機制，也才能讓生產要素在市場上自由流通、配置。整體而言，體制結構對經濟成長有著不容忽視的影響。

中期角度：經濟週期輪動是決策關鍵

針對中期投資，投資人必須制定動態資產配置策略，在這個階段，經濟週期輪動是決策的關鍵。研究經濟週期的意義主要是透過了解經濟運行的規律，來有效配置資產，特別是主要的資產類別。此時，美林時鐘可以作為分析經濟週期與資產輪動週期的有效工具。

週期更替時，會出現資產、產業輪動的狀況，導致長期資產配置發生變化。因此，在中期（二至三年）的視角下，投資人必須觀察經濟結構變化對資產輪動產生的影響，並將這些變化反應在動態資產配置策略當中。美林時鐘描述的是實體經濟與投資策略之間的基本關聯，但由於各國經濟政策與經濟所處的發展階段不同，所以經濟週期各階段的持續時間也不同，一些國家甚至會跳過某個階段，但是美林時鐘仍然可以為中期資產配置提供大致的方向。

當然，經濟週期理論是一個廣泛複雜的理論體系，主要理論包括技術創新週期（康德拉季耶夫週期）、房地產週期（庫茲涅茨週期）、資本支出週期（朱格拉週期）和庫存週期（基欽週期）等。投資人在配置中期資產時，應聚焦在幾個週期特徵：有可靠、敏感且被市場廣泛認知的經濟指標作為判斷依據；能識別經濟轉折點；不同階段的變化能反映在資產價格中。

由於確認經濟轉折點以及預測經濟的難度很高，因此很難根據技術創新週期的發展來做出有效的資產配置決策。房地產週期可劃分為長、短兩種週期，其中長週期因時間跨度較長（約十五到二十年），各階段的變化很難迅速反應到資產價格上，因此房地產週期也不適合成為資產配置依據。資本支出週期通常落後於經濟（企業獲利）週期，難以做為資產配置的依據。庫存投資規模雖然相對較小，但對國內生產毛額波動的影響卻相對大。通常庫存變化落後於經濟週期變動，因為企業很難預測需求在何時會產生變化，往往是在需求趨緩後才開始調整生產與庫存。在經濟從景氣轉向停滯性通膨時，需求下滑會比企業庫存的調整先出現，而隨著需求下滑的趨勢開始浮現，經濟從停滯性通膨轉向衰退時，企業才會主動減少生產來降低庫存水準。

將庫存週期與流動性週期、獲利週期以及通膨週期相互整合，擴展後的三週期理論可以將經濟週期劃分為六個階段。前面的分析主要是根據成長與通膨兩個因素來劃分經濟週期，加入流動性指標後，由於流動性指標對貨幣政策在經濟擴張期和衰退期的操作有重要影響，因此又可將這兩個時期分成擴張前期和後期、衰退前期和後期。

根據歷史資料，在三週期理論下，股票、債券以及大宗商品這三類資產在六個階段中的表現各有不同。

股票類資產在停滯性通膨期和衰退前期表現相對較差，因為在停滯性通膨期政策緊縮之後，投資人對基本面預期轉向悲觀，而股票性資產的不良表現會一直持續到衰退前期。在衰退後期，由於政策轉鬆，市場流動性增強，資本市場對於基本面的預期有所改變，但由於實際基本面仍在惡化，因此市場會在政策與基本面之間搖擺不定。一旦基本面轉強，經濟進入復甦階段，此時股市的表現最為強勁。在整個擴張期，股市通常表現良好，但必須注意的是，在擴張後期由於通膨壓力逐步增加，政策趨向緊縮，因此投資報酬的成長幅度會比擴張前期少。

債券市場通常在衰退前期能獲得較好的報酬。此時，通膨水準和經濟成長率同時下降，無論是投資人風險偏好降低，還是資金報酬率下降，都有利債市。在政策開始放鬆、流動性恢復之後，債券市場仍有較高的正收益，但由於風險偏好逐步回升，因此其正收益水準也會下降。

隨著經濟進入復甦期，基本面開始轉好，但由於通膨水準還在下降，債券市場仍然擁有正報酬，但水準已經大幅下滑。經濟進入擴張期後，債券市場正報酬趨近於零，特別是在擴張後期，由於政策轉向，流動性下滑，債券虧損達到最大，而隨著經濟進入停滯性通膨時期，債券類資產表現則相對平穩。大宗商品類資產的表現主要與價格有關，在衰退期，CRB商品指數相對較低，但在擴張期和停滯性通膨期這種價格上行期，CRB商品指數都比較高。

短期角度：掌握五大短期因素

戰術資產配置是在長期資產配置的基礎上，根據市場的短期波動來主動調整資產配置，讓資產配置在某些時期小幅偏離主要投資策略，以獲取短期超額報酬。相對於長期，短期內影響市場變動的因素更多，戰術資產配置的首要任務正是透過主動分析，掌握市場的短期波動。

短期因素可以分為五大類：

第一個因素是經濟基本面，其中最關鍵的因素是經濟成長與通膨。經濟成長與通膨是美林時鐘與橋水基金全天候投資策略（All-Weather Strategy）中的重要關鍵，預測經濟未來走勢時，可從貨幣供給量、工業生產、景氣調查、房地產市場四個主要領域來選擇具體指標。股市的走勢會受到總體經濟環境影響，而股票指數本身就是反映總體經濟的一個指標。債市和股市通常有負相關性，債券利率愈低，股票的價值愈高。

第二個因素是政策面，又可進一步從國內和國外的角度來看。對國內市場來說，任何產業政策都會對企業、個股，甚至是整體資本市場帶來影響。另一方面，國內政策與國際地緣政治情勢密切相關。當前市場高度全球化，國際經濟金融情勢的變化會快速傳遞到本土市場，特別是當前地緣政治風險事件層出不窮，例如近年的中美博弈和俄烏戰爭，對出口、大宗商品、尖端科技產業等領域產生巨大影響。投資人制定計畫時如果忽視地緣政治，就會難以達到高報酬、低風險的投資目標。

第三個因素是資金面，可以將其視為社會整體的資金短缺程度，並透過社會融資規模、廣義貨幣供給量（M2）等指標來衡量。社會資金面和資本市場的資金面雖然都涉及資金的供需，但關注的焦點不同，後者更關注市場本身的資金供給與需求，而市場的資金供需會決定資產價格。此外，還有一些因素會影響市場資金供需，例如可替代資產的供需情況、新股發行情況、企業吸納資金的能力等。境外資金的流入與流出是考察資金面的重要指標。

第四個因素是評價面，相對而言，評價對市場的短期影響不大，但當市場評價過高或過低時，就必須特別留意。例如，當市場評價處於正常範圍（本益比保持在二十、三十或四十倍）時，評價因素短期內對市場的影響有限，但如果本益比達到六十倍甚至八十倍，那麼投資人就應該特別留意評價因素。

最後一個因素是技術面，或稱為動能因素，反映的是市場情緒與趨勢。中國投資界有一種說法：投資人大多是透過K線圖來進行技術分析。短期內，技術面非常重要，反映市場參與者之間的競爭和策略對抗。過去許多短線投資人非常注重技術面，但隨著更多機構投資人加入後，技術面只是投資人預測市場的眾多考量之一。

除了多週期特徵，機構投資人還應該根據不同情境來配置投資組合：機構投資人必須意識到經濟存在週期，而且必須全盤考量不同區域的市場，例如歐洲、美國、中國、日本等。

許多投資機構只是簡單的模仿多元資產配置策略，但效果並不好。因此，如果想成功投資，不僅要建立完善的投資架構，還要確保投資組合當中的各資產類別都能穩定運作。如果不了解市場或產品，貿然涉足陌生領域，不但無法分散風險，可能還會增加投資風險。

第二十八章

十大股權投資思維

商業成功的關鍵是誠信、專業和創新思維的聲譽。

——湯瑪斯・普萊斯（*Thomas Price*）

股權投資的標的是公司股權，投資人在判斷公司投資價值時，必須具備多元的股權投資思維。

股權投資有十個主要的觀察重點：（一）產業的市場空間決定企業的天花板有多高；（二）產業的競爭格局決定企業成長的難度有多大；（三）產業的生命週期決定企業的成長速度與成長的可持續性；（四）企業的產品力：產品是定位在高階市場還是大眾市場；（五）企業的通路力：企業是採取深度行銷還是由經銷商主導的行銷系統；（六）企業的品牌力，也就是企業的品牌定位與行銷策略；（七）企業的發展策略：企業是採取成本優先策略還是專業化、差異化策略；（八）企業的管理能力：經營戰略能否真正執行、實踐；（九）企業的資本結構：企業如何運用財務槓桿；（十）企業家：企業家精神是股權投資的核心考量。

六大市場投資情境

從供需角度來看，需求是產業發展的關鍵因素，但是企業能賺多少錢則受市場供給的影響。因此，投資人必須從供給和需求這兩個角度來判斷產業的市場空間和競爭

六大投資情境

<table>
<tr><td colspan="2" rowspan="2"></td><td colspan="3">供給——競爭</td></tr>
<tr><td>擴張</td><td>穩定</td><td>收縮</td></tr>
<tr><td rowspan="3">需求——市場空間</td><td>擴張</td><td>新興概念引領投資熱潮</td><td colspan="2">產業輪廓成形，進入投資黃金時期</td></tr>
<tr><td>穩定</td><td rowspan="2">市場空間穩定、競爭加劇導致投資降溫</td><td>供需平衡帶來差異化競爭</td><td>空間穩定形成寡頭壟斷情形</td></tr>
<tr><td>收縮</td><td colspan="2">投資資金撤離夕陽產業</td></tr>
</table>

態勢，做出理性的投資決策。

根據產業市場空間與競爭態勢的不同，可以劃分出六大投資情境（見上表）。

情境一，新興概念引領投資熱潮。

當新產品或新服務、新技術創造出新興產業時，需求和供給往往同步擴張，這時，創投機構和私募基金通常是主要投資人。

新興產業代表更多的「故事」，也伴隨著更多泡沫。例如，元宇宙曾一度非常火紅，一間公司貼上元宇宙的標籤，市值就會迅速成長。但事實上，新技術通常會有穩定性差、成本高、良率低等問題，此外新興產業缺乏監理，可能會帶來更多不確定性，投資風險特別高。因此，新興產業雖然值得關注，但在這種情境下，審慎尋找產業龍頭是最重要的投資策略。

情境二，產業輪廓成形，進入投資黃金時期。隨著需求擴張，產業具有較大的市場空間。技術不斷改進，加上生產規模擴大，讓產業供給能力增強，因此在產業趨於成熟之後，供給開始穩定，甚至在市場飽和之後逐漸減少。這時產業輪廓逐漸成形，進入投資的黃金時期。在此情境下，穩定的供給或減少代表產業進入門檻較高，包括技術門檻與監理門檻。醫藥產業就是一個典型的例子。醫藥產業曾經因為監理因素影響，短期內供給短缺，讓整體產業能穩定、長期獲利，因此出現不少優秀的醫藥企業，但隨著監理加強和競爭加劇，產業整體的紅利空間開始大幅縮小。

但現在還有一部分醫學細分領域的需求還沒有完全被滿足，仍處於投資的黃金時期，減肥藥市場就是一例。根據二〇二二年世界衛生組織資料，全球肥胖人口超過十億，每年至少有二百八十萬人死於相關疾病，但市場缺少副作用小的減肥藥。諾和諾德（Novo Nordisk）與禮來（Eli Lilly and Company）先後研發減肥新藥，在市場占據壟斷地位。減肥藥市場空間大，雖然競爭開始趨於激烈，但目前對投資人來說仍是投資藍海。又例如，隨著全球能源轉型，新能源汽車市場高速成長，技術不斷改進，加上規模經濟逐漸淘汰掉一批高成本小企業，龍頭企業比亞迪和特斯拉的市占率領先全球，政策因素成為影響新能源汽車產業利潤的主要關鍵。

情境三，市場空間穩定形成寡頭壟斷格局。在這個情境當中，需求穩定決定市場成長潛力有限，寡頭企業通常在技術、通路和產品方面處於市場領先地位，並透過殘酷的價格戰把中小競爭者擠出市場。供給減少、需求穩定，就形成相對成熟的寡頭壟斷產業格局。此外，監理因素也可能削減成熟產業的供給，例如，追求環保會讓許多不合格的小企業退出市場。

成熟產業供給減少，代表市場必須重新調整，隨著產業重組，競爭者減少，此時領先的龍頭企業有機會重新崛起，最終形成寡頭壟斷格局。例如，三聚氰胺醜聞使中國乳製品產業受到重創，但由於市場需求仍在，於是消費者紛紛轉向選擇產業龍頭公司的產品。因此在寡頭壟斷的競爭當中，龍頭企業最值得關注。

情境四，供需平衡穩定帶來差異化競爭。供需穩定時，一些產業成熟度高、進入門檻低，企業唯有採用差異化策略才能在競爭中勝出。這類產業通常屬於民生必需品、消費品產業，例如食品、飲料等。

情境五，由於市場發展有限、競爭加劇，導致投資降溫。需求穩定決定市場成長空間有限，供給增加則導致競爭愈趨激烈，產業進入價格戰，投資時應避免投資這種產業。通常長週期、重資產、供需不同步的產業容易出現這種狀況，例如農作物、豬肉、金屬礦產、煤炭等大宗商品有週期現象。或是從長週期來看，全球綠色和減碳議題會逐步壓縮石化能源的市場空間，因此能源轉型會對石化能源領域的資本投資造成衝擊。二〇一五年以來，投資人對傳統能源產業的投資配置大幅減少。

情境六，投資資金撤離夕陽產業。投資時必須避免需求與供給都同步減少的夕陽產業，例如縫紉機、收音機和底片製造業。夕陽產業除非能徹底轉型、開拓新市場或是走高端路線，否則很難繼續生存。例如，美國影視產業龍頭網飛（Netflix）一開始提供DVD租賃，但在DVD租賃業變成夕陽產業之後，便逐步轉進網路、串流媒體領域。二〇一三年，網飛推出影集《紙牌屋》（House of Cards），開始轉向影視製作產業。

產業的四個生命週期

產業的生命週期通常可以劃分成四個階段，即初創期、成長期、成熟期和衰退期（見左頁圖），通常可以透過市場成長率、需求成長率、產品、競爭者數量、進入門

產業生命週期

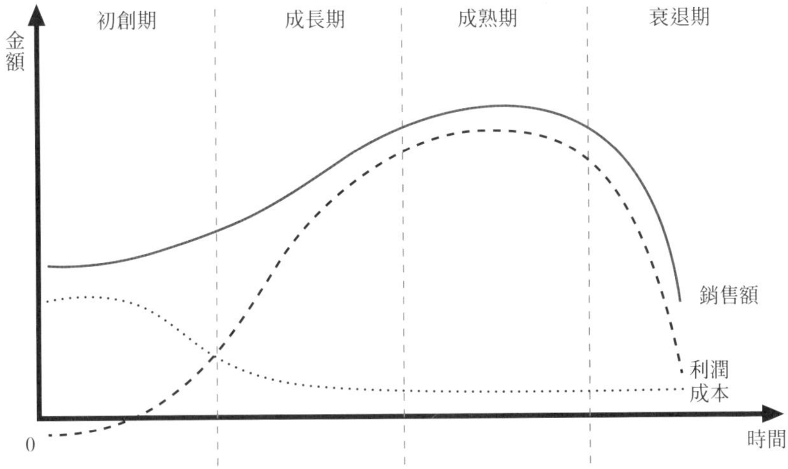

檻、退出門檻、技術變革、消費者購買行為等指標來識別產業的生命週期，不同階段的產業會吸引不同類型的投資人。

處於初創期的產業通常進入門檻較低、競爭較不激烈，雖然市場成長率大、產品價格高，但由於技術快速變動，投資通常處於虧損狀態。例如，網路產業的「燒錢大戰」：二〇一一年整合行銷團購平台、二〇一二年電商平台、二〇一七年共享單車平台等。創投資本早期進入初創期產業有助於搶攻市占，但在燒錢階段時，投資很難回本。

處在產業成長期的企業通常邊際成本快速降低，銷量和利潤快速成長。這時產業進入門檻逐漸提高，關鍵技術趨於穩定，產業標準成形，產品價格也開始下降。因此這時期的投資風險減少，收益穩定成長。例如，太陽能光電產業，在綠色轉型和雙碳目標的驅動下，全球太陽能光電裝置容量快速成長，不少太陽能光電企業訂單滿載，生產線也已飽和。

產業進入成熟期之後，競爭者減少，技術已經成熟，產業標準明確，產業進入門檻很高。但成熟市場通常為買方市場，市場成長率低，產品價格穩定，利潤達到巔峰。投資處於成熟期的產業時必須找到產業龍頭或是具有特殊優勢的新創產業，因為只有當市場環境產生變化，其他企業才有機會超越領先者。例如，全球酵母產業相對成熟，市場被三、四家頂尖企業瓜分，但新冠疫情導致市場重新分配，中國酵母公司因此受益。

產業進入衰退期，可替代技術或新技術催生出新市場，原有市場成長率快速下降或轉為負，銷量和利潤銳減導致多數企業虧損，許多企業開始退出競爭，存活下來的企業也必須轉型，無法轉型的企業則將全部退出市場，產業逐步消失。例如數位化與電子儲存技術快速發展，底片需求下滑，市場空間急速縮小，曾經盛極一時的柯達公司不得不在二〇一三年破產重組。

產業生命週期是投資決策中的重要考慮因素，但產業生命週期難以判斷，因此投資人通常對週期因素不敏感，尤其在現在的市場環境中，科技創新可能導致跨界顛覆。例如近年來智慧手機功能日益完善，手機的拍照功能不僅衝擊相機產業，甚至使底片產業幾近滅亡。因此，投資人、企業家應該具備廣闊的視野和敏銳的眼光，在制定投資與經營策略時，將產業生命週期納入考量。

產業競爭的五力分析

哈佛大學教授麥可・波特（Michael Porter）提出的五力分析（Porter five forces analysis）是分析產業競爭結構的經典理論。五力分析強調首先要觀察同業競爭狀況，第二是要關注新進者的威脅。一些護城河寬的產業，進入門檻高，產業競爭壓力較小，這就是巴菲特強調護城河的原因。第三，要留意替代品的威脅。許多產品都有不同的替代品，例如很多產品的材料可以用金屬、也可以用塑膠，那麼金屬與塑膠就有相互替代關係。第四，要觀察供應商的議價能力，第五，要考量購買者的議價能力。這兩點反映出公司在產業當中的競爭地位與訂價權。首先，要考慮供應商的議價能力。如果原物料市場由少數幾家供應商主導，而且原料的成本在產品當中的占比很高，那麼企業在提前使用原物料、拖欠供應商款項方面的談判空間會比較小，這時供應商的議價能力較強，對公司的毛利率會產生負面影響。相反的，如果企業能夠不斷拖欠上游供應商的貨款，而且有多家供應商可以選擇，那麼供應商的議價能力就會比較弱。例如蘋果公司的供應商議價能力就很弱。其次，要考量購買者的議價能力。再以蘋果為例，相對於蘋果公司，個人消費者的議價能力較弱。至於企業客戶，由於企業購買量大，蘋果公司也必須考慮預收帳款、應收帳款周轉期等財務指標，所以企業客戶在與蘋果進行價格協商時擁有較強的議價能力。

三力模型下的競爭優勢

三力模型認為：產品力＋品牌力＋通路力＝市占率。

一家公司的市占，或者說競爭力，是一個綜合表現，產品的品質以及給人的精神享受，決定消費者願意支付的價格。消費者每一次消費，都是產品的社會信用，好的產品被反覆消費，就能形成口碑，締造出一種有價值的社會信用，也就是品牌力。

品牌力能加速新產品在市場上的接受度，通路則是企業獲取營收和獲利的關鍵。

品牌讓消費者產生購買欲望，通路是否暢通則決定消費者能否順利購買，還可以提升消費者的即時購買欲望。

好產品是品牌力的核心關鍵，產品力是產品獨有的主要技術優勢，是價值創造的根源。優秀的產品設計和品質控制，帶來持續良好的消費和使用體驗，例如蘋果手機的成功，依靠的就是產品力。但產品驅動的週期相對來說比較短，因為產品很容易被取代，很快就會有同類型的產品問世，消費者的偏好也容易改變。當前單一產品的生命週期不斷縮短，偏功能性產品的生命週期較長，例如休閒食品的生命週期較短，但乳製品的生命週期長達十年。

良好的品牌經營是放大產品優勢的關鍵，行銷則是強化產品市場地位的重要手段。行銷主要包含兩方面：品牌與產品。品牌代表一種社會信用，而產品則是具體的社會契約。良好的社會信用能讓社會契約執行的效率更高，摩擦成本更低。足夠多的社會契約形成社會信用，行銷能讓社會信用形成的速度、社會信用轉換為社會契約的速度更快。行銷最重要的事情是占領消費者的心智，因為消費者的心智有限，消費者認識、了解、能夠記憶的東西也有限，而且很難改變。

產品或服務是品牌生存的根本，一旦產品或服務消失，品牌也將滅亡。創建品牌最好的方法不是在既有的產品或服務中取代現有市場龍頭，而是創造一個可以率先進入市場的新產品或新服務，並將產品或服務與品牌畫上等號。如果無法創新產品或服務，就在現有市場中專注一個競爭對手，並且與競爭者形成明確的區別，讓自己脫穎而出。

任何既有服務或產品的龍頭品牌都很難被挑戰。成功的企業會利用既有品牌的優勢，爭取最大的市占與利潤。多數成功的新品牌通常來自新開發的商品與服務。擅長開拓新市場的公司能開發新產品、新服務來贏得消費者，打造新品牌。

此外，品牌也是產品最深的護城河。一個品牌能否能讓消費者直接聯想到產品或服務，對品牌的發展來說非常重要，只有讓品牌成為產業的領導者，才能讓獲利最大化。品牌的本質是降低消費者的選擇成本，並給予消費者品質上的承諾，還可以幫助公司塑造差異化形象，獲得優先選擇權和品牌溢價。品牌行銷的核心關鍵包括運作價值、目標人群、品牌定位、行銷方式。品牌的生命週期往往長達三十年以上，像可口可樂、雀巢等品牌，甚至已發展傳承超過百年。

通路是產品成功的重要關鍵，公司有了優質產品之後，還必須深耕通路。良好的通路管理能激勵經銷商推銷產品，幫助企業快速打開市場，提升品牌價值，並將產品的價值轉換為利潤。

建立有效通路的前提是產品必須能創造足夠的利潤，才能支撐整個通路（製造商、經銷商、零售商）運作。因此，影響通路力的關鍵不僅包括能帶來龐大利潤的商品，還包括企業主導通路與分享利潤的意願。品牌提升需要借助通路的力量，畢竟通路為王，如果品牌知名度不高，通路商往往會分走一大部分利潤，這也是投資人投資時會優先布局通路的原因。無論是傳統的大型連鎖超市還是電商，愈處於產業鏈尾端，影響力愈大。電商雖然能進一步提升商品的周轉效率，以更低的物流成本銷售商品，但電商與傳統大型連鎖超市一樣，在利潤的分配上有較大的控制權和影響力。

六種主流的商業模式

現代企業之間的競爭不僅是產品的競爭，也是商業模式的競爭。簡單來說，商業模式是已形成模式化特徵的商業關係，是組織創造價值的核心邏輯，也代表企業的營運流程與管理結構。北京大學魏煒教授和清華大學朱武祥教授認為，商業模式本質上就是利益相關者的交易結構，包括定位、關鍵資源能力、業務系統、獲利模式、現金流結構和企業價值六個要素。理論界對此還有其他分類方式，例如商業模式圖（Business Model Canvas）創立者亞歷山大・奧斯特瓦德（Alexander Osterwalder）將商業模式分成目標客群、價值主張、通路、顧客關係、營收來源、核心資源、關鍵業務、關鍵合作夥伴、成本結構九大關鍵要素。

觀察過去四十年來美國企業的商業模式，可以發現持續流行並勝出的主要商業模式有「剃刀與刀片」模式、SPA（Specialty Retailer of Private label Apparel）模式、垂直整合模式、長尾模式、免費增值模式、多邊平台模式等。

「剃刀與刀片」商業模式是指企業銷售的基本產品很便宜，但消耗品比較昂貴，企業以此獲得高額利潤，代表產品有吉列刮鬍刀、索尼遊戲機PS2等。在這種模式下，消費者的初次購買對企業的收益貢獻不大，但這些基礎產品的銷售卻為之後售價較昂貴的消耗品創造市場需求。

SPA模式在服裝零售業很流行，GAP、ZARA、Uniqlo都採用這個商業模式。SPA模式集設計、生產、零售為一體，大大縮短產品的產銷流程，大幅提升企業的營運效能。

垂直整合模式是指一家公司整合零組件供應與相關業務，掌握大部分供應鏈流程。垂直整合模式的優點在於當企業產品或服務的銷售量夠大時，可以節省成本，減少因依賴外部廠商所帶來的風險，營運策略靈活，常見於機械製造、紡織服裝、餐飲等進入門檻較低的產業。

長尾模式的核心概念是提供大量的小眾產品，聚焦利基客戶，通常依賴網路維護客戶關係，或利用網路作為交易管道。銷售小眾商品的關鍵在於找到潛在的買家，同時保持較低的銷售成本。以電影點播為例，雖然小眾電影的點播次數相對少，但由於網路平台的維護成本低，所以大量小眾電影加總起來的播放收益就能與熱門電影播放收益媲美。

免費增值模式的特點是使用者享有免費的基礎服務，並在付費後獲得額外的加值服務，免費基礎服務的使用成本由付費用戶承擔。這個模式改變傳統模式的成本結構與獲利方式，免費基礎服務的營運成本幾乎為零。免費增值模式因為網路發展而被廣泛採用，主要應用於網路企業，代表公司有Skype、Google、亞馬遜等。

多邊平台模式通常被應用在消費品、遊戲及網路產業，代表企業有蘋果、Google等。營運者通常以低廉或者免費的價值主張吸引「一個群體」加入平台，以吸引「另一個群體」加入為目標。例如Uber透過線上叫車、價格補貼等方式吸引大批乘客，司機發現乘客加入叫車平台後也被吸引進來。但是，多邊平台營運商必須面對幾個難題，一是平台可以吸引到哪些群體？用戶數量是否足夠？二是「哪一種」族群對價格更敏感？如果為價格敏感族群提供補貼，能否吸引他們？三是「另一個群體」加入後創造的收益是否足以覆蓋補貼的成本。索尼PS3遊戲機就是多邊平台策略失敗的例子。索尼為每一台遊戲機提供補貼，希望能賺取更多遊戲授權費，但由於遊戲主機銷售數量太少，沒有吸引到足夠的玩家，最後遊戲授權費無法抵銷遊戲主機的開發成本。

併購基金青睞的企業典型特徵

在併購市場，併購基金青睞的公司典型特徵包括：

一是採用「剃刀與刀片」商業模式。一家知名的歐洲私募股權基金曾收購法國一家臨床電泳儀器及試劑的生產商。這家生產商銷售的儀器用於檢測各種血液疾病，儀器通常可以試用半年至一年，醫院一旦採購儀器，就必須不斷採購試劑，而試劑的毛利率高達九五％。這就是「剃刀與刀片」商業模式的魅力。

二是擁有訂價權。隨著經濟的週期性波動，許多企業對上下游沒有訂價權，利潤就會被侵蝕，現金流就不夠穩定。相反的，掌握訂價權的企業能避開這些經營陷阱。通常具有壟斷性質的企業才有訂價權，但這種壟斷可能是因為政府管制，也可能是監理政策帶來的自然壟斷或是特許經營權壟斷，或是在市場競爭中充分發揮優勢，在消費者心中占據主導優勢，進而形成的相對壟斷。

一個城市可能只有一個自來水廠，經營模式很穩定，這屬於自然壟斷。市場競爭形成的相對壟斷主要有三個來源：可能是通路優勢帶來的相對壟斷，例如機場、車站附近的零售店占據地理位置優勢，就可以獲得溢價收益；也可能是品牌優勢；或者是產品優勢帶來的獨特體驗，例如蘋果手機使用方便、功能豐富，所以每次新手機上市都能訂價好幾萬元。此外，一些產品需求對價格的變動不敏感，進而增強供應商的訂價能力。安琪酵母就是一例。酵母是發麵的必備品，用量不大，價格不高，但不可或缺。因此，我們可以發現，公司營收的成長一部分來自持續漲價，另一部分則是來自縮小包裝、減少重量的變相「漲價」，但消費者對此並不敏感。

三是具有可預見的持續現金流。如果一家公司可以預見未來幾年的訂單，那麼這個公司的商業模式當然非常好。歐洲一家機場助航照明燈公司是產業的全球龍頭，這家公司商業模式的魅力在於一旦客戶使用這家公司的產品，就必須繼續使用這家公司的服務，因此經常性營收高達公司總營收的七〇％，現金流穩定，公司未來三年的營收已經大致確定。因此，這家公司的投資人最終可以獲得可觀的報酬。

四是具有較高的現金轉換率。併購基金偏好高現金轉換率的原因在於，併購基金通常會大量借錢投資，償債壓力大，如果一個投資必須持續投入大量資本，就會使公司很難產生足夠的現金流來償還負債。現金轉換率高的產業通常屬於輕資產生意，例如常見的商業服務業，像是客服中心，一度受併購基金青睞，因為這門生意幾乎沒有什麼固定成本，主要成本就是人工成本。此外，近年來不少私募股權基金專注於數位產業，例如SaaS（軟體即服務）、CRM（客戶關係管理）等，因為這類公司都有較高的現金轉換率。

現代企業管理模式

企業管理模式是指企業在達成經營目標的過程中，如何組織資源來進行生產的方法。管理模式的核心是企業如何設計激勵與規範讓員工有效運作，並建立有效的資訊傳遞機制。典型的現代企業管理模式包括：企業資源規劃（ERP）、製造資源計畫

（MRPII）、及時生產（JIT）、精益生產（Lean Production）、按類個別生產（OKP）、最佳化生產技術（OPT）、供應鏈管理（SCM）、企業流程再造（BPR）、敏捷虛擬企業（AVE）等。先進的企業管理模式建立在整合管理與決策資訊系統這兩個基礎之上。

常見的六種企業管理模式當中，有三種最常使用：客戶導向的組織結構模式，前後端型組織結構模式，以及產品導向的組織結構模式。企業在不同的發展階段應使用不同的組織結構模式，組織結構模式的設計也需要適應組織的不同發展階段和新目標，與時俱進。

日本企業家稻盛和夫提出「阿米巴」管理模式，就是將企業劃分為一個個相對獨立的「小單位」，每個「小單位」稱為一個阿米巴，可以自行制定計畫、獨立核算、持續自主成長，企業的目標是讓每一位員工成為經營的主角，協助全體員工參與企業經營，推動企業發展。

海爾集團創辦人張瑞敏提出「人單合一」的管理模式。「人」指的是員工，「單」指用戶價值；「合一」指員工的價值實現與所創造的用戶價值合一。「人單合一」模式使每個人都是自己的執行長，讓員工直接面對市場與客戶，讓每位員工透過創造用戶價值來實現自己的價值。

資本結構與槓桿

資本結構是指企業各種長期資本的來源以及比例關係。通常企業的資本包括長期債務資本和股權資本，資本結構就是指長期債務資本和股權資本各占多少比例。

現代資本結構研究的起點是莫迪尼亞尼—米勒（Modigliani–Miller theorem）理論，這個理論在完美資本市場的一系列嚴格假設條件下，得出資本結構與企業價值無關的結論。在現實世界中，這些假設很難成立，所以最初莫迪尼亞尼—米勒理論推導出的結論不完全符合現實情況，但已成為資本結構研究的基礎。後來，有學者在這個理論基礎上不斷放寬假設條件，以不同角度來研究資本結構，推動資本結構理論的發展，其中具有代表性的理論包括權衡理論（Trade-off Theory）、代理成本理論（Capital Structure Substitution Theory）與融資順位理論（Pecking Order Theory）。

當企業的未來現金流不穩定，而且又對經濟波動高度敏感時，過多的債務融資可能會讓企業陷入財務困境；負債雖然能幫助減少稅負，卻也會讓企業增加財務風險成本。權衡理論強調的是，企業應該在債務利息的抵稅收益與財務風險成本之間達到平衡，找到企業最佳資本結構，讓企業價值最大化。

此外，在資本結構的決策中，不完全契約、資訊不對稱，以及經理人、股東與債權人之間的利益衝突會影響企業的投資決策，特別是在企業陷入財務困境時，更容易產生企業過度投資問題與投資不足問題，進而導致債務代理成本。債務代理成本會損害債權人的利益，降低企業價值，最後再由股東承擔這些損失。

而融資順位理論則指出，當企業有融資需求時，首先會選擇內部融資，其次會選擇債務融資，最後才選擇股權融資。融資順位理論解釋，當企業內部現金流無法滿足其對長期資產的投資需求時，會傾向選擇債務融資，而不是股權融資；融資順位理論說明企業在籌資時對不同籌資方式的選擇順序偏好。

因此，投資報酬如何有時要看投資人是否能合理運用槓桿。在合理利用槓桿之後，投資人可以放大股權投資的報酬。當企業進入成熟期或成長期、擁有相對穩定的現金流之後，可以在一定的範圍內使用槓桿，而在併購階段利用槓桿來提高收益，目前已非常普遍，全世界的併購基金幾乎都會使用槓桿。

企業家精神

在評估投資標的時，也不能忽視企業家的重要性。經濟學家熊彼得觀察企業家的日常經營與管理過程後得出一項結論：企業家精神的本質在於「創新」。美國管理大師彼得·杜拉克於二〇〇九年指出，企業家精神就是將創新理念轉化為實際的行動，進而推動事業發展。諾貝爾經濟學獎得主、美國經濟學家赫伯特·西門（Herbert Simon）認為，企業家的特徵是意志堅定、具有豐富的想像力，並且樂於提出新觀點與新思想。正如德國學者雷納·齊特爾曼（Rainer Zitelmann）指出：「企業家通常不會按照經典經濟學理論的理性假設行事。他們不會把決策建立在機率上，也不傾向於遵循複雜的理論假設，而是憑直覺行事，主要靠感覺。」

杜拉克說，企業家精神是一種行為模式，能幫助企業家及時掌握市場機會，實現經營目標，同時創造社會價值。英國經濟學家馬克·卡森（Mark Casson）認為，企業家決定如何配置有限資源，企業家精神是企業家為了提高經營效益，將企業資源由資源轉化率低的部門轉向資源轉化率高的部門。股權投資中，投資人最青睞的就是公司的管理者具有企業家精神的偉大企業。

參考文獻

1. 陳志武（2009）。金融的邏輯。北京：國際文化出版公司。
2. 老子（2016）。道德經。南京：江蘇鳳凰美術出版社。
3. 王育琨（2019）。苦難英雄任正非。南京：江蘇鳳凰文藝出版社。
4. 王立新、楊宇（2022）。理性之外：偏差與修正。北京：中信出版社。
5. 李彔（2020）。文明、現代化、價值投資與中國。北京：中信出版社。（繁體中文版由天下文化出版）
6. 司馬遷（2019）。史記。哈爾濱：北方文藝出版社。
7. 陳野華（2006）。行為金融學。成都：西南財經大學出版社。
8. 張磊（2020）。價值。杭州：浙江教育出版社。
9. 李魁（2014）。年齡結構變動與經濟成長：理論模型與政策建議。武漢：武漢大學出版社。
10. 梁建章（2023）。人口戰略：人口如何影響經濟與創新。北京：中信出版社。
11. 蔡昉（2023）。人口負成長時代：中國經濟成長的挑戰與機遇。北京：中信出版社。
12. 陳超（2016）。經濟波動與資產配置。北京：中國金融出版社。
13. 魏煒、朱武祥（2010）。重構商業模式。北京：機械工業出版社。
14. 孟慶祥（2023）。華為飽和攻擊行銷法。北京：北京聯合出版公司。
15. 吳春波（2020）。華為沒有秘密。北京：中信出版社。
16. 謝平、陳超（2010）。誰在管理國家財富？北京：中信出版社。
17. 李申（2016）。六祖壇經。北京：東方出版社。
18. 王陽明（2017）。傳習錄。葉聖陶，點校。北京：北京聯合出版公司。
19. 左丘明（2017）。左傳。中華文化講堂，注譯。北京：團結出版社。
20. 佩弦（2021）運營公式：短視頻・社群・文案的底層邏輯。北京：電子工業出版社。
21. 胡楊（2020）。直播帶貨和短視頻行銷實戰秘笈。鄭州：河南文藝出版社。

22．范海濤（2020）。一往無前。北京：中信出版社。
23．陳雪頻（2020）。一本書讀懂數位化轉型。北京：機械工業出版社。
24．小米生態鏈穀倉學院（2017）。小米生態鏈戰地筆記。北京：中信出版社。
25．雷軍、徐潔雲（2022）。小米創業思考。北京：中信出版社。
26．蔡昉（2022）人口紅利：認識中國經濟成長的有益框架。經濟研究。(10)。
27．潘榮成（2016）。近代早期英國能源轉型及其啟示。理論月刊。(2)。
28．余靜文、姚翔晨（2019）。人口年齡結構與金融結構——宏觀事實與微觀機制。金融研究。
29．謝若琳（2021-12-11）。直播電商ＡＢ面：貪婪的銷售額和戒不掉的頭部主播依賴。證券日報。
30．伊藤穰一、豪（2017）。爆裂：未來社會的9大生存原則。張培、吳建英、周卓斌，譯。北京：中信出版社。（繁體版的書名為《進擊：未來社會的九大生存法則》，李芳齡譯，天下文化出版）
31．考夫曼（2021）。窮查理寶典：查理・蒙格智慧箴言錄。李繼宏，譯。北京：中信出版社。（繁體版的書名為《窮查理的普通常識》，李彔譯，商業周刊出版）
32．佩奇（2019）。模型思維。賈擁民，譯。杭州：浙江人民出版社。（繁體版的書名為《多模型思維》，劉懷仁譯，天下文化出版）
33．庫恩（2012）。科學革命的結構：第四版。金吾倫、胡新和，譯。北京：北京大學出版社。（繁體版的書名為《科學革命的結構》，程樹德、傅大為、王道還譯，遠流出版）
34．格拉德威爾（2020）。引爆點。錢清、覃愛冬，譯。北京：中信出版社。（繁體版的書名為《引爆趨勢》，齊思賢譯，時報出版）
35．斯皮茨納格爾（2021）。資本的秩序：在被貨幣和信貸扭曲的世界中迂回投資。鄭磊、劉子未、鄭揚洋，譯。北京：機械工業出版社。
36．皮凱蒂（2014）。21世紀資本論。巴曙松、陳劍、余江，等，譯。北京：中信出版社。（繁體版的書名為《二十一世紀資本論》，詹文碩、陳以禮譯，衛城出版）
37．布蘭得利、賀睦廷、斯密特（2018）。突破現實的困境：趨勢、稟賦與企業家的大戰略。上海：上海交通大學出版社。（繁體版的書名為《曲棍球桿效應》，今周刊出版）
38．萊因哈特、羅格夫（2012）。這次不一樣：八百年金融危機史。綦相、劉曉鋒、劉麗娜，譯。北京：機械工業出版社。（繁體中文版由大牌出版）

39. 莫里森（1997）。第二曲線。張曉，譯。北京：團結出版社。（繁體版的書名為《第二曲線》，溫蒂雅譯，商周出版）
40. 古森重隆（2017）。靈魂經營：富士膠片的二次創業神話。樂殿武，譯。成都：四川人民出版社。
41. 喬根森（2022）。納瓦爾寶典：財富與幸福指南。趙燦，譯。北京：中信出版社。（繁體版的書名為《納瓦爾寶典》，謝佩妏譯，天下雜誌出版）
42. 斯特勞斯、豪（1998）。第四次轉折：世紀末的美國預言。楊立平、劉亮、張建立，譯。福州：海潮攝影藝術出版社。
43. 達里歐（2022）原則：應對變化中的世界秩序。崔蘋蘋、劉波，譯。北京：中信出版社。（繁體版的書名為《變化中的世界秩序》，陳儀、鍾玉玨、顧淑馨、陳世杰譯，商業周刊出版）
44. 邁爾斯（2006）社會心理學：第8版。侯玉波、樂國安、張智勇，等，譯。北京：人民郵電出版社。
45. 丹特（2014）。人口峭壁。蕭瀟，譯。北京：中信出版社。（繁體版的書名為《2014-2019經濟大懸崖》，陳儀、吳孟儒、劉道捷譯，商周出版）
46. 古德哈特，普拉丹（2021）。人口大逆轉。廖岷、繆延亮，譯。北京：中信出版社。
47. 勒龐（2019）烏合之眾。陸泉枝，譯。上海：上海譯文出版社。（繁體中文版由臉譜出版）
48. 希勒（2016）非理性繁榮：第三版。李心丹、俞紅海、陳瑩，等，譯。北京：中國人民大學出版社。（繁體中文版由寰宇出版）
49. 索羅斯（1999）。金融煉金術。孫忠、侯純，譯。海口：海南出版社。（繁體中文版由寰宇出版）
50. 葛拉漢、多德（2006）證券分析。邱巍，等，譯。海口：海南出版社。
51. 丹特（2009）下一輪經濟週期。劉念、熊祥，譯。北京：中信出版社。（繁體版的書名為《2010大崩壞》，陳秀玲譯，商周出版）
52. 熊彼特（2023）經濟週期。張雲輝、李石強，譯。北京：中國大百科全書出版社。
53. 特維德（2012）。逃不開的經濟週期：歷史，理論與投資現實。董裕平，譯。北京：中信出版社。
54. 馬克斯（2019）。週期。劉建位，譯。北京：中信出版社。（繁體版的書名為《掌握市場週期》，蘇鵬元、陳儀譯，商業周刊出版）
55. 普林格（2019）積極型資產配置指南：經濟週期分析與六階段投資時鐘。王穎、王晨、李校傑，譯。北京：機械工業出版社。
56. 葛拉漢（2010）。聰明的投資人：第4版。王中華、黃一義，譯。北京：人民郵電出版社。（繁體版的書名為《智慧型股票投資人》，齊克用譯，寰宇出版）

57. 巴拉巴西（2013）。鏈接：商業、科學與生活的新思維。沈華偉，譯。杭州：浙江人民出版社。

58. 伯特（2008）。結構洞：競爭的社會結構。任敏、李璐、林虹，譯。上海：格致出版社。

59. 卡尼曼（2012）思考，快與慢。胡曉姣、李愛民、何夢瑩，譯。北京：中信出版社。（繁體版的書名為《快思慢想》，洪蘭譯，天下文化出版）

60. 阿克洛夫、席勒（2016）動物精神。黃志強、徐衛宇、金嵐，譯。北京：中信出版社。（繁體版的書名為《動物本能》，李芳齡譯，天下文化出版）

61. 伯恩斯坦（2022）群體的瘋狂：人類3000年極端信仰與資本泡沫狂熱史。王興華，譯。北京：中信出版社。（繁體版的書名為《群眾的幻覺》，梁東屏譯，樂金文化出版）

62. 費舍（2017）怎樣選擇成長股。呂可嘉。北京：地震出版社。（繁體版的書名為《非常潛力股》，陳民傑譯，寰宇出版）

63. 柯利婭（2017）。3G資本帝國。王仁榮，譯。北京：北京聯合出版公司。（繁體版的書名為《追夢企業家》，薛怡心譯，商業周刊出版）

64. 米塞斯（2015）人的行為。夏道平，譯。上海：上海社會科學院出版社。（繁體中文版由五南圖書出版）

65. 范里安（2006）微觀經濟學：現代觀點第6版。費方域，等，譯。上海：上海人民出版社。

66. 甘迺迪（1989）。大國的興衰。蔣葆英，等。北京：中國經濟出版社。

67. 阿西莫格魯、羅賓遜（2015）。國家為什麼會失敗。李增剛，譯。長沙：湖南科學技術出版社。（繁體中文版由衛城出版）

68. 布熱津斯基（2007）。大棋局：美國的首要地位及其地緣戰略。中國國際問題研究所，譯。上海：上海人民出版社。

69. 金德爾伯格（2003）。世界經濟霸權1500—1990。高祖貴，譯。北京：商務印書館。

70. 以撒（2018）帝國的邊界：羅馬軍隊在東方。歐陽旭東，譯。上海：華東師範大學出版社。

71. 斯密（2015）。國富論。姜振華，譯。北京：中國工人出版社。（繁體中文版由先覺出版）

72. 杜蘭特W、杜蘭特A.（2015）。歷史的教訓。倪玉平、張閎，譯。成都：四川人民出版社。

73. 萬斯（2017）。鄉下人的悲歌。劉曉同、莊逸抒，譯。南京：江蘇鳳凰文藝出版社。（繁體版的書名為《絕望者之歌》，葉佳怡譯，八旗文化出版）

74. 熊彼特（2019）。經濟發展理論。賈擁民，譯。北京：中國人民大學出版社。（繁體中文版由商周出版）

75. 史文森（2020）非凡的成功：個人投資的制勝之道。年四伍、陳彤，譯。北京：中國人民大學出版社。（繁體版的書名為《耶魯操盤手》，黃嘉斌譯，寰宇出版）

76. 史文森（2015）機構投資的創新之路。張磊、楊巧智、梁宇峰，等，譯。北京：中國人民大學出版社。
77. 波特（2005）。競爭優勢。陳小悅，譯。北京：華夏出版社。（繁體中文版由天下文化出版）
78. 提爾、馬斯特斯（2015）從0到1：開啟商業與未來的秘密。高玉芳，譯。北京：中信出版社。（繁體版的書名為《從0到1》，季晶晶譯，天下雜誌出版）
79. 卡斯特（2001）網路社會的崛起。夏鑄九、王志弘，等，譯。北京：社會科學文獻出版社。
80. 薛丁格（2003）。生命是什麼。羅來鷗、羅遼複，譯。長沙：湖南科學技術出版社。（繁體中文版由貓頭鷹出版）
81. 奧爾森（2014）。集體行動的邏輯。陳郁、郭宇峰、李崇新，譯。上海：格致出版社。
82. 施羅德（2018）滾雪球：巴菲特和他的財富人生：上。覃揚眉、丁穎穎、張萬偉，等，譯。北京：中信出版社。（繁體版的書名為《雪球》，楊美齡、廖建容、侯秀琴、周宜芳、楊幼蘭、林麗冠、羅耀宗、李芳齡譯，天下文化出版）
83. 施羅德（2018）滾雪球：巴菲特和他的財富人生：下。覃揚眉、丁穎穎、張萬偉，等，譯。北京：中信出版社。（繁體版的書名為《雪球》，楊美齡、廖建容、侯秀琴、周宜芳、楊幼蘭、林麗冠、羅耀宗、李芳齡譯，天下文化出版）
84. 格拉德威爾（2009）。異類：不一樣的成功啟示錄。季麗娜，譯。北京：中信出版社。（繁體版的書名為《異數》，廖月娟譯，時報文化出版）
85. 馬斯洛（2013）動機與人格：第三版。許金聲，等，譯。北京：中國人民大學出版社。（繁體中文版由商周出版）
86. 戴曼迪斯、科特勒（2015）。創業無畏：指數級成長路線圖。賈擁民，譯。杭州：浙江人民出版社。
87. 西格爾（2007）。投資人的未來。李月平，等，譯。北京：機械工業出版社。
88. 多布斯、馬尼卡、華強森（2007）麥肯錫說，未來20年大機遇。譚浩，譯。廣州：廣東人民出版社。（繁體版的書名為《非典型破壞》，盧佳宜譯，大寫出版）
89. 拜因霍克（2007）財富的起源。俸緒嫻、劉璋琦、尤娜，譯。杭州：浙江人民出版社。
90. 杜拉克（2009）旁觀者：管理大師杜拉克回憶錄。廖月娟，譯。北京：機械工業出版社。（繁體中文版由天下文化出版）
91. 尼德曼（2010）美國理想：一部文明的歷史。王聰，譯。北京：華夏出版社。
92. 吉布森（2017）神經漫遊者：重啟蒙娜麗莎。姚向輝，譯。南京：江蘇文藝出版社。
93. 帕拉梅斯（2020）長期投資。孔令一、朱淑梅、李子晗，譯。北京：中信出版社。
94. 德韋克（2017）終身成長。楚禕楠，譯。南昌：江西人民出版社。（繁體版的書名為《心態致勝》，李芳齡譯，天下文化出版）

95．邱吉爾（2000）二戰回憶錄。康文凱、宋文，譯。南京：江蘇人民出版社。
96．科特勒（2003）行銷管理：第11版。梅清豪，譯。上海：上海人民出版社。
97．克勞士比（2009）人類能源史：危機與希望。王正林、王權，譯。北京：中國青年出版社。
98．馬科維茲（2006）資產組合選擇和資本市場的均值－方差分析。朱菁、歐陽向軍，譯。上海：上海人民出版社。
99．巴菲特、坎寧安（2018）。巴菲特致股東的信：投資人和公司高管教程。楊天南，譯。北京：機械工業出版社。（繁體版的書名為《巴菲特寫給股東的信》，許瑞宋譯，時報文化出版）
100．邦德（2020）投資成長股：羅・普萊斯投資之道。郭敬維，譯。北京：機械工業出版社。（繁體版的書名為《成長股投資之父普萊斯》，蕭美惠譯，Smart 智富出版）
101．弗里德曼（2020）貨幣經濟學。任力，譯。北京：中國人民大學出版社。
102．塔勒布（2019）黑天鵝：如何應對不可預知的未來。萬丹、劉寧，譯。北京：中信出版社。（繁體版的書名為《黑天鵝效應》，林茂昌譯，大塊文化出版）
103．傑里菲（2018）全球價值鏈和國際發展：理論框架、研究發現和政策分析。曹文、李可，譯。上海：上海人民出版社。
104．OPPENHEIMER P C.(2020) The long good buy: analysing cycles in markets. [S.L.]: John Wiley & Sons.（繁體版的書名為《高盛首席分析師教你看懂進場的訊號》，曹嬿恆譯，商周出版）
105．DORSEY A H.(2011)Active alpha: a portfolio approach to selecting and managing alternative investments. [S.L.]: John Wiley & Sons.
106．SMITH T.(2020) Investing for growth: how to make money by only buying the best companies in the world. [S.L.]:Harriman House.
107．SEESSEL A. (2022) Where the money is: value investing in the digital age. [S.L.]:Avid Reader Press/Simon & Schuster.
108．BOECKH J A.(2010) The great reation: how investors can profit from the new world of money. [S.L.]: John Wiley & Sons.
109．ELLIS C D.(2005) Capital: The story of long-term investment excellence. [S.L.]: John Wiley & Sons.
110．ELLIS C D.(2021) Winning the loser's game: timeless strategies for successful investing. [S.L.]: McGraw Hill.（繁體版的書名為《擺脫永遠的輸家》，劉恩廷譯，寰宇出版）
111．KLONOWSKI D.(2012) Private equity in emerging markets: the new frontiers of international Finance. [S.L.]: Palgrave Macmillan

參考文獻

112 • GUILLéN M F.(2020) 2030: How today' s biggest trends will collide and reshape the future of everything. [S.L.]: St. Martin' s Press.（繁體版的書名為《華頓商學院趨勢剖析：2030世界變局》，游懿萱、簡萓靚譯，商周出版）

113 • MARKS H.(2021) Mastering the market cycle: getting the odds on your side. [S.L.]: Harper Business.

114 • DOBBS R, MANYIKA J, WOETZEL J. (2016) No ordinary disruption: The four global forces breaking all the trends. [S.L.]: Public Affairs.

115 • DRUCKER P F.(2006) Innovation and entrepreneurship. [S.L.]: Harper Business.

116 • CASSON M .(1995) Entrepreneurship and business culture. [S.L.]: Edward Elgar Publishing.

117 • BARTONC D, WISEMAN M. (2014) Focusing capital on the long term. Harvard business review,92(1/2).

118 • CANTRELL S, LINDER J . (2005) Changing business models: surveying the landscape. Accenture institute for strategic change, 15(1).

119 • ZOTT C, AMIT R. (2008) The fit between product market strategy and business model: Implications for .rm performance. Strategic Management Journal,(1).

120 • HéBERT R F, LINK A N . (1989) In search of the meaning of entrepreneurship. Small business economics, (1).

121 • LO A W. (2001) Risk management for hedge funds: Introduction and overview. Financial analysts journal, 2001, 57(6).

122 • BORIO C . (2014) The financial cycle and macroeconomics: what have we learnt? Journal of banking & finance, (45).

123 • GEREFFI G, HUMPHREY J, STURGEON T .(2005) The governance of global value chains. Review of international political economy,12(1).

124 • BRINSON G P, HOOD A R, BEEBOWER G L. (1986) Determinants of portfolio performance. Financial analysts journal, 42(4).

125 • CHANCEL L, PIKETTY T. Global income inequality, (2021) 1820-2020: the Persistence and mutation of extreme inequality. Journal of the European economic association, 19(6).

126 • 2017GMIC全球移動互聯網大會霍金談「人工智慧威脅論「 [EB/OL].(2017-4-27)[2017-4-28]. http://media.people.com.cn/n1/2017/0428/c40606-29241880.html.

財經企管 BCB862

投資的底層邏輯
Investment Thinking

作者——陳超

副社長兼總編輯 —— 吳佩穎
財經館總監 —— 蘇鵬元
責任編輯 —— 黃雅蘭
封面設計 —— 葉馥儀（特約）

出版者 —— 遠見天下文化出版股份有限公司
創辦人 —— 高希均、王力行
遠見・天下文化 事業群榮譽董事長 —— 高希均
遠見・天下文化 事業群董事長 —— 王力行
天下文化社長 —— 王力行
天下文化總經理 —— 鄧瑋羚
國際事務開發部兼版權中心總監 —— 潘欣
法律顧問 —— 理律法律事務所陳長文律師
著作權顧問 —— 魏啟翔律師
社址 —— 台北市 104 松江路 93 巷 1 號
讀者服務專線 —— 02-2662-0012 ｜傳真 02-2662-0007；02-2662-0009
電子郵件信箱 —— cwpc@cwgv.com.tw
直接郵撥帳號 —— 1326703-6 號 遠見天下文化出版股份有限公司

電腦排版 —— 陳玉齡（特約）
製 版 廠 —— 中原造像股份有限公司
印 刷 廠 —— 中原造像股份有限公司
裝 訂 廠 —— 中原造像股份有限公司
登 記 證 —— 局版台業字第 2517 號
總 經 銷 —— 大和書報圖書股份有限公司 電話／ 02-8990-2588
出版日期 —— 2025 年 2 月 27 日第一版第一次印行
2025 年 8 月 28 日第一版第三次印行

© 陳超 2024.
本書中文繁體版通過中信出版集團股份有限公司授權
遠見天下文化出版股份有限公司在全球除中國大陸地區獨家出版發行
ALL RIGHTS RESERVED

定　價 ——650 元
ISBN ——9786264171625
EISBN ——9786264171588（EPUB）；9786264171571（PDF）
書　號 ——BCB862
天下文化官網 ——bookzone.cwgv.com.tw

本書如有缺頁、破損、裝訂錯誤，請寄回本公司調換。
本書僅代表作者言論，不代表本社立場。

國家圖書館出版品預行編目(CIP)資料

投資的底層邏輯：高人氣EMBA財富管理課,帶你精準抓對全球趨勢 = Investment thinking / 陳超作. -- 第一版. -- 臺北市 : 遠見天下文化出版股份有限公司, 2025.02

560面 ; 14.8X21公分. -- (財經企管 ; BCB862)

ISBN 978-626-417-162-5(平裝)

1.CST: 投資 2.CST: 理財 3.CST: 資產管理

563　　114000503